사회복지사

만점필독

사회복지법제론

박 승 두 저

신세림출판사

머 리 말

주변에서 '사회복지법제론'이 공부하기 가장 어렵다고들 한다. 그런데 사실은 그 반대이다. 법제론이 가장 쉬운 과목이다. 공부하는 방법을 몰라서 어렵게 느낄 뿐이다. 법제론은 정형화되어 있기 때문에, 거의 공식에 가까운 내용을 알면 전체를 쉽게 이해할 수 있다.

평소에 학생들에게 공부하기 좋은 계절이 언제냐고 물어본다. 그러면 대개 봄이나 가을이라고 대답한다. 그러나 사실 공부하기 좋은 계절은 없다. 여름이나 겨울은 덥거나 추워서... 봄이나 가을은 자연이나 주변의 유혹이 많아서... 인생에서도 마찬가지이다. 목표를 향하여 유혹을 물리치고 힘차게 정진할 때 인생은 더욱 찬란하게 빛날 것이다.

이 책은 사회복지사 1급 수험생을 위하여 지난 5년간 기출 문제를 상세히 분석함으로써, 법제론에서 만점을 받을 수 있도록 하였다.

그리고 법제론의 전체적인 체계와 기초이론을 쉽게 설명하여 대학교에서 강의교재로도 활용할 수 있도록 하였다. 모두에게 영광이 있기를 빈다.

2019년 9월 1일
청주 우암산 자락의 연구실에서 **박 승 두** 씀

5개년(2015~2019년) 출제 경향 분석

연도별 / 분야별		2015년	2016년	2017년	2018년	2019년	누계
기초 이론	기본개념	1		1			2
	역 사	1	1	1	1	1	5
법원(法源)	국내법·국제법	1	3	2	2	2	10
사회보장 기본 2법	사회보장기본법	1	3	4	4	3	15
	사회보장급여법			1		1	2
공공부조 5법	기초생활급여 3법	2	1	1	1	1	6
	의료급여법	1	1	1	1		4
	주거급여법						0
	기초연금법	1	1	1	1	1	5
	긴급복지지원법		1			1	2
협의의 사회복지 3법	아동복지법	2	1		1	1	5
	(영유아보육법)	(1)					(1)
	장애인복지법	1	1	1	1	1	5
	노인복지법	1	1	1	1		4
사회보험 5법	국민건강보험법	1	1		1	1	4
	국민연금법	1	1	2		1	6
	산재법	1	1	1	1	1	5
	고용보험법	1	1		1	1	4
	요양보험법	1	1	1	1	1	5
사회서비스 8법	사회복지사업법	3	4	3	4	3	17
	한부모가족지원법		1	1			2
	다문화가족지원법			1	1		2
	가정폭력방지법	1		1	1	1	4
	성폭력방지법			1		1	2
	성폭력처벌법						0
	자원봉사활동 기본법		1		1		2
	공동모금회법					1	1
종합문제		4				2	6
(계)	-	(25)	(25)	(25)	(25)	(25)	(125)

출제 경향에 대한 평가와 대비

평 가

▣ 전 영역에 걸쳐서 골고루 출제되는 경향이 있지만, 특정 분야에서는 집중적으로 출제된다.

- 사회복지사업법(17문제), 사회보장기본법(15문제), 법원(法源)(10문제) 등 이 세 분야가 전체의 33.6%를 차지한다.

대 비

1. 먼저, 전체적인 체계와 개념을 이해한 후, 집중 출제되는 분야에 관하여는 철저히 공부하여야 한다. 마지막으로 다시, 전체적으로 정리한다.

2. 아직 출제된 적이 없는 법원(法源) 중 국제법 분야, 아동수당법, 주거급여법, 성폭력처벌법 등에 관하여도 언제 출제될지 모르니까 미리 대비하여야 한다.

3. 통상적 출퇴근 재해를 인정한 헌법재판소 판례는 중요한 의의가 있으므로, 반드시 공부하여야 한다.

개선점

▣ 법제의 체계를 고려하지 않고 법조문 중심으로 출제하여 적절하지 못한 문제나 문항이 다수 존재한다.

▣ 법제의 중요도나 의의를 고려하지 않고, 중요하지 않은 분야에서 출제하거나 시행령 등 구석에서 출제한 경우도 있다.

목 차

제1장 사회복지법제의 기초이론

제2장 사회복지법제의 법원(法源)

제3장 사회보장 기본 2법

제4장 공공부조 5법

제5장 협의의 사회복지 3법

제6장 사회보험 5법

제7장 사회복지서비스 8법

〈판례 목 차〉

viii

〈표 목 차〉

제 1 장 사회복지법제의 기초이론

제 1 절
사회복지법제의 기본이해

Ⅰ. 사회복지법제의 개념

1. 사회복지의 개념

복지(Welfare)라는 용어는 fare well(잘 되어가다. 운이 좋다. 편히 살아가다)에서 유래하였다.[1] 따라서 **사회복지(Social Welfare)**는 모든 국민이 최소한의 건강하고 문화적인 생활을 할 수 있게 하는 국가·지방자치단체·민간의 활동이라고 정의할 수 있다.

헌법은 국가에 대하여 국민의 사회보장, 사회복지의 증진을 위하여 노력하여야 한다고 규정하고 있지만(제34조 제2항), 정작 사회복지가 무엇인지에 관하여는 아무런 규정도 없다. 그리고 이를 규정한 하위법률도 없다.

따라서 해석에 의할 수밖에 없는데, ① 이를 가장 좁게 보는 견해는 아동복지·장애인복지·노인복지(협의의 사회복지)에 한정하고(**최협의설**), ② 다음은 기초생활보장(공공부조)까지 포함하고(**협의설**), ③ 더 확대하여 국민건강보험이나 국민연금 등 사회보험을 포함하고(**광의설**), ④ 나아가

---

1) 신섭중譯, 「국제사회복지」(1999), 31면.

사회복지사업(사회복지서비스)까지 포함하는 견해가 있다(**최광의설**). 이에 관하여 필자는 마지막 최광의설을 지지한다.[2]

사회보장기본법[3]은 사회복지와 유사한 개념인 **사회보장**에 관하여, "출산, 양육, 실업, 노령, 장애, 질병, 빈곤 및 사망 등의 사회적 위험으로부터 모든 국민을 보호하고 국민 삶의 질을 향상시키는 데 필요한 소득·서비스를 보장하는 **사회보험, 공공부조, 사회서비스**" 라고 정의하고 있다(제3조).

① **사회보험**은 국민에게 발생하는 사회적 위험을 보험의 방식으로 대처함으로써 국민의 건강과 소득을 보장하는 제도,

② **공공부조**(公共扶助)는 국가와 지방자치단체의 책임 하에 생활 유지 능력이 없거나 생활이 어려운 국민의 최저생활을 보장하고 자립을 지원하는 제도,

③ **사회서비스**는 국가·지방자치단체 및 민간부문의 도움이 필요한 모든 국민에게 복지, 보건의료, 교육, 고용, 주거, 문화, 환경 등의 분야에서 인간다운 생활을 보장하고 상담, 재활, 돌봄, 정보의 제공, 관련 시설의 이용, 역량개발, 사회참여 지원 등을 통하여 국민의 삶의 질이 향상되도록 지원하는 제도라고 정의한다.

그리고 사회복지사업법은 **사회복지서비스**에 대하여 "국가·지방자치단체 및 민간부문의 도움을 필요로 하는 모든 국민에게 사회보장기본법에 따른 **사회서비스 중 사회복지사업을 통한** 서비스를 제공하여 삶의 질이 향상되도록 제도적으로 지원하는 것" 이라고 정의하고 있다(제2조 제6호).

---

2) 최광의설에 의하면, **사회복지와 사회보장은 거의 동일한 개념**이다.
3) 이 법은 1995년 12월 30일 법률 제5134호로 제정되어, 1996년 7월 1일부터 시행되었으며, 다음부터 '기본법'이라 한다.

사회서비스와 사회복지서비스를 비교하면 아래 <표 1>과 같다.

<표 1>　　　　　　　사회서비스와 사회복지서비스의 관계

구 분		제공 주체	관련 법률
사회 서비스	**민간** 사회서비스 (**사회복지서비스**)	민간	사회복지사업법
	공공 사회서비스	국가 지방자치단체	특별보호법 (협의의 사회복지법)

2. 사회복지법제의 개념

위에서 본 바와 같이, 사회복지의 개념이 명확히 정립되지 못하고 있으므로, 사회복지법의 개념 또한 확립되지 못하고 있다.

사회복지법제는 **국가의 입장**에서 보면 국민에 대하여 사회복지를 제공하기 위하여 구체적 내용과 절차, 방법 등을 규정한 법제이며, **국민의 입장**에서 보면 국민의 사회복지청구권을 실현하기 위한 법제이다.

3. 사회복지법제의 기능

사회복지법제의 기능 중에서 가장 중요한 의미를 지니는 것은 정치적 안정화 기능이라고 말할 수 있다.

그리고 국가가 직접적으로 개입하여 실질적 의미의 평등을 실현하기 위하여 **소득재분배기능**을 수행한다. 그리고 자본주의 경제의 구조적인 모순점인 자본의 독점과 상대적 빈곤의 문제를 해결하기 위하여 일부 사회주의 요소를 도입함으로써 **자본주의 경제체제를 수정·보완**하는 기능을 수행한다.

또한 사회복지법제는 **사회적 연대의식을 형성**한다. 이와 같은 사회 동화적 기능의 강화는 소외계층의 **사회에 대한 부정적 심리4)를 약화**시키고 **사회파괴적 요인을 축소**시켜 나감으로써, 사회범죄의 최소화에도 기여한다.

Ⅱ. 사회복지청구권의 보장 배경

1. 인간다운 생활권의 보장 필요성

인간다운 생활을 할 권리를 헌법에서 보장한 배경을 보면, 근대 시민 법은 "이념적으로 평등한 인간상"을 전제로 소유권 절대의 원칙과 계약 자유의 원칙을 확립하였다. 이는 **봉건제도에서의 왕과 영주에 의한 지배, 즉 인치주의(人治主義)를 법률에 의한 지배, 즉 법치주의(法治主義)로 발전 시켰다.**

그러나 자본주의의 성장과 더불어 현실적으로 인간은 **강자와 약자**로 나누어지게 되고, 강자와 약자간의 계약은 형식상으로 자유스럽게 행해 졌으나 그 계약의 실질적 내용은 차별적이거나 불공평할 수밖에 없게 되 었다.

---

4) 프랑스의 사회학자 **에밀 뒤르켐(E.Durkheim)**은 그의 저서 '자살론'에서 "사회구성 원의 행위를 규제하는 공통된 가치나 도덕적 규범이 상실된 혼돈상태"를 **아노미 (Anomie)현상**이라고 불렀다.

따라서 당초 모든 인간에게 부여되었던 자유와 평등은 강자의 약자에 대한 지배를 통하여 오히려 **부자유와 불평등**을 낳게 되었다. 이는 **다시 법치주의(法治主義)를 인치주의(人治主義)로 되돌리는 결과를 초래하였 다.**

이러한 문제점을 해결하기 위하여 근대 시민법원리를 수정하여 **인간다 운 생활권5)**을 보장하게 된 것이다. 이로써 **다시 인치주의(人治主義)를 극복하고 법치주의(法治主義)를 확보하였다.**

2. 근대 시민법원리의 수정

시민법은 법률관계를 당사자의 자치에 의하여 결정하는 영역의 법률을 말하며, 사법(私法)이라고 부를 수도 있을 것이며 민법과 상법이 여기에 속한다.

민법은 사람이기만 하면 누구에게나 일반적으로 적용되는 것을 예정 하고 있으며, 일반사법과 실체법의 성격을 갖고, 상법은 기업에 관한 특별 사법의 의미를 가진다.

인간다운 생활권의 법이념을 실현하기 위하여 새롭게 인정된 권리가 **사회적 기본권**이며 그 대표적인 것이 **사회복지청구권**이라 할 수 있으며, 이 권리의 구체적인 내용을 규정한 법률이 **사회복지법제**이다.

따라서 사회복지법제는 노동법·경제법 등과 함께 **시민법의 수정법**

---

5) 인간다운 생활을 보장하기 위한 국민의 기본권을 학자에 따라 **생활권적 기본권, 생존권적 기본권, 사회적 기본권** 등으로 부른다. 이에 관한 구체적인 설명은 "사 회법과의 관계" 참조.

에 해당하며, 이러한 시민법의 수정법을 통칭하여 **사회법**이라 부른다. 이러한 시민법과 사회법의 관계를 비교하면 다음과 같다.

<표 2>   시민법과 사회법의 관계

구 분	시 민 법	사 회 법
법 이 념	자유 · 평등	자유 · 평등 + 인간다운 생활권
인 간 상	평등한 추상적 인간	불평등한 현실적 인간
법 원 칙	계약자유의 원칙 소유권 절대의 원칙 과실책임의 원칙	특정 계약행위의 금지 소유권 행사의 제한 일부 무과실 책임 인정
법 영 역	민법 · 상법 등	사회복지법 · 노동법 · 경제법 등

Ⅲ. 사회복지청구권의 개념과 법적 성질

1. 사회복지청구권의 개념

우리나라 헌법은 사회복지청구권을 직접 규정하고 있지 않지만, **해석상 이를 인정**하고 있다. 그 이유는 제34조 제1항에서 국민의 인간다운 생활권을 규정하고 있고, 제34조 제2항에서 국가에 대하여 사회복지 증진의무를 부과하였기 때문에, 국민은 인간다운 생활권의 기초인 사회복지청구권을 가진다.

<표 3>   헌법상 사회복지청구권

헌법 규정		해 석
국민의 인간다운 생활권	⇒	국민의 사회복지청구권
국가의 사회복지 증진의무		

모든 국민은 국가에 대하여 인간다운 생활을 위하여 기본적인 사회복지급여 및 서비스를 청구할 수 있다. 그러나 헌법에서 규정하고 있는 사회복지청구권은 추상적이기 때문에 현실적인 사회복지행정의 기준으로 삼기 곤란하므로, 헌법에서 규정하고 있는 **사회복지청구권의 구체적인 기준과 현실적인 사회복지행정의 집행절차**를 사회복지법제에서 규정하고 있다.

사회복지청구권은 포괄적인 개념이고, 사회보장법의 분야에서 이를 개별적으로 행사는 권리를 **사회보장수급권**이라 한다.

사회복지를 받을 권리는 그 자체에 목적이 있는 것은 아니고 국가에 대하여 사회복지의무를 부과함으로써 국민의 인간다운 생활을 보장하기 위한 것이다. 따라서 인간다운 생활권과 사회복지를 받을 권리는 **상위권리와 하위권리** 혹은 **목적과 수단**의 관계로 볼 수 있다.

사회복지청구권은 다음과 같이 5단계로 구분할 수 있다. 제1단계는 **기초생활보장(공공부조)**이다. 가난 등 경제적 여건상 스스로 인간다운 생활을 할 수 없는 계층이 있다. 이는 한편에서 볼 때, 자본주의 경제체제하에서는 필수적으로 발생하는 사회현상이라고 볼 수 있다. 이들을 통칭하여 **생활무능력자**라 부를 수 있을 것이다.

그리고 생활무능력자는 국가에 대하여 자신이 인간다운 생활을 위한 최소한의 기초생활을 보장해 줄 것을 청구할 수 있다.

제2단계는 **사회적 재해 보장(사회보험)**이다. 평상시의 인간다운 생활을 위협하는 노령·사망·질병·실업 등 '사회적 재해'를 당할 가능성은 모든 국민이 가지고 있으므로, 국가는 모든 국민에 대하여 사회적 재해를 당한 경우 이를 극복할 수 있는 제도를 마련하여야 한다.

제3단계는 **특별보호 혹은 협의의 사회복지**이다. 노인이나 아동, 장애인 등 자신의 정신적·신체적 조건 때문에 그 자체만으로도 인간다운 생활을 하는데 많은 어려움을 가지고 있는 자(특별보호대상자)에 대하여 자신의 어려움을 극복할 수 있도록 국가는 보호하여야 한다.

제4단계는 공공에 의한 직접적인 보장이 아닌 **사회복지사업을 통한 간접적인 보장**이다.

마지막으로, 새로운 사회복지의 필요에 의하여 발생하는 **기타 사회복지청구권의 보장**이다. 이를 정리하면 다음 〈표 4〉와 같다.

〈표 4〉   사회복지청구권의 5단계론

구 분	사회복지청구권	사업 분야	사회복지법제
5단계	기타 사회복지청구권	-	-
4단계	사회복지사업급여청구권	사회복지사업 (사회복지서비스)	**민간** 사회복지 (사회복지사업법)
3단계	특별보호청구권	특별보호 (협의의 사회복지)	**공공** 사회복지
2단계	사회적재해보장청구권	사회보험	
1단계	기초생활보장청구권	공공부조	

2. 사회복지청구권의 법적 성질

가. 학 설

사회복지청구권의 법적 성질은 다음과 같이 일반적으로 세 가지로 나누어져 있다.

<표 5>　　　　헌법상 사회복지청구권의 법적 성질

구　　분	프로그램 규정설	추상적 규정설	구체적 권리설
암기법	프로(를)	추	구(한다)~
법적 권리성	X	O	O
사법심사	X	O	O
직접청구	X	X	O

1) 프로그램 규정설

이 설은 사회복지청구권이라는 법적 권리를 부정하고 헌법규정은 국가 정책적인 목표와 강령을 선언한 것에 지나지 않기 때문에 국가가 구체적인 입법을 제정하지 않는 한 국가에 대한 구체적인 청구권이 발생하지 않는다고 한다. 현재는 우리나라는 물론 일본에서도 지지자가 없다.

2) 추상적 권리설

이 설은 헌법규정에 의하여 국민은 추상적인 권리를 가지고 국가는 사회복지의 법적 의무를 진다. 따라서 국민은 국가에 대하여 입법이나 필요한 조치를 청구할 수 있으며, 헌법에 의하여 바로 구체적 권리를

가지지 못하며 구체적 법률이 제정된 경우에 그 법률에 근거하여 구체적 권리를 가진다고 한다.

3) 구체적 권리설

이 설은 헌법규정은 구체적인 권리로서의 성격을 가지며, 이를 기초로 입법의 제정을 요구할 수 있고 부작위에 대한 위헌확인소송도 제기할 수 있다고 한다. 이 설은 현재 사회법 교수의 다수설이고, 헌법 교수도 점차 이에 동조하고 있다.

4) 사 견

이에 관하여 필자는 마지막 구체적 권리설이 타당하다고 생각한다. 인간다운 생활권, 사회복지청구권, 사회적 기본권 등의 법적 성질은 **구체적 권리로서의 성격을 가진다.** 이는 국가의 최고규범인 헌법의 규범성을 인정하여야 하고 국민의 기본권에 대한 보장과 국가의 사회복지의무를 생각할 때 당연한 논리라 생각한다.

나. 판 례

우리나라 판례는 다음과 같이, 아직 구체적 권리를 인정하지 않지만, **추상적 권리성**은 인정하고 있다.

<판례 1>   헌법재판소 1995. 7. 21 결정 93헌가14

> 인간의 존엄에 상응하는 생활에 필요한 최소한의 물질적 생활의 유지에 필요한 급부를 요구할 수 있는 구체적인 권리가 상황에 따라서는 직접 도출될 수 있다고 할 수는 있어도, 동 기본권이 직접 그 이상의 급부를 내용

으로 하는 구체적인 권리는 국가가 재정형편 등 여러 가지 상황들을 종합적으로 감안하여 **법률을 통하여 구체화할 때에 비로소 인정되는 법률적 권리라고 할 것이다.**

<판례 2>　　　　헌법재판소 1997.5.29 결정 94헌마33

헌법의 규정이 입법부와 행정부에 대하여는 국민소득, 국가의 재정능력과 정책 등을 고려하여 가능한 범위안에서 최대한으로 모든 국민이 물질적인 최저 생활을 넘어서 인간의 존엄성에 맞는 건강하고 문화적인 생활을 누릴 수 있도록 하여야 한다는 행위의 지침, 즉 행위규범으로서 작용하지만, 헌법재판소에 있어서는 다른 국가기관, 즉 입법부나 행정부가 국민으로 하여금 인간다운 생활을 영위하도록 하기 위하여 객관적으로 필요한 최소한의 조치를 취할 의무를 다하였는지를 기준으로 **국가기관의 행위의 합헌성을 심사하여야 한다는 통제규범으로 작용하는 것이다.**

<판례 3>　　　　헌법재판소 2002.12.18 결정 2002헌마52

국가에게 헌법 제34조에 의하여 장애인의 복지를 위하여 노력을 해야 할 의무가 있다는 것은, 장애인도 인간다운 생활을 누릴 수 있는 정의로운 사회질서를 형성해야 할 국가의 일반적인 의무를 뜻하는 것이지, **장애인을 위하여 저상버스를 도입해야 한다는 구체적 내용의 의무가 헌법으로부터 나오는 것은 아니다.**

Ⅳ. 사회복지청구권의 실현방법

1. 사회복지청구권 실현의 중요성

사회복지법률은 사회복지청구권을 보장하는 선에 그쳐서는 안되고,

이러한 **권리가 충분히 실현**되어 모든 국민이 인간다운 생활을 영위할 수 있도록 하여야 한다.

2. 사회복지청구권의 실현 방법

가. 헌법상 실현 방법

헌법에서 보장하고 있는 인간다운 생활권의 실현을 위한 권리로서는 먼저 **사회복지입법청구권**이 있다. 이는 사회복지를 실현할 구체적 법률이 제정되지 않았거나 또는 제정된 법률이 불충분한 경우에 사회복지의 입법 혹은 그 개정을 청구할 수 있는 권리이다.

그리고 사회복지법이 헌법에 위반되는 지 여부가 재판의 전제가 된 경우에는 법원은 헌법재판소에 제청하여야 하며 헌법재판소가 위헌이라고 인정하는 경우, 해당 법률은 효력을 상실하여 그 법률이 폐지된 것과 동일한 효과를 가지는 **위헌법률심판청구권**이 있다(헌 제107조 제1항, 헌재 제47조).

이는 현행 헌법에 대한 위헌 여부의 판단뿐만 아니라 헌법에서 요구하고 있는 입법을 이행하지 않는 **입법의 부작위의 경우에까지 확대 적용**된다.[6]

마지막으로, 헌법에 위반되는 공권력의 행사 또는 불행사로 말미암아 헌법상 보장된 기본권이 직접 그리고 현실적으로 침해당한 자가 헌법재판소에 위헌 여부의 심사를 청구할 수 있는 **헌법소원제도**가 있다(헌재 제68조 제1항).[7]

---

6) 헌재결, 1989.3.17. 88헌마1; 헌재결, 1993.3.11. 89헌마79.
7) 위헌법률 심판의 제청신청이 법원에 의하여 기각된 경우에는 헌법재판소에 바로 헌법소원을 제기할 수 있다(헌재 제68조 제2항). 헌법소원은 사유가 발생하였음을

나. 행정법상 실현방법

기본법에서 규정하고 있는 바와 같이,[8] **행정심판**과 **행정소송**을 제기할 수 있다.

1) 행정심판

행정청의 위법·부당한 처분 또는 부작위에 대한 불복에 대하여 **행정기관**이 심판하는 행정심판법상의 행정쟁송절차이다.

이를 규율하는 법으로는 일반법인 행정심판법이 있고,[9] 각 개별 법률에서 행정심판법에 대한 특칙을 규정하고 있다. 사회복지법제에서도 이에 관한 여러 규정을 두고 있다.

행정심판의 종류로는 ① 취소심판 ② 무효등확인심판 ③ 의무이행심판이 있다. **행정심판위원회**는 행정심판청구사항에 대하여 심리한 후, 각하·기각·인용을 결정하는 작용인 재결을 행하는 권한을 가진다.

안 날로부터 60일, 사유가 발생한 날로부터 180일 이내에 청구하여야 한다. 다만, 다른 법률에 의한 구제절차를 거친 헌법소원의 심판은 최종결정을 통지받은 날로부터 30일, 위헌법률심판의 제청신청이 기각된 경우에는 기각된 날로부터 14일 이내에 청구하여야 한다(헌재 제69조). 그리고 헌법재판소는 심판사건을 접수한 날로부터 180일 이내에 종국결정의 선고를 하여야 한다(헌재 제38조).

8) 제39조(권리구제) 위법 또는 부당한 처분을 받거나 필요한 처분을 받지 못함으로써 권리 또는 이익을 침해받은 국민은 「행정심판법」에 따른 행정심판을 청구하거나 「행정소송법」에 따른 행정소송을 제기하여 그 처분의 취소 또는 변경 등을 청구할 수 있다.

9) 행정심판법 제3조(행정심판의 대상) ① 행정청의 처분 또는 부작위에 대하여는 다른 법률에 특별한 규정이 있는 경우 외에는 이 법에 따라 행정심판을 청구할 수 있다. ② 대통령의 처분 또는 부작위에 대하여는 다른 법률에서 행정심판을 청구할 수 있도록 정한 경우 외에는 행정심판을 청구할 수 없다.

원칙적으로 행정심판은 처분이 있음을 **안 날부터 90일 이내, 처분이 있은 날부터 180일 이내**에 제기하여야 한다. 여기서 90일은 불변기간이며, 180일은 정당한 사유가 있는 경우에는 경과하여도 제기할 수 있다.

2) 행정소송

행정법규의 작용과 관련하여 위법하게 권리가 침해된 자가 소송을 제기하고, **법원**이 이에 대하여 심리·판단하는 절차이며, 그 근거법은 행정소송법이다.

행정청의 위법한 처분이나 그 밖에 공권력의 행사·불행사 등으로 인한 국민의 권리 또는 이익의 침해를 구제하고, 공법상의 권리관계 또는 법적용에 관한 다툼을 적정하게 해결하는 쟁송절차이다(행소법 제1조). 행정소송의 종류는 ① 항고소송 ② 당사자소송 ③ 민중소송 ④ 기관소송의 넷이다(행소법 제3조).

행정소송법에서 정한 행정사건과 다른 법률에 의하여 행정법원의 권한에 속하는 사건은 **행정법원**이 1심으로 심판한다. 행정법원의 재판에 대하여는 고등법원에 항소할 수 있고, 고등법원의 재판에 대하여는 대법원에 상고할 수 있다.

행정심판을 거치지 않은 경우, 취소소송은 처분이 있음을 안 날부터 90일 이내에, 처분이 있은 날부터 1년 이내에 제기하여야 한다. **행정심판을 거친 경우**, 재결서의 정본을 송달받은 날부터 90일 이내에, 재결이 있은 날부터 1년 이내에 제기하여야 한다.[10]

---

10) 여기서 90일은 불변기간이며, 1년은 정당한 사유가 있으면 경과하여도 제기할 수 있다.

3) 공법상 손해배상청구소송

공법상 손해배상이란 공무원의 위법한 직무집행행위 또는 국가나 공공단체의 공공영조물이 설치 또는 관리의 하자로 인하여 개인에게 재산상의 손해를 가한 경우에 국가나 공공단체가 그 손해를 배상하는 제도를 말한다.

이는 헌법[11] 및 국가배상법[12]에서 상세히 규정하고 있으며, 국가배상법의 규정에 의한 것을 제외하고는 민법의 규정에 의한다(국배 제8조).

다. 민법상 실현방법

'국가와 지방자치단체' 이외의 자에 대하여는 **민사상 손해배상**을 청구할 수 있다.[13] 즉, 근로복지공단 등에 대한 보험급여의 지급이나 손해배상의 청구는 일반 민사소송의 절차에 따른다.

---

11) 제29조 ① 공무원의 직무상 불법행위로 손해를 받은 국민은 법률이 정하는 바에 의하여 국가 또는 공공단체에 정당한 배상을 청구할 수 있다. 이 경우 공무원 자신의 책임은 면제되지 아니한다. ② 군인·군무원·경찰공무원 기타 법률이 정하는 자가 전투·훈련 등 직무집행과 관련하여 받은 손해에 대하여는 법률이 정하는 보상외에 국가 또는 공공단체에 공무원의 직무상 불법행위로 인한 배상은 청구할 수 없다.

12) 제2조(배상책임) ① 국가나 지방자치단체는 공무원 또는 공무를 위탁받은 사인(다음부터 '공무원'이라 한다)이 직무를 집행하면서 고의 또는 과실로 법령을 위반하여 타인에게 손해를 입히거나, 「자동차손해배상 보장법」에 따라 손해배상의 책임이 있을 때에는 이 법에 따라 그 손해를 배상하여야 한다. 다만, 군인·군무원·경찰공무원 또는 예비군대원이 전투·훈련 등 직무 집행과 관련하여 전사(戰死)·순직(殉職)하거나 공상(公傷)을 입은 경우에 본인이나 그 유족이 다른 법령에 따라 재해보상금·유족연금·상이연금 등의 보상을 지급받을 수 있을 때에는 이 법 및 「민법」에 따른 손해배상을 청구할 수 없다. ② 제1항 본문의 경우에 공무원에게 고의 또는 중대한 과실이 있으면 국가나 지방자치단체는 그 공무원에게 구상(求償)할 수 있다.

13) 민법 제750조(불법행위의 내용) 고의 또는 과실로 인한 위법행위로 타인에게 손해를 가한 자는 그 손해를 배상할 책임이 있다.

사회보장법제의 일반법인 기본법과 급여법은 구제절차에 관하여 규정하고 있고, 개별 사회복지법제에서도 규정하고 있다.

먼저, 기본법에는 위법 또는 부당한 처분을 받거나 필요한 처분을 받지 못함으로써 권리 또는 이익을 침해받은 국민은 ① 행정심판법에 따른 **행정심판**을 청구하거나 ② 행정소송법에 따른 **행정소송**을 제기하여 그 처분의 취소 또는 변경 등을 청구할 수 있다(제39조).

그리고 급여법에도 이 법에 따른 처분에 이의가 있는 수급권자등은 그 처분을 받은 날로부터 90일 이내에 처분을 결정한 보장기관의 장에게 **이의신청**을 할 수 있지만, 정당한 사유로 인하여 그 기간 내에 이의신청을 할 수 없음을 증명한 때에는 그 사유가 소멸한 때부터 60일 이내에 이의신청을 할 수 있다(제17조 제1항).

보장기관의 장은 이의신청을 받은 날부터 10일 이내에 그 **이의신청에 대하여 결정**하고 그 결과를 신청인에게 지체 없이 통지하여야 하지만, 부득이한 사유로 정하여진 기간 이내에 결정할 수 없을 때에는 그 기간의 만료일 다음 날부터 기산하여 10일 이내의 범위에서 연장할 수 있으며, 연장 사유를 신청인에게 통지하여야 한다(제17조 제2항).

기출 문제

[2015년 제13회 기출 문제] 권리구제에 관한 설명으로 옳은 것을 모두 고른 것은?

가. 국민기초생활 보장법상 이의신청은 서면으로 하여야 하며, 구두에 의한 것은 허용되지 않는다.

나. 국민연금법상 국민연금재심사위원회의 재심사에 불복하려는 자는 행정심판법상 행정심판을 제기할 수 있다.

다. 사회보장기본법은 행정소송을 제기하기 위해서는 행정심판을 먼저 거쳐야 한다는 행정심판전치주의를 규정하고 있다.

라. 국민건강보험법상 보험급여에 관한 국민건강보험공단의 처분에 이의가 있는 자는 공단에 이의신청을 할 수 있다.

① 가, 나, 다   ② 가, 다   ③ 나, 라   ④ 라   ⑤ 가, 나, 다, 라

[해설] 정답: ④

가. 국민기초생활 보장법상 이의신청은 **서면 또는 구두로** 할 수 있다.

나. 국민연금법상 국민연금재심사위원회의 재심사는 행정심판법상 행정심판으로 보므로, 이에 불복하려는 자는 **행정심판을 제기할 수 없다.**

다. 사회보장기본법은 행정심판전치주의를 따르지 않고, **행정심판이나 행정소송을 자유롭게 제기할 수 있다.**

라. 국민건강보험법상 보험급여에 관한 국민건강보험공단의 처분에 이의가 있는 자는 **공단에 이의신청을 할 수 있다.**

[2017년 제15회 기출 문제] 우리나라 사회복지법에 관한 설명으로 옳지 않은 것은?

① 헌법상의 생존권을 구체적으로 실현하기 위한 법이 사회복지법이다.

② 사회복지법은 단일 법전 형식이 아니라 개별법 체계로 구성되어 있다.

③ 최저임금법은 실질적 의미의 사회복지법에 포함된다.

④ 사회복지법은 사회법으로서 과실책임의 원칙에 기초하고 있다.

⑤ 사회복지법에는 공법과 사법의 요소들이 공존하고 있다.

[해설] 정답: ④

① 사회복지법은 헌법에서 규정한 **인간다운 생활권 또는 생존권을 구체적으로 실현**하기 위한 법이다.

② '사회복지법'이라는 명칭의 법률이 존재하는 것이 아니라 사회복지에 관한 여러 법률을 **총체적으로** 일컫는 말이다.

③ 최저임금법은 사회복지에 관한 법률에 포함되지 않지만 노동자의 최저임금을 보장하여 **실질적으로 사회복지에 기여하는 법**이다.

④ 사회복지법은 사회법으로서 **무과실책임의 원칙**에 기초하고 있다.

⑤ 사회복지법은 근대 시민법의 현대 사회법화 과정에서 **공법과 사법의 요소**들이 공존하고 있다.

제 2 절
사회복지법제의 역사

Ⅰ. 사회복지법제 이전의 단계

영국에서 빈곤의 문제를 국가적 차원에서 해결하고자 하는 첫 번째 시도가 1601년 **엘리자베스구빈법**(An Act for Relief of the poor)이다. 그러나 이 법 이전에도 영국에서는 빈민이 사회문제로 제기됨에 따라 구빈에 관한 법률이 제정되어 시행되어 왔다.

일반적으로 영국의 엘리자베스구빈법을 사회복지법제의 효시로 생각하지만, **세계적으로 구빈정책은 우리나라에서 가장 먼저 시작**하였다. 우리나라는 삼국시대부터 국민이 재해를 당했을 경우 국가가 이를 지원하는 **구휼정책(救恤政策)**을 폈다는 점에서 사회복지적 국가이념이 세계에서 가장 먼저 확립되었다고 볼 수 있다.

특히 영국이나 일본에서 초기 빈민구제가 치안유지의 차원에서 시작되었다는 점에서 큰 대조를 이룬다고 보아야 한다. 이 점은 우리 민족의 **홍익인간(弘益人間)의 이념**이 크게 작용하였다고 보아야 할 것이다.

Ⅱ. 사회복지법제의 탄생

영국에서는 **산업혁명**이 세계에서 가장 먼저 일어났으며, 그 결과 자본주의 경제체제가 가장 먼저 형성되어 왔다. 그리고 1920년에는 심각한 불황이 시작되어 실업이 급증할 가능성이 제기됨에 따라 같은 해 **실업보험법**을 제정하였다.

독일은 1871년 통일후 강력하게 전개된 사회주의 운동에 대응하여 **비스마르크(Bismarck)**는 탄압과 회유의 2중적 정책을 펴기 시작하였다. 즉, 한편으로는 1878년 「사회주의자 탄압법」(Sozialisten Gesetz)을 제정하여 사회주의 운동을 탄압하기 시작하고, 다른 한편에서는 사회복지정책을 전개함으로써 노동자를 비롯한 국민의 복지향상을 위하여 노력하였다.

독일의 사회복지법제은 비스마르크 시대에 **세계 최초로 사회보험법을 제정**하였는데, ① 건강보험법 ② 산업재해보험법 ③ 폐질 및 노령보험법의 3가지 법률이며, 그 후 1911년 이들을 통합하여 「제국보험법」을 제정하였다.

우리나라에서도 1961년 5·16 군사쿠테타에 의하여 집권한 박정희 군사정권은 국민에 대한 **명분적 방향제시**를 선전하기 위하여[14] 각종 사회복지법제를 제정하였다.

즉, 1961년에는 직업안정법, 직업훈련기본법, **생활보호법, 아동복리법**

---

[14] 민정이양이 이루어지는 1963년도에 들어오면서 군사정권의 정통성이 급격히 실추함에 따라 사회보장정책에 대한 관심이 제고되었다. 그리고 그 시행도 조세로 재원을 조달하는 가족수당의 도입이나 공공부조의 확대보다는 당사자부담을 원칙으로 하는 산재보험과 의료보험제도를 도입하고자 하였다: 권문일, "1960년대의 사회보험"(1989), 509면.

등이 제정되었고, 1963년에는 **사회보장에 관한 법률,**15) **의료보험법, 산업재해보상보험법** 등이 제정되었다.

해방후 활동하였던 외국의 원조단체가 1960년대 후반 철수함에 민간단체가 적극 활동하게 되었는데, 이들을 국가가 관리·감독하기 위하여 1970년 **사회복지사업법**을 제정하였다.

Ⅲ. 사회복지법제의 발전

영국에서는 노동조합회의(TUC)의 요구에 의하여, 1941년 6월에 비버리지를 위원장으로 하는 조사위원회가 1942년 11월 보고한 것이 유명한 **비버리지 보고서**(Reported by Beveridge, Social Insurance and Allied Services)이다. 이 보고서는 5가지의 사회악, 즉 ① **빈곤** ② **질병** ③ **무지** ④ **불결** ⑤ **실업**을 동시에 퇴치하여야 한다고 주장하였다.16)

미국에서는 1929년 대공황(the Great Depression)의 발생후 1933년 취임한 루즈벨트 대통령은 이를 극복하기 위하여 강력한 **경제회복정책(뉴딜정책)**을 실시하였는데, 그 일환으로 1935년 **사회보장법**(Social Security Act, 다음부터 SSA라 한다)을 제정하였다.

2010년 오바마 대통령은 **건강보험개혁법**을 제정하여 전국민 건강보험 가입을 의무화하면서 저소득자에게는 보조정책을 폈다.

---

15) 이는 1995년 「사회보장기본법」으로 대체되었다.

16) 1945년 7월 총선거에서 노동당이 압승을 거두어 집권함에 따라 이 보고서에서 주장한 내용들이 시행되게 되어, 영국의 사회복지는 이제 그 확립의 시대를 맞이하게 되었다.

일본은 제2차 세계대전에서 패한 후 1946년 **생활보호법**, 1947년 **아동복지법, 실업보험법, 노동자재해보상보험법**을 제정하였다. 일본은 1950년 **우리나라의 6·25 전쟁시 특수관계**로 인한 산업[17]과 사회복지 법제의 발전을 가져왔다.

우리나라는 1980년대 초반부터 실질적 사회복지가 시작된 것으로 평가할 수 있다. 이 시기의 주요 입법내용은, 직업안정법의 개정(1982), 의료보험법의 개정, 심신장애자복지법의 제정(1981), 산업안전보건법의 제정(1981), 아동복지법의 제정(1981), 노인복지법의 제정(1981), 생활 보호법의 개정(1982), 「진폐의 예방과 진폐근로자의 보호등에 관한 법률」의 제정(1984), 국민연금법의 제정(1986) 등이다.

그리고 **1988년의 서울올림픽 개최**를 계기로 한 전시행정의 정치적 동기가 1988년부터의 "전국민 의료보험 및 연금보험" 실시라는 정부측 슬로건에 더욱 큰 작용을 했다고 평가할 수 있다.

이 시기 주요 입법 내용을 보면, 노인복지법의 개정(1989), 장애인 복지법의 제정(1989), 모자복지법의 개정(1989), 의료보험법의 개정(1988 ~ 1989), 산재보험법의 개정(1989 ~ 1994), 고용정책기본법의 제정(1993), 고용보험법(1993)과 사회보장기본법의 제정(1995) 등이다.

1997년 유동성 위기에 봉착한 우리나라는 **국제통화기금(IMF)**으로 부터 550억 달러이상의 긴급자금을 지원받은 후 IMF와 협정을 체결 하였다.[18] 그리고 1999년 **국민건강보험법**과 **국민기초생활보장법**이 제

---

17) 우리나라의 6·25 전쟁은 패전후 불황 속에서 허덕이던 일본 독점자본에게는 천우신 조의 신풍(神風)과 같은 경제회생약이 되었다. 犬丸義一外, 「戰後勞動運動史」, 137면.

18) 이후 이 협정의 이행을 위하여 1998년 2월 6일 노사정위원회의 합의를 어렵게 이루어낸 후 이를 반영한 각종 노동관계법과 사회복지법률이 1998년 2월 14일 밤

정되었고, 2007년에는 우리나라 5대 사회보험제도로 **노인장기요양보험법**이 제정(2007.4.27. 법률 제8403호)되었고, 같은 해 **기초노령연금법**이 제정(2007.4.25.)되었다.

<표 6>　　　　　　주요 사회복지법제의 제정 현황

구 분	내 용		소관부처	제정
사회보장 기본 2법	사회보장기본법		보건복지부	1995
	사회보장급여법		〃	2014
공공부조 5법	기초생활 급여 3법	국민기초생활보장법	〃	1999
		의료급여법	〃	2001
		주거급여법	**국토교통부**	2014
	기초연금법		보건복지부	2014
	긴급복지지원법		〃	2005
협의의 사회복지 3법	아동복지법		〃	1981
	(영유아보육법)		(〃)	(1991)
	(아동수당법)		(〃)	(2018)
	장애인복지법		〃	1989
	노인복지법		〃	1981
사회보험 5법	국민건강보험법		〃	1999
	국민연금법		〃	1986
	산업재해보상보험법		**고용노동부**	1963
	고용보험법		〃	1993
	노인장기요양보험법		보건복지부	2007
사회복지 서비스 8법	사회복지사업법		〃	1970
	(사회복지사법)		(〃)	(2011)
	가족 지원 2법	한부모가족지원법	**여성가족부**	2007
		다문화가족지원법	〃	2008
	폭력 방지 3법	가정폭력방지법	〃	1997
		성폭력피해자보호법	〃	2010
		성폭력처벌법	**법무부**	2010
	봉사 기부 2법	자원봉사활동 기본법	**행정안전부**	2005
		사회복지공동모금회법	보건복지부	1997

국회를 통과하였으며, 1998년 2월 20일 공포되었다.

기출 문제

[2017년 제15회 기출 문제] 2000년대 제정된 사회복지법이 아닌 것은?

① 영유아보육법   ② 긴급복지지원법   ③ 노인장기요양보험법

④ 장애인연금법   ⑤ 다문화가족지원법

[해설] 정답: ①

① **영유아보육법은** 현대사회의 산업화에 따른 여성의 사회참여 증가 및 가족구조의 핵가족화에 의한 탁아수요의 급증에 따라 **1991년 1월 14일 제정하였다.**

② **긴급복지지원법은** 2004년 12월 18일 대구 4세 아동 아사(餓死)사건을 계기로 **2005년 12월 23일 제정하였다.**

③ **노인장기요양보험법은** 우리나라의 고령화가 세계 최고의 빠른 속도로 진행되어 2018년에 고령화사회에서 고령사회로 진입할 것으로 예상됨에 따라 **2007년 4월 27일 제정하였다.**

④ **장애인연금법은** 장애로 인하여 생활이 어려운 중증장애인에게 장애인연금을 지급하기 위하여 **2010년 4월 12일 제정하였다.**

⑤ **다문화가족지원법은** 결혼이민 등으로 다문화가족이 날로 증가함에 따라 이들에 대한 지원제도를 마련하고자 **2008년 3월 21일 제정하였다.**

[2018년 제16회 기출 문제] 다음 중 가장 최근에 제정된 법률은?

① 장애인복지법   ② 사회복지사업법   ③ 고용보험법

④ 노인장기요양보험법   ⑤ 산업재해보상보험법

[해설] 정답: ④

① **장애인복지법은** 1988년 서울에서 장애인 올림픽이 개최된 후 **1989년 12월 30일 '심신장애자 복지법'을 전면개정한 것이다.**

② **사회복지사업법은** 해방 후 우리를 원조하여왔던 외국의 원조단체가 1960

년대 후반 철수함에 따라 국가가 민간단체를 관리·감독하고 지원하기 위하여 **1970년 1월 1일 제정하였다.**

③ **고용보험법은** 1980년 이후 구조조정시대를 맞이하여 실업자에 대한 생활 보장을 위하여 **1993년 12월 27일 제정하였다.**

④ **노인장기요양보험법은** 우리나라의 고령화가 세계 최고의 빠른 속도로 진행 되어 2018년에 고령화사회에서 고령사회로 진입할 것으로 예상됨에 따라 5대 사회보험법 중에서 가장 늦게 **2007년 4월 27일 제정하였다.**

⑤ **산업재해보상보험법은** 산재보상제도를 국가의 직접보상방식에서 사회보험 방식으로 전환하기 위하여 **1963년 11월 5일 정하였다.**

[2016년 제14회 기출 문제] 다음 중 가장 먼저 제정된 법률은?

① 고용보험법 ② 정신보건법 ③ 사회보장기본법 ④ 노인장기요양보험법
⑤ 국민기초생활 보장법

[해설] 정답: ①

· 고용보험법(1993) 사회보장기본법(1995) 정신보건법(1995) 국민기초생활 보장 법(1999) 노인장기요양보험법(2007)

[2015년 제13회 기출 문제] 제정연도가 빠른 순서대로 나열된 것은?

가. 사회복지사업법　　　나. 노인복지법　　　다. 국민기초생활 보장법

라. 노인장기요양보험법

① 가, 나, 다, 라　　　　② 가, 다, 라, 나　　　　③ 나, 다, 가, 라

④ 다, 나, 라, 가　　　　⑤ 라, 나, 다, 가

[해설] 정답: ①

가. 해방후 활동하였던 외국의 원조단체가 1960년대 후반 철수함에 민간단체 가 적극 활동하게 되었는데, 이들을 국가가 관리·감독하기 위하여 **1970년 사회복지사업법을 제정하였다.**

나. 1980년대 실질적인 사회복지가 이루어지기 시작하였으며, **1981년 노인복지 법과 아동복지법이 제정되었다.**

다. 1997년 IMF 외환위기 이후 기업의 파산과 실업으로 사회문제가 심각해지 자 기존 생활보호법(1961년 제정)을 개선한 **국민기초생활 보장법이 1999년 제정되었다.**

라. 우리나라에서 고령화 문제가 제기된 이후 5대 사회보험 중에서 가장 늦게 **2007년에 노인장기요양보험법이 제정되었다.**

[2019년 제17회 기출 문제] 법률의 제정연도가 **빠른** 순서대로 나열된 것은?

가. 국민연금법   나. 고용보험법   다. 국민건강보험법   라. 산업재해보상보험법

① 가, 나, 다, 라   ② 가, 다, 라 ,나   ③ 라, 가, 나 ,다

④ 라, 가, 다 ,나   ⑤ 라, 나, 가 ,다

[해설] 정답: ③

· 5대 사회보험법의 제정 순서는 다음과 같다.

① **산업재해보상보험법**(1963년) → ② **국민연금법**(1986년) → ③ **고용보험법**(1993년) → ④ **국민건강보험법**(1999년) → ⑤ **노인장기요양보험법**((2007년)

제 2 장   사회복지법제의 법원(法源)

제 1 절
법원(法源)의 개념과 종류

Ⅰ. 법원(法源)의 개념

일반적으로 법(法, law)은 "인간의 사회생활에서 지켜야 하는 행위의 준칙으로서 국가권력에 의하여 강행되는 사회규범"[19]으로 이해되고 있다.

그런데 이러한 법이 어디에 존재하는가? 이를 우리는 법원(法源, source of law)이라 한다.[20] 이는 법의 연원(淵源), 즉 법의 존재형식을 말하며, 재판기관인 법원(法院, court)과는 다른 말이다.

Ⅱ. 법원(法源)의 종류

우리나라 재판에서 적용하는 법원(法源)은 다음 〈표 7〉에서 보는 바와 같이, 그 존재형식에 따라 **성문법(成文法)과 불문법(不文法)**으로 나누어진다. 전자에는 헌법, 법률, 명령, 규칙, 자치법규, 조약 등이 있고, 후자에는 관습법, 판례법, 조리 등이 있다.

---

19) 김향기, 「법학개론」(2018), 3면.
20) 유병화·정영환, 「법학입문」(2018), 111면.

그리고 법률의 효력 범위에 따라 **국내법(國內法)과 국제법(國際法)**으로 구분된다. 이하에서는 국내법과 국제법으로 구분하여 설명하였다.

<표 7>   법원(法源)의 종류

구 분	성문법	불문법
국내법	헌법, 법률, 명령, 규칙, 자치법규(조례, 규칙)	관습법, 판례법, 조리
국제법	조약	법의 일반원칙, 판례법, 학설, 일방적 행위

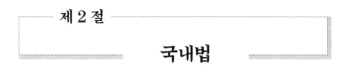

Ⅰ. 성문법

1. 헌 법

가. 헌법의 개념

헌법은 "국민의 기본권과 국가의 이념 및 통치조직, 그리고 그 작용에 관한 국가의 근본법이다. 이러한 의미에서 헌법을 규범 중의 규범이라고도 하면 국가의 최고기본법이라고도 한다." [21]

이는 뒤에서 보는 바와 같이, 헌법에서 규정한 이념을 실현하기 위하여 **각종 사회복지관련 법률**을 제정한다.

나. 헌법상 사회적 기본권 규정

헌법에는 사회적 기본권에 관하여 다음과 같이 규정하고 있다.

---

21) 홍완식외, 「법학개론」(2018), 22면.

제10조 모든 국민은 **인간으로서의 존엄과 가치**를 가지며, **행복을 추구할 권리**를 가진다. 국가는 개인이 가지는 불가침의 기본적 인권을 확인하고 이를 보장할 의무를 진다.

제31조 ① 모든 국민은 **능력에 따라 균등하게 교육을 받을 권리**를 가진다.
② 모든 국민은 그 보호하는 자녀에게 적어도 초등교육과 법률이 정하는 교육을 받게 할 의무를 진다.
③ 의무교육은 무상으로 한다.
④ 교육의 자주성·전문성·정치적 중립성 및 대학의 자율성은 법률이 정하는 바에 의하여 보장된다.
⑤ 국가는 평생교육을 진흥하여야 한다.
⑥ 학교교육 및 평생교육을 포함한 교육제도와 그 운영, 교육재정 및 교원의 지위에 관한 기본적인 사항은 법률로 정한다.

제32조 ① 모든 국민은 **근로의 권리**를 가진다. 국가는 사회적·경제적 방법으로 근로자의 고용의 증진과 적정임금의 보장에 노력하여야 하며, 법률이 정하는 바에 의하여 최저임금제를 시행하여야 한다.
② 모든 국민은 **근로의 의무**를 진다. 국가는 근로의 의무의 내용과 조건을 민주주의원칙에 따라 법률로 정한다.
③ 근로조건의 기준은 인간의 존엄성을 보장하도록 법률로 정한다.
④ 여자의 근로는 특별한 보호를 받으며, 고용·임금 및 근로조건에 있어서 부당한 차별을 받지 아니한다.
⑤ 연소자의 근로는 특별한 보호를 받는다.
⑥ 국가유공자·상이군경 및 전몰군경의 유가족은 법률이 정하는 바에 의하여 우선적으로 근로의 기회를 부여받는다.

제33조 ① 근로자는 근로조건의 향상을 위하여 자주적인 **단결권·단체교섭권 및 단체행동권**을 가진다.

② **공무원인 근로자는 법률이 정하는 자에 한하여** 단결권·단체교섭권 및 단체행동권을 가진다.
③ **법률이 정하는 주요방위산업체에 종사하는 근로자**의 단체행동권은 법률이 정하는 바에 의하여 이를 제한하거나 인정하지 아니할 수 있다.

제34조 ① 모든 국민은 **인간다운 생활을 할 권리**를 가진다.

② 국가는 **사회보장·사회복지의 증진**에 노력할 의무를 진다.

③ 국가는 **여자의 복지와 권익의 향상**을 위하여 노력하여야 한다.

④ 국가는 **노인과 청소년의 복지향상**을 위한 정책을 실시할 의무를 진다.

⑤ 신체장애자 및 질병·노령 기타의 사유로 **생활능력이 없는 국민**은 법률이 정하는 바에 의하여 국가의 보호를 받는다.

⑥ 국가는 **재해를 예방**하고 그 위험으로부터 국민을 보호하기 위하여 노력하여야 한다.

제35조 ① 모든 국민은 **건강하고 쾌적한 환경**에서 생활할 권리를 가지며, 국가와 국민은 환경보전을 위하여 노력하여야 한다.

② **환경권의 내용과 행사**에 관하여는 법률로 정한다.

③ 국가는 주택개발정책등을 통하여 모든 국민이 **쾌적한 주거생활**을 할 수 있도록 노력하여야 한다.

2. 법 률

가. 헌법상 법률의 제정절차

① 입법권은 국회에 속한다(제40조). 국회의원과 정부는 **법률안을 제출**할 수 있다(제52조).

② 국회는 헌법 또는 법률에 특별한 규정이 없는 한 재적의원 과반수의 출석과 출석의원 과반수의 찬성으로 **의결**한다. 가부동수인 때에는 부결된 것으로 본다(제49조).

③ 국회에서 의결된 법률안은 정부에 이송되어 15일 이내에 **대통령이 공포**한다(제53조 제1항).

④ 법률안에 이의가 있을 때에는 대통령은 15일 이내에 이의서를 붙여 국회로 환부하고, 그 **재의를 요구**할 수 있다. 국회의 폐회중에도 또한 같다(제53조 제2항).

⑤ 대통령은 법률안의 일부에 대하여 또는 법률안을 수정하여 재의를 요구할 수 없다(제53조 제3항).

⑥ 재의의 요구가 있을 때에는 국회는 재의에 붙이고, 재적의원과반수의 출석과 출석의원 3분의 2 이상의 찬성으로 전과 같은 의결을 하면 그 법률안은 **법률로서 확정**된다(제53조 제4항).

⑦ 대통령이 15일 이내에 공포나 재의의 요구를 하지 아니한 때에도 그 법률안
은 **법률로서 확정**된다(제53조 제5항).
⑧ 대통령은 확정된 법률을 지체없이 **공포**하여야 한다. ⑦에 의하여 법률이 확
정된 후 또는 ⑥에 의한 확정법률이 정부에 이송된 후 5일 이내에 대통령이
공포하지 아니할 때에는 국회의장이 이를 공포한다(제53조 제6항).
⑨ 법률은 특별한 규정이 없는 한 공포한 날로부터 20일을 경과함으로써 **효력을
발생**한다(제53조 제7항).

나. 사회복지관련 법률

사회복지와 관련된 법률의 내용은 다음 〈표 8〉과 같다.

〈표 8〉　　　　　　　사회복지법제의 분류

구 분	법 률 명
기본법	「사회보장기본법」, 「사회보장급여의 이용·제공 및 수급권자 발굴에 관한 법률」
사회복지 서비스 관련법률	「사회복지사업법」, 「사회복지사등의 처우 및 지위 향상을 위한 법률」, 「성매매방지 및 피해자보호 등에 관한 법률」, 「정신건강증진 및 정신질환자 복지서비스 지원에 관한 법률」, 「성폭력방지 및 피해자보호 등에 관한 법률」, 「입양특례법」, 「일제하 일본군위안부 피해자에 대한 생활안정지원 및 기념사업 등에 관한 법률」, 「사회복지공동모금회법」, 「가정폭력방지 및 피해자보호 등에 관한 법률」, 「농어촌주민의 보건복지증진을 위한 특별법」, 「식품등 기부 활성화에 관한 법률」, 「보호관찰 등에 관한 법률」
사회보험 관련법률	「국민건강보험법」, 「국민연금법」, 「산업재해보상보험법」, 「고용보험법」, 「노인장기요양보험법」
협의의 사회복지 관련법률	「아동복지법」, 「영유아보육법」, 「노인복지법」, 「장애인복지법」, 「장애인활동 지원에 관한 법률」, 「장애아동 복지지원법」, 「발달장애인 권리보장 및 지원에 관한 법률」, 「장애인·노인·임산부 등의 편의증진 보장에 관한 법률」, 「한부모가족지원법」, 「다문화가족지원법」, 「청소년복지 지원법」, 「북한이탈주민의 보호 및 정착지원에 관한 법률」
공공부조 관련법률	「국민기초생활보장법」, 「의료급여법」, 「주거급여법」, 「기초연금법」, 「장애인연금법」, 「긴급복지지원법」, 「노숙인 등의 복지 및 자립지원에 관한 법률」

3. 명령·규칙

명령은 국회의 의결을 거치지 않고 행정기관이 법률의 위임을 받아서 제정하는 행정입법이다. 이에는 명령을 내리는 주체에 따라 **대통령령, 총리령, 부령**으로 구분된다.

그리고 헌법에 의하여 행정부 이외의 독립적인 국가기관에도 내부규율과 사무처리의 자율권을 행사하기 위하여 **규칙**을 제정할 수 있다. 예를 들면, 국회, 대법원, 헌법재판소, 중앙선거관리위원회, 감사원 등이다.

4. 자치법규

가. 자치법규의 종류

지방자치단체의 자치입법권에 의한 **조례와 규칙**이 있다.

나. 헌법상 자치법규에 관한 규정

헌법 제117조 ① 지방자치단체는 주민의 복리에 관한 사무를 처리하고 재산을 관리하며, **법령의 범위안에서** 자치에 관한 규정을 제정할 수 있다.

다. 지방자치법상 자치법규에 관한 규정

제22조(조례) 지방자치단체는 **법령의 범위 안에서** 그 사무에 관하여 조례를 제정할 수 있다. 다만, 주민의 권리 제한 또는 의무 부과에 관한 사항이나 벌칙을 정할 때에는 **법률의 위임이 있어야 한다.**

제23조(규칙) 지방자치단체의 장은 **법령이나 조례가 위임한 범위에서** 그 권한에 속하는 사무에 관하여 규칙을 제정할 수 있다.

제24조(조례와 규칙의 입법한계) 시·군 및 자치구의 조례나 규칙은 시·도의 조례나 규칙을 위반하여서는 아니 된다.

제15조(조례의 제정과 개폐 청구) ① 19세 이상의 주민으로서 다음 각 호의 어느 하나에 해당하는 사람(「공직선거법」 제18조에 따른 선거권이 없는 자는 제외한다. 이하 이 조 및 제16조에서 "19세 이상의 주민"이라 한다)은 **시·도와 제175조에 따른 인구 50만 이상 대도시에서는** 19세 이상 주민 총수의 100분의 1 이상 70분의 1 이하, **시·군 및 자치구에서는** 19세 이상 주민 총수의 50분의 1 이상 20분의 1 이하의 범위에서 지방자치단체의 조례로 정하는 19세 이상의 주민 수 이상의 연서(連署)로 해당 지방자치단체의 장에게 **조례를 제정하거나 개정하거나 폐지할 것을 청구할 수 있다.**

1. 해당 지방자치단체의 관할 구역에 주민등록이 되어 있는 사람
2. 「재외동포의 출입국과 법적 지위에 관한 법률」 제6조제1항에 따라 해당 지방자치단체의 국내거소신고인명부에 올라 있는 국민
3. 「출입국관리법」 제10조에 따른 영주의 체류자격 취득일 후 3년이 경과한 외국인으로서 같은 법 제34조에 따라 해당 지방자치단체의 외국인등록대장에 올라 있는 사람

Ⅱ. 불문법

불문법은 성문법과 달리 일정한 형식과 절차에 따라 성문화되지 않은 법이다. 이에는 관습법, 판례법, 조리(條理) 등이 있다.

1. 관습법

관습법은 국가의 권한있는 기관, 즉 입법기관이 제정한 법이 아니고, 일상생활에서 사회의 관행에 의하여 반복적으로 행해지는 생활규범이 사회·경제적으로 일반인에 의해 법적 확신을 가지게 됨으로써 성립된 것이다.

관습법이 성립되려면 ① 선례라고 불리는 일정한 행위가 반복되어야 하는데, 이를 **관행**이라 한다. ② 그리고 반복되는 행위가 일정한 의무감에서 나와야 한다. 다시 말해서 행위주체가 이러한 관행규칙에 의하여 구속을 받는다는 감정, 즉 강제된다는 느낌을 가져야 한다. 이를 **법적 의식** 또는 필연성의 의식이라고 한다.[22]

성문법주의 국가에서 관습법은 성문법의 규정이 없는 경우에 하위법으로서 효력을 갖는 것이 일반적이다. 이에 관하여는 보충적 효력설과 변경적 효력설이 있다.[23]

---

22) 유병화·정영환, 「법학입문」(2018), 124~125면.
23) 홍완식외, 「법학개론」(2018), 29면.

2. 판례법

판례법은 법원의 판결을 통하여 형성된 법이론이나 법원칙을 말한다.

성문법주의를 채택하고 있는 국가에서는 선례구속의 원칙이 적용되지 않기 때문에, 엄격한 의미에서 판례는 법원(法源)이라 할 수 없지만, 실제적으로 법원(法源)의 기능을 한다.[24]

3. 조리(條理)

조리는 일반적으로 '사물의 이치' 또는 '사물의 본성' 등으로 불리며,[25] 사람의 건전한 상식으로 판단할 수 있는 사물자연의 이치를 뜻한다.[26]

또 그 사회의 도덕·관습·전통·사회적 필요성 등 여러 가치요소들을 종합하여 판단하는데, 일반적으로 사회적 타당성·형평·정의·공서양속·사회통념 등으로 불리는 "그 사회의 합리성"으로 이해하기도 한다.[27]

---

24) 유병화·정영환, 「법학입문」(2018), 127면.
25) 홍완식외, 「법학개론」(2018), 31면.
26) 김향기, 「법학개론」(2018), 3면.
27) 유병화·정영환, 「법학입문」(2018), 127면.

　　우리의 사회생활은 복잡다양하여 모든 사안에 적용할 완벽한 법률을 제정한다는 것은 불가능한 일이다. 따라서 이러한 경우에 조리는 유용하게 적용될 수 있다.

기출 문제

1. 법원(法源)의 개념과 종류

[2017년 제15회 기출 문제] 사회복지법의 법원(法源)에 관한 설명으로 옳은 것은?

① 대통령의 긴급명령은 법원이 될 수 없다.

② 국무총리는 사회복지에 관하여 총리령을 직권으로 제정할 수 없다.

③ 법률의 위임에 의한 조례는 법률과 동등한 자격을 가진다.

④ 법령의 범위를 벗어난 조례는 법적 구속력이 없다.

⑤ 관습법은 사회복지법의 법원이 될 수 없다.

[해설] 정답: ④

① 대통령의 긴급명령은 **법원이 될 수 있다.**

② 국무총리는 사회복지에 관하여 총리령을 직권으로 **제정할 수 있다.**

③ 법률의 위임에 의한 조례는 법률보다 **하위의 효력이 있다.**

④ 법령의 범위를 벗어난 조례는 법적 **구속력이 없다.**

⑤ 관습법도 사회복지법의 법원이 **될 수 있다.**

[2018년 제16회 기출 문제] 사회복지법의 체계와 법원(法源)에 관한 설명으로 옳은 것은?

① 시행령은 업무소관 부처의 장관이 발한다.

② 국무총리는 소관사무에 관하여 법률의 위임 또는 직권으로 부령을 발할 수 있다.

③ 지방자치단체는 법령의 범위 안에서 자치에 관한 규정을 제정할 수 있다.

④ 장애인복지법 시행규칙은 지방의회에서 제정한다.

⑤ 국민연금법 시행령보다 국민연금법 시행규칙이 상위의 법규범이다.

[해설] 정답: ③

① 시행령은 **대통령이** 발한다.

② 국무총리는 소관사무에 관하여 법률의 위임 또는 직권으로 **총리령을** 발할 수 있다.

③ 지방자치단체는 **법령의 범위 안에서** 자치에 관한 규정을 제정할 수 있다.

④ 장애인복지법 시행규칙은 소관부처인 **보건복지부장관이** 제정한다.

⑤ 국민연금법 시행령보다 국민연금법 시행규칙이 **하위의** 법규범이다.

2. 헌 법

[2017년 제15회 기출 문제] 사회복지와 관련한 헌법의 내용으로 옳은 것을 모두 고른 것은?

가. 헌법 전문에는 사회복지와 관련된 내용이 없다.

나. 환경권의 내용과 행사에 관하여는 조례로 정한다.

다. 모든 국민은 능력에 따라 균등하게 교육을 받을 권리를 가진다.

라. 여자의 근로는 특별한 보호를 받으며, 고용·임금 및 근로조건에 있어서 부당한 차별을 받지 아니한다.

① 가, 나 ② 나, 다 ③ 다, 라 ④ 가, 다, ⑤ 나, 다, 라

[해설] 정답: ③

가. 헌법 전문에도 **사회복지와 관련된 내용이 있다.**

- 헌법 전문: … 정치·경제·사회·문화의 모든 영역에 있어서 각인의 기회를 균등히 하고, 능력을 최고도로 발휘하게 하며, 자유와 권리에 따르는 책임과 의무를 완수하게 하여, 안으로는 **국민생활의 균등한 향상**을 기하고 밖으로는 항구적인 세계평화와 인류공영에 이바지함으로써 **우리들과 우리들의 자손의 안전과 자유와 행복을 영원히 확보**할 것을 다짐하면서…

나. 환경권의 내용과 행사에 관하여는 **법률로 정한다.**

다. 모든 국민은 능력에 따라 균등하게 교육을 받을 권리를 가진다.

라. 여자의 근로는 특별한 보호를 받으며, 고용·임금 및 근로조건에 있어서 부당한 차별을 받지 아니한다.

[2016년 제14회 기출 문제] 헌법 제34조에서 규정하고 있지 않은 것은?

① 국가는 사회보장·사회복지의 증진에 노력할 의무를 진다.

② 국가는 여자의 복지와 권익의 향상을 위하여 노력하여야 한다.

③ 국가는 노인과 청소년의 복지향상을 위한 정책을 실시할 의무를 진다.

④ 국가는 장애인 및 질병·연령의 사유로 근로능력이 없는 모든 국민을 경제적으로 보호할 의무를 진다.

⑤ 국가는 재해를 예방하고 그 위험으로부터 국민을 보호하기 위하여 노력하여야 한다.

[해설] 정답: ④

① 국가는 사회보장·사회복지의 증진에 노력할 의무를 진다.

② 국가는 여자의 복지와 권익의 향상을 위하여 노력하여야 한다.

③ 국가는 노인과 청소년의 복지향상을 위한 정책을 실시할 의무를 진다.

④ 신체장애자 및 질병·노령 기타의 사유로 **생활능력이 없는 국민은** 법률이 정하는 바에 의하여 국가의 보호를 받는다.

⑤ 국가는 재해를 예방하고 그 위험으로부터 국민을 보호하기 위하여 노력하여야 한다.

[2019년 제17회 기출 문제] 헌법 규정중 (   )에 들어갈 내용이 순서대로 옳은 것은?

· 신체장애자 및 질병·노령 기타의 사유로 생활능력이 없는 국민은 (   )이 정하는 바에 의하여 국가의 보호를 받는다.

· 지방자치단체는 주민의 복리에 관한 사무를 처리하고 재산을 관리하며, (   )의 범위 안에서 자치에 관한 규정을 제정할 수 있다.

① 대통령령, 법률　　② 법률, 대통령령　　③ 법률, 법령

④ 법령, 법률　　　　⑤ 대통령령, 법령

[해설] 정답: ③

· 신체장애자 및 질병·노령 기타의 사유로 생활능력이 없는 국민은 **법률**이 정하는 바에 의하여 국가의 보호를 받는다.

· 지방자치단체는 주민의 복리에 관한 사무를 처리하고 재산을 관리하며, **법령**의 범위 안에서 자치에 관한 규정을 제정할 수 있다.

[2019년 제17회 기출 문제] 헌법 규정의 내용 중 사회적 기본권으로 보기 어려운 것은?

① 모든 국민은 신체의 자유를 가진다.

② 모든 국민은 근로의 권리를 가진다.

③ 모든 국민은 인간다운 생활을 할 권리를 가진다.

④ 모든 국민은 능력에 따라 균등하게 교육을 받을 권리를 가진다.

⑤ 모든 국민은 건강하고 쾌적한 환경에서 생활할 권리를 가진다.

[해설] 정답: ①

· 사회적 기본권은 근대 시민법의 원리를 수정한 **현대 사회법 원리**이며, ③ 인간다운 생활권을 기초로 ② 노동기본권, ④ 교육을 받을 권리, ⑤ 환경권 등을 포함한다.

· ① 자유와 평등은 **근대 시민법 원리**이다.

3. 법 률

[2016년 제14회 기출 문제] 법률의 제정에 관한 헌법의 내용으로 옳지 않은 것은?

① 입법권은 국회에 속한다.

② 국회의원과 정부는 법률안을 제출할 수 있다.

③ 국회에서 의결된 법률안은 정부에 이송되어 15일 이내에 대통령이 공포한다.

④ 법률은 특별한 규정이 없는 한 공포한 날로부터 20일을 경과함으로써 효력을 발생한다.

⑤ 대통령은 법률안을 수정하여 재의를 요구할 수 있다.

[해설] 정답: ⑤

① 입법권은 **국회에 속한다.**

② 국회의원과 정부는 법률안을 **제출할 수 있다.**

③ 국회에서 의결된 법률안은 정부에 이송되어 **15일 이내에 대통령이 공포**한다.

④ 법률은 특별한 규정이 없는 한 공포한 날로부터 **20일을 경과함으로써** 효력을 발생한다.

⑤ 대통령은 법률안을 **수정하여 재의를 요구할 수 없다.**

[2018년 제16회 기출 문제] 법률의 제정에 관한 헌법의 내용으로 옳은 것은?

① 법률은 국무회의의 의결을 거쳐 대통령이 제정한다.

② 대통령은 법률안의 일부에 대하여 재의를 요구할 수 있다.

③ 국무회의에서 의결된 법률안은 지체 없이 대통령이 공포한다.

④ 법률은 특별한 규정이 없는 한 공포한 날로부터 20일을 경과함으로써 효력을 발생한다.

⑤ 대통령이 15일 이내에 재의 요구를 하지 아니한 때에는 그 법률안은 폐기된다.

[해설] 정답: ④

① 법률안은 **국회에서 의결**된 후 대통령이 공포한다.

② 대통령은 법률안의 **일부에 대하여 또는 법률안을 수정하여 재의를 요구할 수 없다.**

③ 법률안은 국회에서 의결된 후 정부에 이송되어 **15일 이내에** 대통령이 공포한다.

④ 법률은 특별한 규정이 없는 한 공포한 날로부터 20일을 경과함으로써 효력을 발생한다.

⑤ 대통령이 15일 이내에 공포나 재의의 요구를 하지 아니한 때에도 그 법률안은 **법률로서 확정된다.**

4. 자치법규

[2015년 제13회 기출 문제] 사회복지조례에 관한 설명으로 옳은 것은?

① 사회복지조례는 국가에 대해서 법적 구속력을 가진다.

② 위법한 사회복지조례에 대해서는 취소소송으로 다툴 수 있는 것이 원칙이다.

③ 사회복지조례는 주민의 조례제정·개폐청구권의 대상이 될 수 없다.

④ 사회복지사무의 집행을 위해 지방자치단체의 장이 제정하는 규칙은 사회복지조례와 동등한 효력을 갖는다.

⑤ 법령에 위반한 조례는 효력이 없다.

[해설] 정답: ⑤

① 조례는 국가에 대해서는 법적 구속력을 가지지 못하고 **지방자치단체 내에서만 효력을 가진다.**

② 지방자치단체는 법령의 범위 안에서 조례를 제정할 수 있으므로 위법한 조례는 **무효이다.**

③ 조례는 **주민의 조례제정·개폐청구권의 대상이 된다.**

④ 지방자치단체의 장은 법령이나 조례가 위임한 범위내에서 규칙을 제정할 수 있으므로, **규칙은 조례보다 하위의 효력을 갖는다.**

⑤ 법령에 위반한 조례는 **효력이 없다.**

[2016년 제14회 기출 문제] 자치법규인 조례와 규칙에 관한 헌법과 법률의 내용으로 옳은 것을 모두 고른 것은?

가. 지방자치단체는 법령의 범위 안에서 그 사무에 관하여 조례를 제정할 수 있다.

나. 지방자치단체는 법령의 범위 안에서 자치에 관한 규정을 제정할 수 있다.

다. 시·군 및 자치구의 조례는 시·도의 조례를 위반하여서는 아니 된다.

라. 조례에서 주민의 권리 제한에 관한 사항을 정할 때에는 법률의 위임이 있어야 한다.

① 가, 나, 다   ② 가, 다   ③ 나, 라   ④ 라   ⑤ 가, 나, 다, 라

[해설] 정답: ⑤

가. 지방자치단체는 **법령의 범위 안에서** 그 사무에 관하여 조례를 제정할 수 있다.

나. 지방자치단체는 **법령의 범위 안에서** 자치에 관한 규정을 제정할 수 있다. **조례의 위임을 받아서도** 가능하다.

다. 시·군 및 자치구의 조례는 시·도의 조례를 **위반하여서는 아니 된다.**

라. 조례에서 주민의 권리 제한에 관한 사항을 정할 때에는 **법률의 위임이 있어야 한다.**

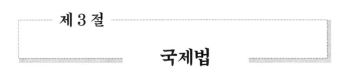

I. 성문법

국제법의 법원(法源)으로 대표적인 것은 국가간에 체결된 **조약(條約)**[28]으로, 국내법과 같은 효력을 가진다. 특히, 사회복지법 분야에서는 국가간에 체결한 **사회보장협정**이 있다.

1. 조 약

가. 국제사회복지 추진의 배경

1941년 8월 14일 영국의 처칠(Winston Churchill) 수상과 미국의 루즈벨트(Franklin D. Roosevelt) 대통령은 대서양에서 회담을 가져 독일의 나치즘을 타파하고, 제2차 세계대전후 세계재건을 위하여 **대서양헌장**(Atlantic Charter)을 발표하였다.

그리고 1944년 4월부터 5월까지 필라델피아에서 개최된 ILO의 제26회 대회에서 **사회복지에 관한 중요한 선언**(필라델피아 선언, Declaration of Philadelphia)이 채택되었다.

---

28) 조약(treaty)은 "문서에 의한 국가간의 합의"이며, 그 명칭에는 상관없다.

그 후 1948년 UN의 제3회 총회에서 **세계인권선언**(Universal Declaration of Human Rights)을 채택하였다.

나. 사회복지관련 주요 조약

1960년대 들어 UN과 ILO가 중심이 되어 다음과 같이 사회복지와 관련된 많은 조약을 채택하였다. 해당 국제기구의 회원이라고 해서 곧 회원국에 해당하는 조약이 직접 효력을 갖는 것은 아니며, 해당 국가가 이를 **비준**하여야 한다.

그리고 비준을 하였더라도 조약의 내용이 이를 직접 원용할 수 있을 정도로 **명확하게 형성**되어 있어야 하며, **직접 의무를 부과하는 내용**이 있어야 하고, 국가의 조약이행을 위한 **매개조치가 필요없이 실현**될 수 있어야 한다.

<표 9>   UN의 사회복지 관련 주요 조약

연도	조약 명칭	내 용
1965	인종차별 철폐조약	모든 종류의 인종차별 금지, 인종차별철폐위원회
1966	**경제적·사회적 및 문화적 권리**에 관한 국제규약	**A규약, 사회권 규약** 현재 국제사회에서 가장 기본적인 국제인권규약
1966	**시민적·정치적 권리**에 관한 국제규약	**B규약, 자유권 규약**
1975	고문방지협약	협약발효:1987.6.26. 고문희생자의 날(6월 26일)
1979	여성차별 철폐협약	여성차별철폐에 관하여 법적 구속력을 가짐
1989	아동권리 협약	1989년 11월 20일 총회에서 채택 아동권리 보호 최초의 조약 보호대상: 18세 미만의 모든 아동
1990	이주노동자권리협약	이주노동자 및 그 가족의 인권 보장
2006	장애인권리협약	장애인의 기본적 인권과 자유 보호·촉진장애인인권위원회
2006	강제실종방지협약	강제실종에 관한 선언(1992)에 대한 법적 구속력 부여

<표 10>　　　　ILO의 사회복지 관련 주요 조약

연도	조약 명칭	내 용
1952	**사회보장(최저기준)조약**	**사회보장의 분야별 최저기준 설정**
1962	사회보장에서의 내외국인 균등 대우에 관한 협약	국내외국인간의 불합리한 차별 철폐
1964	업무상 재해와 직업병의 급여에 관한 조약	업무상 재해와 직업병에 대한 보상
1967	장해·노령 및 유족급여에 관한 협약	장해·노령 및 유족 보호
1981	직업상의 안전보건에 관한 협약 및 권고	산업재해 예방을 위한 안전보건에 관한 협약과 권고 채택
1982	사회보장청구권의 보호를 위한 국제협력체계에 관한 협약	국제사회복지법제의 형성 노력
1993	주요 산업재해예방을 위한 협약	주요 산업재해의 예방

다. 국제사회복지조약의 효력

우리나라의 헌법은 "헌법에 의해서 체결, 공포된 조약과 일반적으로 승인된 국제법규는 국내법과 같은 효력을 가진다(제6조 제1항)." 라고 규정하고 있다.

여기서의 국내법의 범위에 관하여 헌법재판소는 헌법은 포함되지 않는다고 해석하고 있다.[29]

그리고 **다수설**도 이러한 해석을 지지하고 있다. 따라서 **조약과 국제관습법은 대한민국 헌법보다는 하위에 있고 법률과 동위에 있으며, 위헌심사의 대상이 된다고 본다.**

---

29) 헌법재판소 2013년 11월 28일 선고, 2012헌마166 결정.

2. 사회보장협정

상호주의 정신30)에 따라 우리나라가 다른 나라와 맺는 사회보장에 관한 약정 또는 협정을 말한다.31)

우리나라는 아래 〈표 11〉에서 보는 바와 같이, 2018년 12월 현재 37개국과 협정을 체결하였고, 그 중 32개국과의 협정이 발효 중이다.

〈표 11〉   사회보장협정 시행현황(2018년 11월 현재)

① 가입기간 합산 및 보험료 면제 협정(22개국)	② 보험료 면제 협정(10개국)
캐나다, 미국, 독일, 헝가리, 프랑스, 호주, 체코, 아일랜드, 벨기에, 폴란드, 슬로바키아, 불가리아, 루마니아, 오스트리아, 덴마크, 인도, 스페인, 터키, 스웨덴, 브라질, 핀란드, 퀘백	이란, 영국, 네덜란드, 일본, 이탈리아, 우즈베키스탄, 몽골, 중국, 스위스, 칠레

* ① 양국 연금 가입기간 합산과 보험료 면제가 모두 가능한 협정
  ② 양국 연금 가입기간 합산은 불가능, 보험료 면제만 가능한 협정.

---

30) 기본법 제8조(외국인에 대한 적용) **국내에 거주하는 외국인**에게 사회보장제도를 적용할 때에는 **상호주의의 원칙**에 따르되, 관계 법령에서 정하는 바에 따른다.

31) 이는 주로 ① 2개국 이상에서 근로를 하거나 자영업을 하는 경우 사회보험료 부담을 이중으로 납부하지 않게 할 필요가 있고(**이중가입배제**), ② 이민이나 장기체류 등으로 2개국 이상에서 거주하는 경우 한쪽만으로 연금수급요건을 충족하지 못하는 경우 합산하여 연금을 받을 수 있도록 할 필요가 있고(**가입기간의 합산**), ③ 외국에 거주하는 경우 거주하는 국가의 국민에 준하여 대우를 받을 수 있게 할 필요가 있으며(**내외국인 동등대우**), ④ 타국에서 연금을 수령할 경우 송금을 자유롭게 허용할 필요(**연금 송금 보장**) 등으로 체결된다.

Ⅱ. 불문법

국제사법재판소(ICJ)는 조약 외에도 **국제관습과 법의 일반원칙**을 법원(法源)으로 인정하고, 법칙결정의 보조수단으로서 **학설과 판례**를 인정하고 있다.

1. 관습법

국제공동체는 국제입법부가 존재하지 않는 분권적 구조를 가지고 있기 때문에, 관습은 비교적 최근까지 국제법규를 만드는 주요수단이 되어 왔다.

국제법에서 관습이 성립하기 위해서는 ① 국가들의 일반관행이 존재하고, ② 국가들이 이 일반관행을 법적 구속력이 있는 것으로 수락한다는 법적 확신이 있어야 한다.[32]

2. 법의 일반원칙

특정 사건에 대하여 재판을 하여야 하지만 이 사건과 관련된 법규가 존재하지 아니하는 경우가 있다. 이 경우에는 기존 법규로부터의 유추나 해당 법체제상의 지도원리 등으로부터 판단기준이 되는 법리를 추출하여 활용할 수 있다.

---

32) 김대순, 「국제법론」(2019), 42~43면.

이는 국내법에서 법률과 관습법이 존재하지 않는 경우 조리(條理)에 의해 판단하는 것과 마찬가지이다.[33]

3. 학설과 판례

국제법에서 학설과 판례는 법칙 자체를 창조하지는 못하지만, 법칙 존재 여부를 판단하는 **보조수단**으로 활용된다.[34]

4. 일방적 행위

국가가 일방적으로 취하는 행위의 상당수는 법적 의미를 부여하기 어려운 수준의 외교적·정치적 행위에 불과하지만, **일정 요건을 충족하는 경우**에는 법적 효과를 수반한다.[35]

---

33) 정인섭, 「신국제법강의」(2019), 59면.
34) 보조수단이기 때문에 형식적 연원이라 보기 어렵고, 실질적 연원이라 보아야 한다: 김대순, 「국제법론」(2019), 87~90면.
35) 정인섭, 「신국제법강의」(2019), 65면.

제 3 장 사회보장 기본 2법

제 1 절
사회보장기본법

Ⅰ. 사회보장기본법의 성격

사회보장법의 기본원칙을 규정한 **사회보장에 관한 법률**이 1963년 제정되었다. 그러나 이 법은 전체조문이 7개조에 불과할 뿐만 아니라 내용이 매우 미흡하였고, 소관부처도 명확하게 규정하지 아니하여 사회보장의 기본원칙으로서의 기능을 제대로 수행하지 못하였다. 따라서 1995년 **사회보장기본법**이 제정되면서 이 법은 폐지되었다.

사회보장기본법은 사회보장에 관한 다른 법률을 제정하거나 개정하는 경우에는 이 법에 부합되도록 하여야 한다(제4조)고 하여 사회보장법의 **기본법 혹은 상위법**의 성격을 명확히 하고 있다.

그리고 이 법은 **사회복지법제의 총칙 혹은 총론**이라 할 수 있으므로, 제정된 현행 사회복지법제 중에서 가장 중요한 법이라 할 수 있다.

국가는 사회보장제도의 안정적인 운영을 위하여 중장기 사회보장 재정추계를 격년으로 실시하고 이를 공표하여야 한다(제5조 제4항).

그리고 관계 법령에서 정하는 바에 따라 **최저보장수준**과 **최저임금36)**을 매년 공표하여야 하며(제10조 제2항), 이 최저보장수준과 최저임금

---

36) 2019년 최저임금(시간급: 8,350원, 월환산액: 1,745,150원)
   → 2020년 최저임금(시간급: 8,590원, 월환산액: 1,795,310원).

등을 고려하여 사회보장급여의 수준을 결정하여야 한다(제10조 제3항).

국가와 지방자치단체는 모든 국민의 인간다운 생활을 유지·증진하는 책임을 가지며(제5조 제1항), 사회보장에 관한 책임과 역할을 합리적으로 분담하여야 한다(제5조 제2항). 그리고 모든 국민이 **건강하고 문화적인 생활**을 유지할 수 있도록 사회보장급여의 수준 향상을 위하여 노력하여야 한다(제10조 제1항).[37)]

국가와 지방자치단체는 모든 국민이 생애 동안 삶의 질을 유지·증진할 수 있도록 **평생사회안전망을 구축**하여야 한다(제22조 제1항). 그리고 평생사회안전망을 구축·운영함에 있어 사회적 취약계층을 위한 공공부조를 마련하여 최저생활을 보장하여야 한다(제22조 제2항).

그리고 모든 국민의 인간다운 생활과 자립, 사회참여, 자아실현 등을 지원하여 삶의 질이 향상될 수 있도록 **사회서비스에 관한 시책**을 마련하여야 한다(제23조 제1항).

국가와 지방자치단체는 **사회서비스 보장과 소득보장이 효과적이고 균형적으로 연계**되도록 하여야 한다(제23조 제2항). 나아가 다양한 사회적 위험 하에서도 모든 국민들이 인간다운 생활을 할 수 있도록 **소득을 보장하는 제도**를 마련하여야 한다(제24조 제1항). 국가와 지방자치단체는 공공부문과 민간부문의 소득보장제도가 **효과적으로 연계**되도록 하여야 한다(제24조 제2항).

보건복지부장관은 관계 중앙행정기관의 장과 협의하여 사회보장 증진을 위하여 사회보장에 관한 **기본계획을 5년마다** 수립하여야 한

---

37) 여기서 "건강하고 문화적인 생활수준"은 예산에 의하여 결정되는 것이 아니고, 사전에 예산결정에 반영되어야 한다: 권영성, 「헌법학원론」(2001), 565면.

다(제16조 제1항). 그리고 보건복지부장관은 사회보장급여 관련 업무에 **공통적으로 적용되는 기준**을 마련할 수 있다(제26조 제5항).

Ⅱ. 사회보장제도의 운영원칙

국가와 지방자치단체가 사회보장제도를 운영할 때에는 이 제도를 필요로 하는 **모든 국민에게 적용**하여야 한다(제25조 제1항). 그리고 **사회보장제도의 급여 수준과 비용 부담 등에서 형평성**을 유지하여야 한다(제25조 제2항). 그리고 사회보장제도의 정책 결정 및 시행 과정에 공익의 대표자 및 이해관계인 등을 참여시켜 이를 **민주적으로 결정하고 시행**하여야 한다(제25조 제3항). 또한 국민의 다양한 복지 욕구를 효율적으로 충족시키기 위하여 **연계성과 전문성**을 높여야 한다(제25조 제4항).

사회보험은 국가의 책임으로 시행하고, **공공부조와 사회서비스**는 국가와 지방자치단체의 책임으로 시행하는 것을 원칙으로 한다. 다만, 국가와 지방자치단체의 재정 형편 등을 고려하여 이를 협의·조정할 수 있다(제25조 제5항).

Ⅲ. 국가와 지방자치단체의 역할

국가와 지방자치단체는 사회보장제도를 신설하거나 변경할 경우 기존 제도와의 관계, 사회보장 전달체계와 재정 등에 미치는 영향 등을 **사전에 충분히 검토하고 상호협력**하여 사회보장급여가 중복 또는 누락되지 아니하도록 하여야 한다(제26조 제1항).

중앙행정기관의 장과 지방자치단체의 장은 사회보장제도를 신설하거나 변경할 경우 신설 또는 변경의 타당성, 기존 제도와의 관계, 사회보장 전달체계에 미치는 영향 및 운영방안 등에 대하여 **보건복지부장관과 협의**하여야 한다(제26조 제2항). 협의가 이루어지지 아니할 경우 **사회보장위원회가 이를 조정**한다(제26조 제3항).

국가와 지방자치단체는 사회보장에 대한 **민간부문의 참여**를 유도할 수 있도록 정책을 개발·시행하고 그 여건을 조성하여야 한다(제27조 제1항). 그리고 사회보장에 대한 민간부문의 참여를 유도하기 위하여 시책을 수립·시행할 수 있다(제27조 제2항).

나아가 국민생활에 중대한 영향을 미치는 사회보장 계획 및 정책을 수립하려는 경우 공청회 및 정보통신망 등을 통하여 **국민과 관계 전문가의 의견을 충분히 수렴**하여야 한다(제40조).

국가와 지방자치단체는 사회보장제도의 발전을 위하여 **전문인력의 양성, 학술 조사 및 연구, 국제 교류의 증진 등**에 노력하여야 한다(제31조). 그리고 효과적인 사회보장정책의 수립·시행을 위하여 **사회보장에 관한 통계**(다음부터 '사회보장통계' 라 한다)를 작성·관리하여야 한다(제32조 제1항). 또한 사회보장제도에 관하여 국민이 필요한 정보를 관계 법령에서 정하는 바에 따라 **공개하고, 이를 홍보**하여야 한다(제33조).

그리고 사회보장 관계 법령에서 규정한 권리나 의무를 해당 **국민에게 설명**하도록 노력하여야 한다(제34조). 그리고 사회보장 관계 법령에서 정하는 바에 따라 사회보장에 관한 **상담**에 응하여야 하고(제35조), 사회보장 관계 법령에서 정하는 바에 따라 사회보장에 관한 사항을 해당 국민에게 알려야 한다(제36조).

국가와 지방자치단체는 국민편익의 증진과 사회보장업무의 효율성 향상을 위하여 사회보장업무를 **전자적으로 관리**하도록 노력하여야 한다(제37조 제1항). 국가는 관계 중앙행정기관과 지방자치단체에서 시행하는 사회보장수급권자 선정 및 급여 관리 등에 관한 **정보를 통합·연계하여 처리·기록 및 관리하는 시스템**(다음부터 '사회보장정보시스템' 이라 한다)을 구축·운영할 수 있다(제37조 제2항).

국가와 지방자치단체는 사회보장 관련 계획 및 정책의 수립·시행, 사회보장통계의 작성 등을 위하여 관련 공공기관, 법인, 단체 및 개인에게 **자료제출 등 필요한 협조를 요청**할 수 있다(제41조 제1항).

사회보장 업무에 종사하거나 종사하였던 자는 사회보장업무 수행과 관련하여 알게 된 개인·법인 또는 단체의 **정보를 관계 법령에서 정하는 바에 따라 보호**하여야 한다(제38조 제1항).

사회보장에 관한 주요 시책을 심의·조정하기 위하여 **국무총리 소속**으로 **사회보장위원회**를 두며(제20조 제1항), 위원회는 다음의 사항을 심의·조정한다(제20조 제2항).

① 사회보장 증진을 위한 기본계획
② 사회보장 관련 주요 계획
③ 사회보장제도의 평가 및 개선
④ 사회보장제도의 신설 또는 변경에 따른 우선순위
⑤ 둘 이상의 중앙행정기관이 관련된 주요 사회보장정책
⑥ 사회보장급여 및 비용 부담
⑦ 국가와 지방자치단체의 역할 및 비용 분담
⑧ 사회보장의 재정추계 및 재원조달 방안
⑨ 사회보장 전달체계 운영 및 개선
⑩ 사회보장통계
⑪ 사회보장정보의 보호 및 관리

⑫ 그 밖에 위원장이 심의에 부치는 사항.

위원회는 위원장 1명, 부위원장 3명과 행정안전부장관, 고용노동부장관, 여성가족부장관, 국토교통부장관을 포함한 30명 이내의 위원으로 구성한다(제21조 제1항). **위원장은 국무총리**가 되고 부위원장은 기획재정부장관, 교육부장관 및 보건복지부장관이 된다(제21조 제2항).

그리고 위원회의 위원은 다음의 어느 하나에 해당하는 사람으로 한다(제21조 제3항).

① 대통령령으로 정하는 관계 중앙행정기관의 장
② 근로자를 대표하는 사람, 사용자를 대표하는 사람, 사회보장에 관한 학식과 경험이 풍부한 사람, 변호사 자격이 있는 사람 중에서 대통령이 위촉하는 사람

위원의 **임기는 2년**으로 하며, 공무원인 위원의 임기는 그 **재임기간**으로 하고, 기관·단체의 대표자 자격으로 위촉된 경우에는 그 임기는 대표의 지위를 유지하는 기간으로 한다(제21조 제4항). 보궐위원의 임기는 **전임자 임기의 남은 기간**으로 한다(제21조 제5항).

Ⅳ. 사회보장급여의 전달체계와 관리체계

국가와 지방자치단체는 모든 국민이 쉽게 이용할 수 있고 사회보장급여가 적시에 제공되도록 **지역적·기능적으로 균형잡힌 사회보장 전달체계를 구축**하여야 한다(제29조 제1항).

그리고 사회보장 전달체계의 효율적 운영에 필요한 조직, 인력, 예산 등을 갖추고(제29조 제2항), **공공부문과 민간부문의 사회보장 전달체계**

가 **효율적으로 연계**되도록 노력하여야 한다(제29조 제3항).

그리고 국민의 사회보장수급권의 보장 및 재정의 효율적 운용을 위하여 다음사항에 관한 **사회보장급여의 관리체계를 구축·운영**하여야 한다(제30조 제1항).

① 사회보장수급권자 권리구제
② 사회보장급여의 사각지대 발굴
③ 사회보장급여의 부정·오류 관리
④ 사회보장급여의 과오지급액의 환수 등 관리.

사회보장급여를 받으려는 사람은 관계 법령에서 정하는 바에 따라 **국가나 지방자치단체에 신청**하여야 한다(제11조 제1항 본문). 다만, 관계 법령에서 따로 정하는 경우에는 국가나 지방자치단체가 신청을 대신할 수 있다(제11조 제1항 단서).

사회보장급여를 신청하는 사람이 다른 기관에 신청한 경우에는 그 기관은 지체 없이 이를 **정당한 권한이 있는 기관에 이송**하여야 하며, 이 경우 정당한 권한이 있는 기관에 이송된 날을 사회보장급여의 신청일로 본다(제11조 제2항).

Ⅴ. 사회보장수급권의 보호

1. 사회보장수급권의 보호

사회보장수급권은 관계 법령에서 정하는 바에 따라 보호받는다. 다른 사람에게 **양도**하거나 **담보**로 제공할 수 없으며, 이를 **압류**할 수 없다(제12조). 그리고 사회복지급여의 수급계좌에 대하여 압류를 금지하기도 한다(고용보험법 제38조 제2항 등).

2. 사회보장수급권의 제한

사회보장수급권은 제한되거나 정지될 수 없지만, **관계 법령에서 따로 정하고 있는 경우**에는 그러하지 아니하다(제13조 제1항). 이 경우 사회보장수급권이 제한되거나 정지되는 경우에는 제한 또는 정지하는 목적에 **필요한 최소한의 범위**에 그쳐야 한다(제13조 제2항).[38]

3. 사회보장수급권의 포기

사회보장수급권은 정당한 권한이 있는 기관에 **서면으로 통지하여**

---

38) 이러한 내용은 개별 사회복지법제에서도 규정하고 있는데, 의료급여법(제18조), 기초연금법(제21조 제1항 및 제2항), 장애인연금법(제19조 제1항~3항), 긴급복지지원법(제18조 제1항~제3항), 국민건강보험법(제59조 제1항 및 제2항), 국민연금법(제58조 제1항~제3항), 산업재해보상보험법(제88조 제1항 및 제2항), 고용보험법(제38조 제1항 및 제2항), 노인장기요양보험법(제66조) 등이다.

포기할 수 있다(제14조 제1항). 그러나 포기하는 것이 다른 사람에게 피해를 주거나 사회보장에 관한 관계 법령에 위반되는 경우에는 사회보장수급권을 **포기할 수 없다**(제14조 제3항). 사회보장수급권의 포기는 **취소할 수 있다**(제14조 제2항).

4. 권리구제절차

위법 또는 부당한 처분을 받거나 필요한 처분을 받지 못함으로써 권리 또는 이익을 침해받은 국민은 행정심판법에 따른 **행정심판**을 청구하거나 행정소송법에 따른 **행정소송**을 제기하여 그 처분의 취소 또는 변경 등을 청구할 수 있다(제39조).

기출 문제

1. 사회보장기본법의 개념

[2016년 제14회 기출 문제] 사회보장기본법의 내용으로 옳지 않은 것은?

① 국내에 거주하는 외국인에게 사회보장제도를 적용할 때에는 상호주의의 원칙에 따르되, 관계 법령에서 정하는 바에 따른다.

② 국가는 사회보장제도의 안정적인 운영을 위하여 중장기 사회보장 재정추계를 매년 실시하고 이를 공표하여야 한다.

③ 국가와 지방자치단체는 가정이 건전하게 유지되고 그 기능이 향상되도록 노력하여야 한다.

④ 사회보장에 관한 다른 법률을 제정하거나 개정하는 경우에는 이 법에 부합되도록 하여야 한다.

⑤ 사회보장에 관한 기본계획은 다른 법령에 따라 수립되는 사회보장에 관한 계획에 우선하며 그 계획의 기본이 된다.

[해설] 정답: ②

① **국내에 거주하는 외국인**에게 사회보장제도를 적용할 때에는 **상호주의의 원칙**에 따르되, 관계 법령에서 정하는 바에 따른다.

② 국가는 사회보장제도의 안정적인 운영을 위하여 **중장기 사회보장 재정추계를 격년으로** 실시하고 이를 공표하여야 한다.

③ 국가와 지방자치단체는 **가정이 건전하게 유지**되고 그 기능이 향상되도록 노력하여야 한다.

④ **사회보장에 관한 다른 법률을 제정하거나 개정**하는 경우에는 이 법에 부합되도록 하여야 한다.

⑤ **사회보장에 관한 기본계획**은 다른 법령에 따라 수립되는 사회보장에 관한 계획에 우선하며 그 계획의 기본이 된다.

[2016년 제14회 기출 문제] 사회보장기본법상 다음은 어떤 용어에 대한 정의인가?

생애주기에 걸쳐 보편적으로 충족되어야 하는 기본욕구와 특정한 사회위험에 의하여 발생하는 특수욕구를 동시에 고려하여 소득·서비스를 보장하는 맞춤형 사회보장제도를 말한다.

① 맞춤 복지제도   ② 사회복지서비스   ③ 평생사회안전망

④ 맞춤 사회보험제도   ⑤ 맞춤형 복지서비스

[해설] 정답: ③

· '평생사회안전망'이란 생애주기에 걸쳐 보편적으로 충족되어야 하는 기본욕구와 특정한 사회위험에 의하여 발생하는 특수욕구를 동시에 고려하여 소득·서비스를 보장하는 맞춤형 사회보장제도를 말한다.

[2018년 제16회 기출 문제] 사회보장기본법의 내용으로 옳지 않은 것은?

① 국내외 거주하는 외국인에게 평등주의의 원칙에 따라 사회보장제도를 적용하여야 한다.

② 국가와 지방자치단체는 공공부문과 민간부문의 소득보장제도가 효과적으로 연계되도록 하여야 한다.

③ 국가와 지방자치단체는 사회보장제도를 시행할 때에 가정과 지역공동체의 자발적인 복지활동을 촉진하여야 한다.

④ 사회보장에 관한 다른 법률을 제정하거나 개정하는 경우에는 사회보장기본법에 부합되도록 하여야 한다.

⑤ 모든 국민은 자신의 능력을 최대한 발휘하여 자립·자활할 수 있도록 노력하여야 한다.

[해설] 정답: ①

① **국내 거주하는 외국인**에게만 상호주의 원칙이 적용되고, **국외에 거주하는 외국인**은 대상이 아니다. 그리고 평등주의의 원칙이 아니라 상호주의 원칙이다.

② 국가와 지방자치단체는 공공부문과 민간부문의 소득보장제도가 **효과적으로 연계**되도록 하여야 한다.

③ 국가와 지방자치단체는 사회보장제도를 시행할 때에 **가정과 지역공동체**의
   자발적인 복지활동을 촉진하여야 한다.

④ 사회보장에 관한 다른 법률을 제정하거나 개정하는 경우에는 **사회보장기
   본법에 부합**되도록 하여야 한다.

⑤ 모든 국민은 자신의 능력을 최대한 발휘하여 **자립·자활**할 수 있도록 노력
   하여야 한다.

[2018년 제16회 기출 문제] 다음은 사회보장기본법상 어떤 용어에 관한 정의인가?

　국가·지방자치단체 및 민간부문의 도움이 필요한 모든 국민에게 복지, 보건
의료, 교육, 고용, 주거, 문화, 환경 등의 분야에서 인간다운 생활을 보장하고
상담, 재활, 돌봄, 정보의 제공, 관련 시설의 이용, 역량 개발, 사회참여 지원
등을 통하여 국민의 삶의 질이 향상되도록 지원하는 제도를 말한다.

① 사회서비스 ② 공공부조제도 ③ 사회보험제도 ④ 평생사회안전망

⑤ 맞춤형 사회보장제도

[해설] 정답: ①

· '사회서비스'에 관한 설명이다.

[2018년 제16회 기출 문제] 사회보장기본법의 내용으로 옳은 것은?

① 지방자치단체의 장은 사회보장제도를 신설할 경우 신설의 타당성 등에 대
   하여 보건복지부장관과 협의하여야 하고, 협의가 이루어지지 아니할 경우
   대통령이 이를 조정한다.

② 보건복지부장관은 사회보장급여 관련 업무에 공통적으로 적용되는 기준을
   마련할 수 있다.

③ 사회보장수급권은 관계 법령에서 정하는 바에 따라 다른 사람에게 양도할
   수 없으나 담보로 제공할 수 있다.

④ 사회보장수급권은 포기할 수 있으나, 포기는 취소할 수 없다.

⑤ 사회보장수급권은 어떤 경우에도 제한되거나 정지될 수 없다.

[해설] 정답: ②

① 협의가 이루어지지 아니할 경우 **사회보장위원회가 이를 조정**한다.

② 보건복지부장관은 사회보장급여 관련 업무에 공통적으로 적용되는 기준을 **마련할 수 있다.**

③ 사회보장수급권은 **양도**하거나 **담보**로 제공할 수 없으며, 이를 **압류**할 수 없다.

④ 사회보장수급권은 포기할 수 있으며, 포기는 **취소할 수 있다.**

⑤ 사회보장수급권은 제한되거나 정지될 수 없지만, **관계 법령**에서 따로 정하고 있는 경우에는 그러하지 아니하다.

* 일반적으로 "어떤 경우에도"라는 표현이 들어 간 문항은 틀린 내용이다.

[2019년 제17회 기출 문제] 사회보장기본법의 내용으로 옳지 않은 것은?

① 국내에 거주하는 외국인에게 사회보장제도를 적용할 때에는 상호주의 원칙에 따르되, 관계 법령에서 정하는 바에 따른다.

② 보건복지부장관은 사회보장정보시스템의 구축·운영을 총괄한다.

③ 사회보장정보의 보호 및 관리는 사회보장위원회의 심의·조정 사항이 아니다.

④ 모든 국민은 자신의 능력을 최대한 발휘하여 자립·자활할 수 있도록 노력하여야 한다.

⑤ 국가와 지방자치단체는 사회보장에 관한 책임과 역할을 합리적으로 분담하여야 한다.

[해설] 정답: ③

① **국내에 거주하는 외국인**에게 사회보장제도를 적용할 때에는 **상호주의 원칙**에 따르되, 관계 법령에서 정하는 바에 따른다.

② 보건복지부장관은 **사회보장정보시스템의 구축·운영**을 총괄한다.

③ 사회보장정보의 보호 및 관리는 사회보장위원회의 심의·조정 사항에 **해당한다.**

④ 모든 국민은 자신의 능력을 최대한 발휘하여 **자립·자활**할 수 있도록 노력

하여야 한다.

⑤ 국가와 지방자치단체는 사회보장에 관한 책임과 역할을 **합리적으로 분담**
하여야 한다.

2. 기본계획

[2017년 제15회 기출 문제] 사회보장기본법상 사회보장 기본계획에 대한 내용
이다. (   )에 들어갈 숫자로 옳은 것은?

보건복지부장관은 관계 중앙행정기관의 장과 협의하여 사회보장 증진을 위하
여 사회보장에 관한 기본계획을 (   )년 마다 수립하여야 한다.

① 1   ② 2   ③ 3   ④ 4   ⑤ 5

[해설] 정답: ⑤

· 보건복지부장관은 기본계획을 **5년마다** 수립하여야 한다.

3. 사회보장수급권

[2016년 제14회 기출 문제] 사회보장기본법상 사회보장수급권에 대한 설명으로
옳은 것은?

① 사회보장수급권의 포기는 취소할 수 없다.

② 사회보장수급권은 다른 사람에게 양도하거나 담보로 제공할 수 있다.

③ 국가는 관계 법령에서 정하는 바에 따라 최저생계비를 격년으로 공표하여
야 한다.

④ 사화보장수급권을 포기하는 것이 다른 사람에게 피해를 주거나 사회보장에
관한 관계 법령에 위반되는 경우에는 사회보장수급권을 포기할 수 없다.

⑤ 사회보장급여를 정당한 권한이 없는 기관에 신청하더라도 그 기관은 사회

보장급여를 직접 지급하여야 한다.

[해설] 정답: ④

① 사회보장수급권의 포기는 **취소할 수 있다.**

② 사회보장수급권은 다른 사람에게 양도하거나 담보로 **제공할 수 없다.**

③ 최저생계비제도는 국민기초생활 보장법의 2014년 12월 30일 개정시 **폐지되었다.**

④ 사회보장수급권을 포기하는 것이 다른 사람에게 피해를 주거나 사회보장에 관한 관계 법령에 위반되는 경우에는 사회보장수급권을 **포기할 수 없다.**

⑤ 사회보장급여를 정당한 권한이 없는 기관에 신청한 경우에는 그 기관은 지체 없이 이를 **정당한 권한이 있는 기관에 이송한다.**

[2015년 제13회 기출 문제] 사회보장수급권에 관한 설명으로 옳은 것은?

① 사회보장수급권은 헌법상 사회적 기본권과 관계가 없다.

② 사회보장기본법은 사회보장수급권을 명시적으로 규정하고 있다.

③ 사회보장수급권이 행정청의 위법한 처분에 의해 침해된 경우에는 민사소송을 통하여 다투어야 한다.

④ 국민연금법상 급여를 받을 권리는 재산권이므로 담보로 제공할 수 있다.

⑤ 수급권자는 사회보장수급권을 포기할 수 없는 것이 원칙이다.

[해설] 정답: ②

① 사회보장수급권은 헌법상 사회적 기본권을 **구체화한 것이다.**

② 사회보장기본법은 사회보장수급권을 명시적으로 **규정하고 있다.**

③ 사회보장수급권이 행정청의 위법한 처분에 의해 침해된 경우에는 **행정소송을 통하여 다투어야 한다.**

④ 국민연금법상 급여를 받을 권리는 담보로 **제공할 수 없다.**

⑤ 사회보장수급권은 정당한 권한이 있는 기관에 **서면으로 통지하여 포기할 수 있다.**

[2017년 제15회 기출 문제] 사회보장기본법상 "사회보장에 관한 국민의 권리"에 대한 설명으로 옳지 않은 것은?

① 국가와 지방자치단체는 최저보장수준과 최저임금 등을 고려하여 사회보장 급여의 수준을 결정하여야 한다.

② 관계 법령에서 따로 정하는 경우에는 국가나 지방자치단체가 사회보장급여 의 신청을 대신할 수 있다.

③ 사회보장수급권은 관계 법령에서 따로 정하고 있는 경우에는 제한될 수 있다.

④ 사회보장수급권은 압류할 수 있다.

⑤ 모든 국민은 사회보장 관계 법령에서 정하는 바에 따라 사회보장수급권을 가진다.

[해설] 정답: ④

① 국가와 지방자치단체는 **최저보장수준과 최저임금 등을 고려**하여 사회보장급여의 수준을 결정하여야 한다.

② 관계 법령에서 따로 정하는 경우에는 **국가나 지방자치단체가 사회보장급여의 신청을 대신**할 수 있다.

③ 사회보장수급권은 관계 법령에서 따로 정하고 있는 경우에는 **제한될 수 있다.**

④ 사회보장수급권은 **압류할 수 없다.**

⑤ 모든 국민은 사회보장 관계 법령에서 정하는 바에 따라 **사회보장수급권**을 가진다.

[2019년 제17회 기출 문제] 사회보장기본법상 사회보장에 관한 국민의 권리의 내용으로 옳지 않은 것은?

① 사회보장수급권의 포기는 취소할 수 있다.

② 모든 국민은 사회보장 관계 법령에서 정하는 바에 따라 사회보장급여를 받을 권리를 가진다.

③ 국가는 관계 법령에서 정하는 바에 따라 최저보장수준과 최저임금을 매년 공표하여야 한다.

④ 사회보장수급권은 다른 사람에게 양도하거나 담보로 제공할 수 있다.

⑤ 사회보장수급권은 제한되거나 정지될 수 없다. 다만, 관계 법령에서 따로 정하고 있는 경우에는 그러하지 아니하다.

[해설] 정답: ④

① 사회보장수급권의 포기는 **취소할 수 있다.**

② 모든 국민은 사회보장 관계 법령에서 정하는 바에 따라 사회보장급여를 받을 **권리를 가진다.**

③ 국가는 관계 법령에서 정하는 바에 따라 최저보장수준과 최저임금을 **매년 공표하여야 한다.**

④ 사회보장수급권은 다른 사람에게 양도하거나 담보로 **제공할 수 없다.**

⑤ 사회보장수급권은 제한되거나 정지될 수 없지만, **관계 법령**에서 따로 정하고 있는 경우에는 그러하지 아니하다.

3. 사회보장제도의 운영원칙

[2017년 제15회 기출 문제] 사회보장기본법상 사회보장제도의 운영원칙에 관한 설명으로 옳지 않은 것은?

① 국가와 지방자치단체가 사회보장제도를 운영할 때에는 이 제도를 필요로 하는 모든 국민에게 적용하여야 한다.

② 사회보험은 국가와 지방자치단체의 책임으로 시행하는 것을 원칙으로 한다.

③ 국가와 지방자치단체는 사회보장제도의 정책 결정 및 시행 과정에 공익의 대표자 및 이해관계인 등을 참여시켜 이를 민주적으로 결정하고 시행하여야 한다.

④ 국가와 지방자치단체가 사회보장제도를 운영할 때에는 국민의 다양한 복지 욕구를 효율적으로 충족시키기 위하여 연계성과 전문성을 높여야 한다.

⑤ 국가와 지방자치단체는 사회보장제도의 급여 수준과 비용 부담 등에서 형평성을 유지하여야 한다.

[해설] 정답: ②

① 국가와 지방자치단체가 사회보장제도를 운영할 때에는 이 제도를 필요로 하는 **모든 국민에게 적용**하여야 한다.

② 사회보험은 **국가의 책임**으로 시행하는 것을 원칙으로 한다.

③ 국가와 지방자치단체는 사회보장제도의 정책 결정 및 시행 과정에 공익의 대표자 및 이해관계인 등을 참여시켜 이를 **민주적으로 결정**하고 시행하여야 한다.

④ 국가와 지방자치단체가 사회보장제도를 운영할 때에는 국민의 다양한 복지 욕구를 효율적으로 충족시키기 위하여 **연계성과 전문성**을 높여야 한다.

⑤ 국가와 지방자치단체는 사회보장제도의 급여 수준과 비용 부담 등에서 **형평성**을 유지하여야 한다.

[2018년 제16회 기출 문제] 사회보장기본법상 사회보장위원회에 관한 설명으로 옳은 것은?

① 사회보장위원회는 대통령 소속으로 둔다.

② 부위원장은 기획재정부장관, 법무부장관 및 보건복지부장관이 된다.

③ 보궐위원의 임기는 2년으로 한다.

④ 공무원인 위원의 임기는 1년으로 한다.

⑤ 사회보장위원회는 위원장 1명, 부위원장 3명과 행정안전부장관, 고용노동부장관, 여성가족부장관, 국토교통부장관을 포함한 30명 이내의 위원으로 구성한다.

[해설] 정답: ⑤

① 사회보장위원회는 **국무총리 소속**으로 둔다.

② 부위원장은 기획재정부장관, **교육부장관** 및 보건복지부장관이 된다.

③ 보궐위원의 임기는 **전임자 임기의 남은 기간**으로 한다.

④ 공무원인 위원의 임기는 그 **재임 기간**으로 한다.

⑤ 사회보장위원회는 위원장 1명, 부위원장 3명과 행정안전부장관, 고용노동부

장관, 여성가족부장관, 국토교통부장관을 포함한 **30명 이내의 위원**으로 구성한다.

4. 사회보장급여의 관리체계

[2019년 제17회 기출 문제] 사회보장기본법상 국가와 지방자치단체가 구축·운영하여야 하는 사회보장급여의 관리체계로 명시되지 않은 것은?

① 사회보장제도의 평가 및 개선

② 사회보장수급권자 권리구제

③ 사회보장급여의 사각지대 발굴

④ 사회보장급여의 부정·오류 관리

⑤ 사회보장급여의 과오지급액의 환수 등 관리

[해설] 정답: ①

· **사회보장급여의 관리체계**에는 ② 사회보장수급권자 권리구제, ③ 사회보장급여의 사각지대 발굴, ④ 사회보장급여의 부정·오류 관리, ⑤ 사회보장급여의 과오지급액의 환수 등 관리 등이 포함되어야 한다.

· ① 사회보장제도의 평가 및 개선은 **사회보장위원회**의 심의·조정 사항이다.

5. 비용부담

[2017년 제15회 기출 문제] 사회보장기본법상 비용부담에 관한 설명으로 옳은 것을 모두 고른 것은?

가. 사회보장 비용의 부담은 각각의 사회보장제도의 목적에 따라 국가, 지방자치단체 및 민간부문 간에 합리적으로 조정되어야 한다.

나. 국가만이 공공부조에 드는 비용의 전부 또는 일부를 부담한다.

다. 관계 법령에서 정하는 일정 소득 수준 이하의 국민에 대한 사회서비스에 대해서는 국가와 지방자치단체가 비용의 전부 또는 일부를 부담한다.

라. 부담 능력이 있는 국민에 대한 사회서비스에 대해서는 관계 법령에서 정하는 바에 따라 지방자치단체가 그 비용의 일부를 부담할 수 있다.

① 가, 나   ② 나, 다   ③ 다, 라   ④ 가, 나, 다   ⑤ 가, 다, 라

[해설] 정답: ⑤

가. 사회보장 비용의 부담은 각각의 사회보장제도의 목적에 따라 국가, 지방자치단체 및 민간부문 간에 **합리적으로 조정**되어야 한다.

나. **국가와 지방자치단체**는 공공부조에 드는 비용의 전부 또는 일부를 부담한다.

다. 관계 법령에서 정하는 일정 소득 수준 이하의 국민에 대한 사회서비스에 대해서는 **국가와 지방자치단체**가 비용의 전부 또는 일부를 부담한다.

라. 부담 능력이 있는 국민에 대한 사회서비스에 대해서는 관계 법령에서 정하는 바에 따라 **지방자치단체**가 그 비용의 일부를 부담할 수 있다.

제 2 절

사회보장급여법

Ⅰ. 사회보장급여법의 성격

사회보장급여의 이용·제공 및 수급권자 발굴에 관한 법률[39](다음부터 '사회보장급여법' 이라 한다)은 기본법에 따른 사회보장급여의 이용 및 제공에 관한 기준과 절차 등 기본적 사항을 규정하고 지원을 받지 못하는 지원대상자를 발굴하여 지원함으로써, 사회보장급여를 필요로 하는 사람의 인간다운 생활을 할 권리를 최대한 보장하고, 사회보장급여가 공정하고 효과적으로 제공되도록 하며, 사회보장제도가 지역사회에서 통합적으로 시행될 수 있도록 그 기반을 구축하는 것을 목적으로 한다 (제1조).

사회보장급여의 이용 및 제공에 필요한 기준, 방법, 절차와 지원대상자의 발굴 및 지원 등에 관하여는 **다른 법률에 특별한 규정이 있는 경우**를 제외하고는 이 법에 따른다(제3조).

Ⅱ. 급여제공의 기본원칙

사회보장급여가 필요한 사람은 누구든지 자신의 의사에 따라 사회

---

39) 이 법은 2014년 12월 30일 제정(법률 제12935호)되어 2015년 7월 1일부터 시행되었다.

보장급여를 신청할 수 있다(제4조 제1항). **보장기관**은 이에 필요한 안내와 상담 등의 지원을 충분히 제공하여야 하며(제4조 제1항), 지원이 필요한 국민이 급여대상에서 누락되지 아니하도록 지원대상자를 적극 발굴하여 이들이 필요로 하는 사회보장급여를 적절하게 제공받을 수 있도록 노력하여야 한다(제4조 제2항). 그리고 국민의 다양한 복지욕구를 충족시키고 **생애주기별 필요**에 맞는 사회보장급여가 공정·투명·적정하게 제공될 수 있도록 노력하여야 한다(제4조 제3항).

중앙행정기관의 장 및 시·도지사는 시·도 및 시·군·구 간 **사회보장 수준의 차이를 최소화**하기 위하여 예산 배분, 사회보장급여의 제공 기관 등의 배치 등에 필요한 조치를 하여야 한다(제45조).

보건복지부장관, 시·도지사 및 시장·군수·구청장은 지원대상자의 사회보장 수준을 높이기 위하여 지원대상자의 다양하고 복합적인 특성에 따른 상담과 지도, 사회보장에 대한 욕구조사, 서비스 제공 계획의 수립을 실시하고, 그 계획에 따라 지원대상자에게 보건·복지·고용·교육 등에 대한 사회보장급여 및 민간 법인·단체·시설 등이 제공하는 서비스를 종합적으로 연계·제공하는 **통합사례관리**를 실시할 수 있다(제42조2 제1항).

이를 위하여 필요한 경우에는 특별자치시 및 시·군·구에 **통합사례관리사**를 둘 수 있다(제42조2 제2항).

그리고 보건복지부장관은 통합사례관리 사업의 전문적인 지원을 위하여 해당 업무를 **공공 또는 민간 기관·단체 등에 위탁**하여 실시할 수 있다(제42조2 제3항).

Ⅲ. 급여의 제공 절차

1. 사회보장급여의 신청

지원대상자와 그 친족, 민법에 따른 **후견인**, 청소년기본법에 따른 **청소년상담사 · 청소년지도사**, 지원대상자를 **사실상 보호하고 있는 자**(관련 기관 및 단체의 장을 포함한다) 등은 지원대상자의 주소지 관할 보장기관에 사회보장급여를 신청할 수 있다(제5조 제1항).

2. 신청에 대한 조사

보장기관의 장은 사회보장급여의 신청을 받으면 필요한 사항을 조사하여야 한다(제6조). 보장기관의 장은 사회보장급여의 신청을 받으면 지원대상자와 그 부양의무자(배우자와 1촌의 직계혈족 및 그 배우자를 말한다.)에 대하여 사회보장급여의 수급자격 확인을 위하여 **관련 자료 또는 정보**를 제공받아 조사하고 처리(「개인정보 보호법」 제2조제2호의 처리를 말한다.)할 수 있지만, 부양의무자에 대한 조사가 필요하지 아니하거나 그 밖에 대통령령으로 정하는 사유에 해당하는 경우는 제외한다(제7조 제1항).

사회보장급여의 제공을 위하여는 사전조사가 필요하다. 특히 공공부조에 있어서는 자력조사가 필수적이다. 이는 주로 **금융정보 조회절차**를 통하여 행한다. 중앙행정기관의 장 또는 지방자치단체의 장은 지원대상자와 그 부양의무자에 대하여 금융정보 등에 대한 조사가 필요한 경우 관련 자료 또는 정보40)의 제공에 대하여 **동의한다는 서면**을 받아야 한다(제8조 제1항).

3. 사회보장급여 제공의 결정

보장기관의 장이 조사를 실시한 경우에는 **사회보장급여의 제공 여부 및 제공 유형을 결정**하되, 제공하고자 하는 사회보장급여는 지원대상자가 현재 제공받고 있는 사회보장급여와 보장내용이 중복되도록 하여서는 아니 된다(제9조 제1항).

4. 지원대상자의 발굴

보장기관의 장은 지원대상자를 발굴하기 위하여 관련 자료 또는 정보의 제공과 홍보에 노력하여야 한다(제10조). **보장기관의 장**은 관할 지역에 거주하는 지원대상자를 발굴하기 위하여 관계 기관·법인·단체·시설의 장에게 소관 업무의 수행과 관련하여 취득한 정보의 공유, 지원대상자의 거주지 등 현장조사 시 소속 직원의 동행 등 필요한 사항에 대한 협조를 요청할 수 있으며, 관계 기관·법인·단체·시설의 장은 정당한 사유가 없으면 이에 따라야 한다(제11조).

5. 사회보장급여의 제공

보장기관의 장은 사회보장급여의 제공을 결정한 때에는 필요한

---

40) ① 「금융실명거래 및 비밀보장에 관한 법률」(다음부터 '금융실명법'이라 한다) 제2조 제2호 및 제3호의 금융자산 및 금융거래의 내용에 대한 자료 또는 정보 중 예금의 평균잔액과 그 밖에 대통령령으로 정하는 자료 또는 정보(다음부터 '금융정보'라 한다) ② 「신용정보의 이용 및 보호에 관한 법률」(다음부터 '신용정보법'이라 한다) 제2조 제1호의 신용정보 중 채무액과 그 밖에 대통령령으로 정하는 자료 또는 정보(다음부터 '신용정보'라 한다) ③ 「보험업법」 제4조 제1항에 따른 보험에 가입하여 낸 보험료와 그 밖에 대통령령으로 정하는 자료 또는 정보(다음부터 '보험정보'라 한다) 등이다.

경우 **수급권자별 사회보장급여 제공계획**(다음부터 '지원계획'이라 한다)을 수립하여야 하며, 이 경우 수급권자 또는 그 친족이나 그 밖의 관계인의 의견을 고려하여야 한다(제15조 제1항).

보장기관의 장은 수급자에 대한 사회보장급여의 적정성을 확인하기 위하여 관련정보를 조사할 수 있으며(제19조 제1항), **사회보장급여를 제공받는 수급자**는 **주기적으로 또는 기간을 정하여** 거주지, 세대원, 소득·재산 상태, 근로능력, 다른 급여의 수급이력 등(제7조 제1항 각 호의 사항)이 변동되었을 때에는 지체 없이 관할 보장기관의 장에게 신고하여야 한다(제20조).

보장기관의 장은 사회보장급여의 적정성 확인조사 및 수급자의 변동신고에 따라 수급자 및 그 부양의무자의 인적사항, 가족관계, 소득·재산 상태, 근로능력 등에 변동이 있는 경우에는 직권 또는 수급자나 그 친족, 그 밖의 관계인의 신청에 따라 수급자에 대한 **사회보장급여의 전부 또는 일부를 중지**하거나 그 **종류·지급방법 등을 변경**할 수 있다(제21조 제1항 ~ 제3항).

6. 사회보장정보시스템의 운영

보건복지부장관은 보장기관이 수급권자의 선정 및 급여관리 등에 관한 업무를 효율적으로 수행할 수 있도록 기본법에 따른 **사회보장정보시스템**을 통하여 관련 자료 또는 정보(다음부터 '사회보장정보'라 한다)를 처리할 수 있다(제23조 제1항).

사회보장정보시스템의 운영·지원을 위하여 **사회보장정보원**을 설립하며(제29조 제1항), 이는 법인으로 한다(제29조 제2항).

보장기관의 장 및 사회보장정보원의 장은 사회보장정보를 **5년이 지나면 원칙적으로 이를 파기**하여야 하지만, 대통령령으로 정하는 지원대상자의 보호에 필요한 사회보장정보는 5년을 초과하여 보유할 수 있다(제34조).

정보관련 업무에 **종사하거나 종사하였던 사람**은 직무상 알게 된 비밀을 다른 사람에게 누설하거나 직무상 목적 외의 용도로 이용하여서는 아니 된다(제49조).

Ⅳ. 지역사회보장의 추진

1. 사회보장에 관한 지역계획

특별시장 · 광역시장 · 특별자치시장 · 도지사 · 특별자치도지사(이하 '시 · 도지사' 라 한다) 및 시장 · 군수 · 구청장은 지역사회보장에 관한 계획(이하 '지역사회보장계획' 이라 한다)을 **4년마다 수립**하고, 매년 지역사회보장계획에 따라 연차별 시행계획을 수립하여야 하고, 이는 사회보장기본법에 따른 사회보장에 관한 기본계획과 연계되도록 하여야 한다(제35조 제1항).

시 · 군 · 구 지역사회보장계획은 다음의 사항을 포함하여야 한다(제36조 제1항).

① 지역사회보장 수요의 측정, 목표 및 추진전략
② 지역사회보장의 목표를 점검할 수 있는 지표의 설정 및 목표
③ 지역사회보장의 분야별 추진전략, 중점 추진사업 및 연계협력 방안

④ 지역사회보장 전달체계의 조직과 운영
⑤ 사회보장급여의 사각지대 발굴 및 지원 방안
⑥ 지역사회보장에 필요한 재원의 규모와 조달 방안
⑦ 지역사회보장에 관련한 통계 수집 및 관리 방안
⑧ 지역 내 부정수급 발생 현황 및 방지대책
⑨ 그 밖에 대통령령으로 정하는 사항.

2. 시·도사회보장위원회

시·도지사는 시·도의 사회보장 증진을 위하여 **시·도사회보장위원회**를 두어야 하는데(제40조 제1항), 이는 다음의 업무를 심의·자문한다(제40조 제2항).

① 시·도의 지역사회보장계획 수립·시행 및 평가에 관한 사항
② 시·도의 지역사회보장조사 및 지역사회보장지표에 관한 사항
③ 시·도의 사회보장급여 제공에 관한 사항
④ 시·도의 사회보장 추진과 관련한 중요 사항
⑤ 읍·면·동 단위 지역사회보장협의체의 구성 및 운영에 관한 사항(특별자치시에 한정한다)
⑥ 사회보장과 관련된 서비스를 제공하는 관계 기관·법인·단체·시설과의 연계·협력 강화에 관한 사항(특별자치시에 한정한다)
⑦ 그 밖에 위원장이 필요하다고 인정되는 사항

시·도사회보장위원회는 다음의 사람 중 **시·도지사가 임명** 또는 위촉한 사람으로 구성한다(제40조 제3항).

① 사회보장에 관한 전문적 지식이나 경험을 가진 사람
② 사회보장 관련 기관 및 단체의 대표자
③ 사회보장을 필요로 하는 사람의 이익 등을 대표하는 사람
④ 지역사회보장협의체의 대표자
⑤ 비리민간단체에서 추천한 사람
⑥ 사회복지공동모금지회에서 추천한 사람

⑦ 읍·면·동 단위 지역사회보장협의체의 위원장(특별자치시에 한정하며, 공동위원장이 있는 경우에는 민간위원 중에서 선출된 공동위원장을 말한다)
⑧ 사회보장에 관한 업무를 담당하는 공무원

그러나 다음의 어느 하나에 해당하는 사람은 시·도사회보장위원회의 **위원이 될 수 없다**(제40조 제4항).

1. 미성년자
2. 피성년후견인, 피한정후견인
3. 파산선고를 받고 복권되지 아니한 사람
4. 법원의 판결에 따라 자격이 상실되거나 정지된 사람
5. 금고 이상의 실형을 선고받고 그 집행이 끝나거나(집행이 끝난 것으로 보는 경우를 포함한다) 집행이 면제된 날부터 3년이 지나지 아니한 사람
6. 금고 이상의 형의 집행유예를 선고받고 그 유예기간 중에 있는 사람
7. 제5호 및 제6호에도 불구하고 「사회복지사업법」 제2조제1호의 사회복지사업(이하 "사회복지사업"이라 한다) 또는 그 직무와 관련하여 「아동복지법」 제71조, 「보조금 관리에 관한 법률」 제40조부터 제42조까지 또는 「형법」 제28장·제40장(제360조는 제외한다)의 죄를 범하거나 이 법을 위반하여 다음 각 목의 어느 하나에 해당하는 사람
   가. 100만원 이상의 벌금형을 선고받고 그 형이 확정된 후 5년이 지나지 아니한 사람
   나. 금고 이상의 형의 집행유예를 선고받고 그 유예기간이 끝난 날부터 7년이 지나지 아니한 사람
   다. 금고 이상의 실형을 선고받고 그 집행이 끝나거나(집행이 끝난 것으로 보는 경우를 포함한다) 집행이 면제된 날부터 7년이 지나지 아니한 사람
8. 제5호부터 제7호까지에도 불구하고 「성폭력범죄의 처벌 등에 관한 특례법」 제2조의 성폭력범죄 또는 「아동·청소년의 성보호에 관한 법률」 제2조제2호의 아동·청소년대상 성범죄를 저지른 사람으로서 형 또는 치료감호를 선고받고 확정된 후 그 형 또는 치료감호의 전부 또는 일부의 집행이 끝나거나(집행이 끝난 것으로 보는 경우를 포함한다) 집행이 면제되거나 집행의 유예기간이 끝난 날부터 10년이 지나지 아니한 사람.

시·도사회보장위원회는 위원장 1명을 포함하여 15명 이상 40명

이하의 위원으로 구성하며(규 제4조 제1항), 위원장은 위원 중에서 호선하며, 위원장이 부득이한 사유로 직무를 수행할 수 없을 때에는 위원장이 지명하는 사람이 그 직무를 대행한다(규 제4조 제2항).

위원의 임기는 2년으로 하되, 위원장은 한 차례만 연임할 수 있으며, 공무원인 위원의 임기는 그 재직기간으로 한다(규 제4조 제3항).

3. 지역사회보장협의체

시장·군수·구청장은 지역의 사회보장을 증진하고, 사회보장과 관련된 서비스를 제공하는 관계 기관·법인·단체·시설과 연계·협력을 강화하기 위하여 해당 시·군·구에 **지역사회보장협의체**를 두어야 하는데(제41조 제1항), 이는 다음의 업무를 심의·자문한다(제41조 제2항).

① 시·군·구의 지역사회보장계획 수립·시행 및 평가에 관한 사항
② 시·군·구의 지역사회보장조사 및 지역사회보장지표에 관한 사항
③ 시·군·구의 사회보장급여 제공에 관한 사항
④ 시·군·구의 사회보장 추진에 관한 사항
⑤ 읍·면·동 단위 지역사회보장협의체의 구성 및 운영에 관한 사항
⑥ 그 밖에 위원장이 필요하다고 인정하는 사항

지역사회보장협의체의 위원은 다음의 사람 중 **시장·군수·구청장이 임명 또는 위촉**하지만, 위의 시·도사회보장위원회의 위원 결격요건(제40조 제4항)에 해당되는 사람은 위원이 될 수 없다(제41조 제3항).

① 사회보장에 관한 학식과 경험이 풍부한 사람
② 지역의 사회보장 활동을 수행하거나 서비스를 제공하는 기관·법인·단체·시설의 대표자

③ 비영리민간단체에서 추천한 사람
④ 읍·면·동 단위 지역사회보장협의체의 위원장(공동위원장이 있는 경우에는
   민간위원 중에서 선출된 공동위원장을 말한다)
⑤ 사회보장에 관한 업무를 담당하는 공무원

읍·면·동 단위 지역사회보장협의체는 읍장·면장·동장과 읍장
·면장·동장의 추천을 받아 특별자치시장 및 시장·군수·구청장이
위촉하는 사람으로 **성별을 고려하여 구성한다**(규 제7조 제2항).

V. 비용부담의 기본원칙

1. 합리적 조정의 원칙

사회보장 비용의 부담은 각각의 사회보장제도의 목적에 따라 **국가, 지
방자치단체 및 민간부문 간에 합리적으로 조정**되어야 한다(제28조 제1항).

2. 사회복지 분야별 비용부담 원칙

사회보험에 드는 비용은 사용자, 피용자(被傭者) 및 자영업자가 **보
험료**로 부담하는 것을 원칙으로 하되, 관계 법령에서 정하는 바에 따라
국가가 그 비용의 일부를 부담할 수 있다(제28조 제2항).

공공부조 및 관계 법령에서 정하는 **일정 소득 수준 이하의 국민에 대
한 사회서비스**에 드는 비용의 전부 또는 일부는 국가와 지방자치단체가 부
담한다(제28조 제3항).

　　부담 능력이 있는 국민에 대한 사회서비스에 드는 비용은 그 수익자가 부담함을 원칙으로 하되, 관계 법령에서 정하는 바에 따라 국가와 지방자치단체가 그 비용의 일부를 부담할 수 있다(제28조 제4항).

　　국가나 지방자치단체는 사회복지사업을 하는 자 중 다음의 자에게 운영비 등 필요한 비용의 전부 또는 일부를 보조할 수 있다(사복 제42조 제1항, 영 제20조).[41]

　　① 사회복지법인 ② 사회복지사업을 수행하는 비영리법인 ③ 사회복지시설 보호대상자를 수용하거나 보육·상담 및 자립지원을 하기 위하여 사회복지시설을 설치·운영하는 개인.

3. 사회보험료의 부담자

가. 건강보험료

1) 직장 가입자의 보험료

직장가입자의 월별 보험료액은 다음과 같다(제69조 제4항).
① 보수월액보험료: 보수월액 × 보험료율[42]
② 소득월액보험료:(소득월액 × 보험료율) / 2

2) 지역 가입자의 보험료

　　지역가입자의 월별 보험료액은 세대 단위로 산정하되, 지역가입자가 속한 세대의 월별 보험료액은, **보험료부과점수**에 보험료부과 **점수**

---

41) **보건복지부장관**은 시·도지사 및 시장·군수·구청장에게 사회복지사업의 수행에 필요한 비용을 지원할 수 있다(사복 제42조의3 제1항).

42) 2019년 직장가입자의 보험료율은 **1만분의 646이다**(제73조, 영 제44조).

당 금액을 곱한 금액으로 한다(제69조 제5항).

3) 보험료의 부담자

직장가입자의 보수월액보험료는 직장가입자와 다음의 구분에 따른 자가 각각 보험료액의 100분의 50씩 부담하고(제76조 제1항 본문), **소득월 액보험료**는 직장가입자가 부담한다(제76조 제2항). 이를 정리하면, 아래 〈표 12〉와 같다.

〈표 12〉   직장가입자 건강보험료의 종류 및 부담자

보험료의 종류	사업주	근로자
보수월액 보험료	2분의 1	2분의 1
소득월액 보험료	-	전 액

지역가입자의 보험료는 그 가입자가 속한 **세대의 지역가입자 전원**이 연대하여 부담하고(제76조 제3항), 납부한다(제77조 제2항 본문).

나. 국민연금보험료

1) 사업장가입자

기여금은 사업장가입자 본인(노동자)이 부담하고, **부담금**은 사용자 가 부담한다(제88조 제3항).

2) 지역가입자 등

지역가입자·임의가입자 및 임의계속가입자의 연금보험료는 가입자 본인이 부담한다(제88조 제4항).

다. 산업재해보험료

산재보험사업에 소요되는 비용은 원칙적으로 **전액 사업자**(보험가입자)의 부담한다.[43] 2019년 산재보험 평균 보험료율은 업종 요율(1.50%)과 출퇴근 재해 요율(0.15%)을 합해 2018년보다 0.15%포인트 낮은 **1.65%**다.

라. 고용보험료

1) 보험료의 종류

고용보험료는 ① 고용안정·직업능력개발사업 보험료와 ② 실업급여의 보험료 두 가지이다(징수 제13조 제1항).

2) 보험료의 부담자

고용보험 가입자인 **근로자**가 부담하여야 하는 고용보험료는 자기의 보수총액에 **실업급여의 보험료율의 2분의 1을 곱한 금액**으로 한다(징수 제13조 제2항).

사업주가 부담하여야 하는 고용보험료는 그 사업에 종사하는 고용보험 가입자인 근로자의 개인별 보수총액에 다음을 각각 곱하여 산출한 각각의 금액을 합한 금액으로 한다(징수 제13조 제4항).

① 고용안정·직업능력개발사업의 보험료율
② 실업급여의 보험료율의 2분의 1

---

43) 보험료는 근로복지공단이 매월 부과하고, 건강보험공단이 이를 징수한다(제16조의2 제1항).

이상을 정리하면, 아래와 같다.

<표 13>   고용보험료의 종류 및 부담자

보험료의 종류	사업주	근로자
고용안정·직업능력개발사업의 보험료	전 액	-
실업급여의 보험료	2분의 1	2분의 1

<표 14>   고용보험료율(2019년)

구 분		보험료율
고용안정·직업능력개발사업의 보험료율	1. 상시근로자수가 150명 미만인 사업주의 사업	1만분의 25
	2. 상시근로자수가 150명 이상인 사업주의 사업으로서 「고용보험법 시행령」 제12조에 따른 우선지원 대상기업의 범위에 해당하는 사업	1만분의 45
	3. 상시근로자수가 150명 이상 1천명 미만인 사업주의 사업으로서 위 2.에 해당하지 않는 사업	1만분의 65
	4. 상시근로자수가 1천명 이상인 사업주의 사업으로서 위 2.에 해당하지 않는 사업 및 국가·지방자치단체가 직접 하는 사업	1만분의 85
실업급여의 보험료율		**1천분의 13**

마. 장기요양보험료

장기요양보험료는 국민건강보험법의 규정에 따라 산정한 보험료액에서 경감 또는 면제되는 비용을 공제한 금액에 **장기요양보험료율44)**을 곱하여 산정한 금액으로 한다(제9조 제1항).45)

---

44) 2019년의 장기요양보험료율은 **1만분의 851**이다(영 제4조).

45) 공단은 장기요양보험료를 **국민건강보험료와 통합하여 징수**하지만, 구분하여 고지하여야 한다(제8조 제2항), 장기요양보험료와 국민건강보험료를 **각각의 독립회계**로 관리하도록 한다(제8조 제3항).

기출 문제

1. 사회보장급여법의 개념

[2019년 제17회 기출 문제] 사회보장급여의 이용·제공 및 수급권자 발굴에 관한 법률의 내용으로 옳은 것을 모두 고른 것은?

가. '지원대상자'란 사회보장급여를 필요로 하는 사람을 말한다.

나. '보장기관'이란 관계 법령 등에 따라 사회보장급여를 제공하는 국가기관과 지방자치단체를 말한다.

다. 통합사례관리를 실시하기 위하여 필요한 경우에는 특별자치시 및 시·군·구에 통합사례관리사를 둘 수 있다.

① 가　　② 다　　③ 가, 다　　④ 나, 다　　⑤ 가, 나, 다

[해설] 정답: ⑤

가. '지원대상자'란 사회보장급여를 **필요로 하는 사람**을 말한다.

나. '보장기관'이란 관계 법령 등에 따라 **사회보장급여를 제공**하는 국가기관과 지방자치단체를 말한다.

다. 통합사례관리를 실시하기 위하여 필요한 경우에는 특별자치시 및 시·군·구에 **통합사례관리사**를 둘 수 있다.

2. 시·도사회보장위원회

[2017년 제15회 기출 문제] 사회보장급여법상 시·도사회보장위원회 등에 관한 설명으로 옳지 않은 것은?

① 시·도지사는 시·도의 사회보장 증진을 위하여 시·도사회보장위원회를 둔다.

② 공무원은 지역사회보장협의체의 위원이 될 수 없다.

③ 지역사회보장협의체는 지역사회보장계획을 심의하거나 자문한다.

④ 시·도사회보장위원회 위원의 임기는 2년이다.

⑤ 읍·면·동 단위 지역사회보장협의체는 성별을 고려하여 구성한다.

[해설] 정답: ②

① 시·도지사는 시·도의 사회보장 증진을 위하여 **시·도사회보장위원회를 둔다.**

② 사회보장에 관한 업무를 담당하는 공무원은 지역사회보장협의체의 위원이 **될 수 있다.**

③ 지역사회보장협의체는 지역사회보장계획의 수립·시행 및 평가에 관한 사항을 **심의하거나 자문한다.**

④ 시·도사회보장위원회 위원의 **임기는 2년이다.**

⑤ 읍·면·동 단위 지역사회보장협의체는 **성별을 고려하여 구성한다.**

제 4 장 공공부조 5법

제 1 절
공공부조의 기본원리

Ⅰ. 공공부조의 기본원리

1. 국가책임의 원리

현실적으로 생활불능상태에 있거나 생활이 곤궁한 상태에 있는 자는 국가 또는 공공단체에 대하여 기초생활의 보장을 청구할 수 있다.

이는 **공공부조**의 형태로 이루어지는데, 피보호자에 대하여 갹출이나 자기부담을 부과하지 않고, **국가가 부담함을 원칙**으로 한다.

2. 보편성의 원리

사회보장법에 있어서 보편성의 원리는 두 가지 의미를 가진다. 하나는 사회보장의 필요성이나 사회적 재해의 개념에 있어서 특정의 재해나 장애에 대하여 보장하는 것이 아니고 인간다운 생활을 하는데 **문제가 되는 내용은 모두 대상**으로 한다는 점이다.

또 하나는 특정의 국민에 대하여 보장하는 것이 아니고 인간다운 생활이 불가능한 **모든 국민을 대상**으로 한다. 즉, 생활보장은 대상자의 인종, 신조, 성별, 사회적 신분에 따른 차별이 없어야 하며, 빈곤의 정도에 상응하여 공평하게 행해져야 한다. 그리고 이는 대상의 요건으로 생활무능력자이면 족하고 그 원인에 상관없이 급여를 제공한다. 이를 **포괄성의 원리**라고도 한다.

3. 보충성의 원리

생활보장의 실시는 **세대를 단위**로 하여 자산 및 소득을 조사하고 보호대상자를 세대원 중 노동능력자 유무를 기준으로 구분하여 각기 필요한 보장을 행하는 것을 원칙으로 한다. 그러나 세대단위의 고정적, 형식적 운용을 회피하기 위하여 특히 필요하다고 인정하는 경우에는 **예외적으로 개인을 단위**로 사회보장급여를 제공할 수 있다.

생활무능력자의 의미에는 **자신의 자산이나 능력뿐만 아니라 부양의무자의 자산이나 능력**까지 포함하여 생각하여야 한다. 그리고 부양의무자의 부양과 다른 법령에 의한 보호가 우선되어야 한다. 그럼에도 불구하고 최저생활을 유지할 수 없는 때에 국가가 보충적인 보장을 행하는 것이며, 이는 생활보장입법의 내재적·본질적 지표인 것이다. 그러나 급박한 사유가 있을 때는 이 보충성의 원리는 일시 정지된다.

따라서 공공부조를 실시하기 위하여는 대상자의 자산 및 소득을 조사하고 생활곤궁의 실상이나 최저생활에 필요한 수요의 정도·범위를 확인하여야 한다. 이를 **자력조사**(means test)라 한다.

4. 최저생활보장의 원리

헌법에서 보장하는 인간다운 생활권은 건강하고 문화적인 최저생활수준 보장을 의미한다.[46]

이에 대하여는 두 가지 관점에서 보아야 한다. 일반적으로 **적극적으로 최저생활을 유지할 수 있도록 하여야 한다는 의미**로 해석되지만, **소극적으로 그 이상을 보장하지 않아야 한다는 의미**도 있다고 보아야 한다.[47]

5. 계속보장의 원리

최저생활의 보장은 일시적이고 단편적인 지원이 아니고 **생활무능력의 상태가 계속되는 한 지원이 계속**되어야 한다.

이는 사회보장의 목적이 인간다운 생활의 보장에 있고 생활보장입법이 스스로 인간다운 생활을 영위할 수 없는 생활무능력자를 대상으로 한다는 점에서 볼 때 명백하다.

6. 자활조성의 원리

공공부조는 생활무능력자를 대상으로 하지만, 보호 자체에 목적이 있는 것이 아니고 **독립적인 생활을 영위**할 수 있도록 지원하는데 목적이 있다.

---

46) 이에 관하여는 「국민기초생활 보장법」에서도 명확히 하고 있다(제1조).

47) 인간다운 생활을 위한 최저선의 보장까지는 현대 사회법원리하에서 모든 국민의 부담을 전제로 국가가 책임을 지지만, 그 이상을 보장하기 위하여 일반 국민에게 조세 등 부담을 부과하는 것은 재산권의 침해가 될 수 있기 때문이다.

그리고 자활조성은 취업을 지원하는 경제적 관점뿐만 아니라 인격적·사회적 자활도 중시하여야 한다. 그러나 이를 이유로 수급권을 부당하게 제한하여서는 아니된다.

7. 최초보장과 최후보장의 양면성

공공부조는 사회보장적 관점에서 보면, ① 모든 국민을 대상으로 하는 사회안전망(사회보험)과 ② 사회적 약자를 대상으로 한 사회안전망(사회보호, 협의의 사회복지)으로 해결되지 아니하는 경우, ③ 생활무능력자에게 **최후에 직접적으로 보장하는 제도**이다.

그러나 이를 사회복지적 관점에서 보면, ① 사회적 재해의 출발점이며 자본주의사회에서 불가피하게 발생하는 빈곤문제를 가장 우선적으로 해결하여야 한다. 따라서 생활무능력자에 대한 **제1차적 보호**, 즉 공공부조이다. ② 그 다음에 사회적 약자를 대상으로 한 사회안전망(사회보호, 협의의 사회복지), ③ 모든 국민을 대상으로 하는 사회안전망(사회보험)의 순으로 범위를 확대해 가는 것이다.

따라서 공공부조는 보는 관점에 따라 최초보장과 최후보장의 양면성을 가진다.

8. 긴급지원의 원리

이에 관하여는 다음(P. 139 이하, 제4절 긴급복지지원법)에 상세히 설명한다.

제 2 절
기초생활급여 3법

Ⅰ. 국민기초생활 보장법

1. 입법 현황

1961년 12월 30일 **생활보호법**(법률 제913호)을 제정하였으나, 재정 사정상 전면적으로 시행하지 못하고 생계보호만 부분적으로 우선 실시하였다.

1997년 IMF 외환위기 이후 기업의 파산과 실업으로 인한 사회문제가 고조되어 1999년 9월 7일 기존 생활보호법의 문제점을 개선하는 **국민기초생활 보장법**을 제정하여 2000년 10월 1일부터 시행하였다.

헌법에서 보장하고 있는 인간다운 생활권과 생활보장입법에 의하여, 스스로의 능력으로 인간다운 생활을 영위할 수 없는 모든 국민은 국가에 대하여 **기본적인 생활의 보장**을 청구할 수 있는 권리를 가진다.

이러한 청구권은 생활보장입법에 의하여 새로이 창설되는 권리가 아니고 헌법에서 보장하고 있는 인간다운 생활권을 실현하기 위한 권리로 해석하여야 한다. 이러한 사업을 **공공부조**(公共扶助)라 한다.

2. 기초생활 보장급여

가. 기초생활 보장급여의 종류

기초생활 보장급여의 종류는 ① **생계급여** ② **주거급여** ③ **의료급여** ④ **교육급여** ⑤ **해산급여**(解産給與) ⑥ **장제급여**(葬祭給與) ⑦ **자활급여** 등이며(제7조 제1항), 수급자의 필요에 따라 급여의 전부 또는 일부를 실시하는 것으로 한다(제7조 제2항).

그리고 **차상위계층에 속하는 사람에 대한 급여**는 보장기관이 차상위자의 가구별 생활여건을 고려하여 예산의 범위에서 위 ②에서 ④까지, ⑥ 및 ⑦의 전부 또는 일부를 실시할 수 있다(제7조 제3항).

나. 급여의 기본원칙과 기준

'수급권자' 는 이 법에 따른 **급여를 받을 수 있는 자격을 가진 사람**을 말하며(제2조 제1호), '수급자' 는 이 법에 따른 **급여를 받는 사람**을 말한다(제2조 제2호).

이 법에 따른 급여는 수급자가 자신의 생활의 유지·향상을 위하여 그의 소득, 재산, 근로능력 등을 활용하여 최대한 노력하는 것을 전제로 이를 **보충·발전시키는 것을 기본원칙**으로 한다(제3조 제1항).

부양의무자의 부양과 다른 법령에 따른 보호는 이 법에 따른 급여에 우선하여 행하여지는 것으로 하며, 다른 법령에 따른 보호의 수준이 이 법에서 정하는 수준에 이르지 아니하는 경우에는 나머지부분에 관하여 이 법에 따른 급여를 받을 권리를 잃지 아니한다(제3조 제2항).

이 법에 따른 급여는 **건강하고 문화적인 최저생활**을 유지할 수 있는 것이어야 한다(제4조 제1항).

이 법에 따른 급여의 기준은 수급자의 연령, 가구 규모, 거주지역, 그 밖의 생활여건 등을 고려하여 급여의 종류별로 **보건복지부장관**이 정하거나 급여를 지급하는 **중앙행정기관의 장이 보건복지부장관과 협의**하여 정한다(제4조 제2항).

소관 중앙행정기관의 장은 수급자의 최저생활을 보장하기 위하여 **3년마다 소관별로 기초생활보장 기본계획**을 수립하여 보건복지부장관에게 제출하여야 한다(제20조의2 제1항).

보장기관은 이 법에 따른 급여를 **개별가구 단위로 실시**하되, 특히 필요하다고 인정하는 경우에는 **개인 단위로 실시**할 수 있다(제4조 제3항).

지방자치단체인 보장기관은 해당 **지방자치단체의 조례**로 정하는 바에 따라 이 법에 따른 급여의 범위 및 수준을 초과하여 급여를 실시할 수 있으며, 이 경우 해당 보장기관은 보건복지부장관 및 소관 중앙행정기관의 장에게 알려야 한다(제4조 제4항).

국내에 체류하고 있는 외국인 중 대한민국 국민과 혼인하여 본인 또는 배우자가 임신 중이거나 대한민국 국적의 미성년 자녀를 양육하고 있거나 배우자의 대한민국 국적인 직계존속(直系尊屬)과 생계나 주거를 같이하고 있는 사람으로서 대통령령으로 정하는 사람이 이 법

에 따른 급여를 받을 수 있는 자격을 가진 경우에는 수급권자가 된다
(제5조의2).

수급자에 대한 급여는 정당한 사유 없이 수급자에게 **불리하게
변경할 수 없다**(제34조).

다. 생계급여

1) 생계급여의 지급대상

생계급여 수급권자는 ① **부양의무자가 없거나, 부양의무자가 있어
도 부양능력이 없거나 부양을 받을 수 없는 사람**으로서 ② **그 소득인정
액이 중앙생활보장위원회의 심의·의결을 거쳐 결정하는 금액 이하인
사람**으로 하였다.

개별가구의 소득평가액은 개별가구의 실제소득에도 불구하고 보장
기관이 급여의 결정 및 실시 등에 사용하기 위하여 산출한 금액으로
다음의 **소득을 합한 개별가구의 실제소득에서** 장애·질병·양육 등
가구 특성에 따른 지출요인, 근로를 유인하기 위한 요인, 그 밖에 추
가적인 **지출요인에 해당하는 금액을 감하여 산정**한다(제6조의3 제1항,
영 제5조 제1항).

① 근로소득: 근로의 제공으로 얻는 소득. 다만, 소득세법에 따라 비과세되는
   근로소득은 제외하되, 다음의 급여는 근로소득에 포함한다.
   ㉮ 소득세법 제12조 제3호 더목에 따라 비과세되는 급여
   ㉯ 소득세법 시행령 제16조 제1항 제1호에 따라 비과세되는 급여

② 사업소득:
   ㉮ 농업소득: 경종업(耕種業), 과수·원예업, 양잠업, 종묘업, 특수작물생산업,

가축사육업, 종축업(種畜業) 또는 부화업과 이에 부수하는 업무에서 얻는 소득

㉯ 임업소득: 영림업, 임산물생산업 또는 야생조수사육업과 이에 부수하는 업무에서 얻는 소득

㉰ 어업소득: 어업과 이에 부수하는 업무에서 얻는 소득

㉱ 기타 사업소득: 도매업, 소매업, 제조업, 그 밖의 사업에서 얻는 소득

③ 재산소득:

㉠ 임대소득: 부동산, 동산, 권리 또는 그 밖의 재산의 대여로 발생하는 소득

㉯ 이자소득: 예금·주식·채권의 이자와 배당 또는 할인에 의하여 발생하는 소득 중 보건복지부장관이 정하는 금액 이상의 소득

㉰ 연금소득: 「소득세법」 제20조의3 제1항 제2호 및 제3호에 따라 발생하는 연금 또는 소득과 「보험업법」 제4조 제1항 제1호 나목의 연금보험에 의하여 발생하는 소득

④ 이전소득:

㉠ 친족 또는 후원자 등으로부터 정기적으로 받는 금품 중 보건복지부장관이 정하는 금액 이상의 금품

㉯ 제5조의6 제1항 제4호 다목에 따라 보건복지부장관이 정하는 금액

㉰ 국민연금법 등에 따라 정기적으로 지급되는 각종 수당·연금·급여 또는 그 밖의 금품.

그러나 다음의 금품은 소득으로 보지 아니한다(영 제5조 제2항).

① **퇴직금, 현상금, 보상금, 근로장려금 및 자녀장려금 등 정기적으로 지급되는 것으로 볼 수 없는 금품**

② 보육·교육 또는 그 밖에 이와 유사한 성질의 서비스 이용을 전제로 받는 보육료, 학자금, 그 밖에 이와 유사한 금품

③ 지방자치단체가 지급하는 금품으로서 보건복지부장관이 정하는 금품.

재산의 소득환산액은 **개별가구의 재산가액에서 기본재산액**(기초생활의 유지에 필요하다고 보건복지부장관이 정하여 고시하는 재산액) 및 **부채를**

공제한 금액에 소득환산율을 곱하여 산정한다. 이 경우 소득으로 환산하는 재산의 범위는 다음과 같다(제6조의3 제2항).

① 일반재산(금융재산 및 자동차를 제외한 재산) ② 금융재산 ③ 자동차.

이 경우 생계급여 선정기준은 **기준 중위소득**을 기준으로 한다. 이는 **보건복지부장관**이 급여의 기준 등에 활용하기 위하여 **중앙생활보장위원회**의 심의·의결을 거쳐 고시하는 국민 가구소득의 중위값을 말한다(제2조 제11호).

이는 통계법 제27조에 따라 통계청이 공표하는 통계자료의 가구 **경상소득(근로소득, 사업소득, 재산소득, 이전소득을 합산한 소득)**의 중간값에 최근 가구소득 **평균 증가율**, 가구규모에 따른 소득수준의 차이 등을 반영하여 **가구규모별**로 산정한다(제6조의2 제1항).

그 밖에 가구규모별 소득수준 반영 방법 등 기준 중위소득의 산정에 필요한 사항은 **중앙생활보장위원회**에서 정한다(제6조의2 제2항).

생계급여는 **기준 중위소득의 100분의 30 이상**으로 하며(제7조 제2항), 구체적인 선정기준은 다음과 같다.[48]

---

48) 2014년 12월 30일 개정시, **최저생계비제도를 폐지**하였다.

<표 15>　　　　　기준 중위소득 및 급여 선정기준(2019년)

1. 기준 중위소득

「국민기초생활 보장법」제2조 제11호에 따라 급여의 기준 등에 활용하는 '기준 중위소득'을 다음과 같이 정한다.

구 분	1인	2인	3인	4인	5인	6인
금액 (원/월)	1,707,008	2,906,528	3,760,032	4,613,536	5,467,040	6,320,544

2. 급여의 선정기준

(단위: 원/월)

가구원 수	1인	2인	3인	4인	5인	6인
교육급여 (중위 50%)	853,504	1,453,264	1,880,016	2,306,768	2,733,520	3,160,272
주거급여 (중위 44%)	751,084	1,278,872	1,654,414	2,029,956	2,405,498	2,781,039
의료급여 (중위 40%)	682,803	1,162,611	1,504,013	1,845,414	2,186,816	2,528,218
생계급여 (중위 30%)	512,102	871,958	1,128,010	1,384,061	1,640,112	1,896,163

현행법상 부양의무자는 수급권자를 부양할 책임이 있는 자로서, ① **수급권자의 1촌의 직계혈족 및 ② 그 배우자**이다.[49)]

　2）생계급여의 내용

생계급여는 수급자에게 **의복, 음식물 및 연료비와 그 밖에 일상생활에 기본적으로 필요한 금품**을 지급하여 그 생계를 유지하게 하는 것으로 한다(제7조 제1항).

---

49) 종전에는 "직계혈족 및 그 배우자, 생계를 같이하는 2촌이내의 혈족"으로 규정하고 있었으나, 2004년 개정시 "1촌의 직계혈족"으로 제한하였고, 2005년 개정시 다시 "생계를 같이 하는 2촌 이내의 혈족"이 삭제되었다.

생계급여 최저보장수준은 생계급여와 소득인정액을 포함하여 생계급여 선정기준 이상이 되도록 하여야 한다(제7조 제3항).

그러나 **보장시설에 위탁**하여 생계급여를 실시하는 경우에는 보건복지부장관이 정하는 고시에 따라 그 선정기준 등을 달리 정할 수 있다(제7조 제4항).

3) 생계급여의 지급방법

생계급여는 **금전을 지급**하는 것으로 한다. 다만, 금전으로 지급할 수 없거나 금전으로 지급하는 것이 적당하지 아니하다고 인정하는 경우에는 **물품을 지급**할 수 있다(제9조 제1항).

생계급여는 **수급자의 주거**에서 실시하는 것이 원칙이지만, 수급자가 주거가 없거나 주거가 있어도 그곳에서는 급여의 목적을 달성할 수 없는 경우 또는 수급자가 희망하는 경우에는 수급자를 **보장시설이나 타인의 가정에 위탁**하여 급여를 실시할 수 있다(제10조 제1항).

라. 주거급여

주거급여는 수급자에게 주거 안정에 필요한 **임차료, 수선유지비, 그 밖의 수급품**을 지급하는 것으로 한다(제11조 제1항). 이에 관하여 필요한 사항은 따로 법률에서 정하기로 하여(제11조 제2항), 주거급여법에서 상세히 규정하고 있다.

마. 교육급여

교육급여는 수급자에게 **입학금, 수업료, 학용품비, 그 밖의 수급**

품을 지급하는 것으로 하되, 학교의 종류·범위 등에 관하여 필요한 사항은 대통령령으로 정한다(제12조 제1항).

교육급여는 **교육부장관**의 소관으로 한다(제11조 제2항).

교육급여 수급권자는 ① 부양의무자가 없거나, 부양의무자가 있어도 부양능력이 없거나 부양을 받을 수 없는 사람으로서 ② 그 소득인정액이 **중앙생활보장위원회**의 심의·의결을 거쳐 결정하는 금액 이하인 사람으로 하며, 교육급여 선정기준은 기준 중위소득의 100분의 50 이상으로 한다(제11조 제3항).

바. 의료급여

의료급여는 수급자에게 건강한 생활을 유지하는 데 필요한 **각종 검사 및 치료** 등을 지급하는 것으로 한다(제12조의3 제1항).

의료급여 수급권자는 ① 부양의무자가 없거나, 부양의무자가 있어도 부양능력이 없거나 부양을 받을 수 없는 사람으로서 ② 그 소득인정액이 중앙생활보장위원회의 심의·의결을 거쳐 결정하는 금액 이하인 사람으로 하며, 의료급여 선정기준은 기준 중위소득의 100분의 40 이상으로 한다(제12조의3 제2항).

의료급여에 필요한 사항은 따로 법률에서 하도록 하여(제12조의3 제3항), 의료급여법에서 상세히 규정하고 있다.

사. 해산급여

해산급여는 위의 ① 생계급여 ② 주거급여 ③ 의료급여 중 하나 이상의 급여를 받는 수급자에게 다음의 급여를 실시하는 것으로 한다 (제13조 제1항).

① 조산(助産)
② 분만 전과 분만 후에 필요한 조치와 보호

해산급여는 보건복지부령으로 정하는 바에 따라 보장기관이 지정 하는 **의료기관에 위탁하여 실시**할 수 있다(제13조 제2항).

아. 장제급여

장제급여는 ① 생계급여 ② 주거급여 ③ 의료급여 중 하나 이상의 급여를 받는 수급자가 사망한 경우 사체의 **검안(檢案)·운반·화장 또 는 매장, 그 밖의 장제조치**를 하는 것으로 한다(제14조 제1항).

장제급여는 보건복지부령으로 정하는 바에 따라 **실제로 장제를 실시하는 사람에게 장제에 필요한 비용**을 지급하는 것으로 하지만, 그 비용을 지급할 수 없거나 비용을 지급하는 것이 적당하지 아니하 다고 인정하는 경우에는 **물품**을 지급할 수 있다(제14조 제2항).

자. 자활급여

1) 자활급여의 제공

수급자의 자활을 돕기 위한 급여를 제공한다(제15조 제1항). 자활급여는 관련 공공기관·비영리법인·시설과 그 밖에 대통령령으로 정하는 기관에 **위탁**하여 실시할 수 있으며, 이에 드는 비용은 보장기관이 부담한다(제15조 제2항).

2) 자활촉진사업 수행기관

수급자 및 차상위자의 자활촉진 사업을 수행하기 위하여 **중앙자활센터**를 둘 수 있다(제15조의2 제1항).

보장기관은 ① 수급자 및 차상위자의 자활촉진에 필요한 사업을 수행하게 하기 위하여 사회복지법인 등 비영리법인과 단체를 법인등의 신청을 받아 특별시·광역시·특별자치시·도·특별자치도 단위의 **광역자활센터**로 지정할 수 있고(제15조의3 제1항), ② **자활기금**의 적립(제18조의3 제1항), ③ 수급자 및 차상위자의 자활에 필요한 자산형성을 위한 **재정적인 지원**(제18조의4 제1항)과 **필요한 교육**을 실시할 수 있다(제18조의3 제2항).

그리고 수급자 및 차상위자는 상호 협력하여 **자활기업**을 설립·운영할 수 있다(제18조).

3. 급여의 지급절차

가. 급여의 신청

수급권자와 그 친족, 그 밖의 관계인은 관할 시장·군수·구청장에게 수급권자에 대한 급여를 신청할 수 있다(제21조 제1항). 차상위자가 급여를 신청하려는 경우에도 같다.

그러나 모든 수급권자가 신청능력이 있는 것은 아니므로 **직권에 의해 보호**가 이루어 질 수 있다.

나. 신청에 의한 조사 등

시장·군수·구청장은 급여신청이 있는 경우에는 사회복지 전담공무원으로 하여금 **급여의 결정 및 실시 등에 필요한 사항을 조사**하게 하거나 수급권자에게 보장기관이 지정하는 의료기관에서 검진을 받게 할 수 있다(제22조 제1항).

그리고 수급권자 또는 그 부양의무자의 소득, 재산 및 건강상태 등을 확인하기 위하여 필요한 자료를 확보하기 곤란한 경우 수급권자 또는 부양의무자에게 **필요한 자료의 제출**을 요구할 수 있다(제22조 제2항).

사회보장급여 신청자에 대한 조사를 효율적으로 하기 위하여 **금융정보 조회절차**를 거친다(제21조 제2항, 제23조 제1항 ~ 제4항).

또한 급여의 종류별 수급자 선정기준의 변경 등에 의하여 수급권자의 범위가 변동함에 따라 다음 연도에 이 법에 따른 급여가 필요할 것으로 예측되는 수급권자의 규모를 조사하기 위하여 **차상위계층에 대하여 조사**할 수 있다(제24조 제1항).

다. 급여의 결정 등

시장·군수·구청장은 조사를 하였을 때에는 지체 없이 **급여 실시 여부와 급여의 내용을 결정**하여야 한다(제26조 제1항). 차상위계층을 조사한 시장·군수·구청장은 급여개시일이 속하는 달에 급여 실시 여부와 급여 내용을 결정하여야 한다(제26조 제2항).

그리고 결정을 하였을 때에는 **서면으로 수급권자 또는 신청인에게 급여의 신청일부터 30일 이내에 통지**하여야 한다(제26조 제3항, 제4항 본문).

라. 급여의 실시 등

급여 실시 및 급여 내용이 결정된 수급자에 대한 급여는 급여의 **신청 일부터 시작**한다(제27조 제1항 본문). 보장기관이 급여를 금전으로 지급할 때에는 수급자의 신청에 따라 **수급자 명의의 지정된 계좌**로 입금하여야 한다(제27조의2 제1항 본문).

시장·군수·구청장은 수급자의 자활을 체계적으로 지원하기 위하여 수급자 **가구별로 자활지원계획**을 수립하고 그에 따라 이 법에 따른 급여를 실시하여야 한다(제28조 제1항).

마. 급여의 사후관리

보장기관은 수급자의 소득·재산·근로능력 등이 변동된 경우에는 직권으로 또는 수급자나 그 친족, 그 밖의 관계인의 신청에 의하여 그에 대한 **급여의 종류·방법 등을 변경**할 수 있다(제29조 제1항). 급여의 변경은 서면으로 그 이유를 구체적으로 밝혀 수급자에게 통지하여야 한다(제29조 제2항).

그리고 보장기관은 ① 수급자에 대한 급여의 전부 또는 일부가 필요 없게 된 경우와 ② 수급자가 급여의 전부 또는 일부를 거부한 경우에는 급여의 **전부 또는 일부를 중지**하여야 한다(제30조 제1항). **근로능력이 있는 수급자**가 조건을 이행하지 아니하는 경우 조건을 이행할 때까지 근로능력이 있는 수급자 본인의 생계급여의 전부 또는 일부를 지급하지 아니할 수 있다(제30조 제2항).

수급자는 거주지역, 세대의 구성 또는 임대차 계약내용이 변동되거나 제22조 제1항 각 호의 사항이 현저하게 변동되었을 때에는 지체 없이 관할 보장기관에 신고하여야 한다(제37조).

수급자에게 부양능력을 가진 **부양의무자**가 있음이 확인된 경우에는 보장비용을 지급한 보장기관은 생활보장위원회의 심의 · 의결을 거쳐 그 비용의 전부 또는 일부를 그 부양의무자로부터 부양의무의 범위에서 징수할 수 있다(제46조 제1항).

지방자치단체의 조례에 따라 이 법에 따른 급여 범위 및 수준을 **초과**하여 급여를 실시하는 경우 그 초과 보장비용은 해당 **지방자치단체**가 부담한다(제43조 제5항).

4. 권리구제절차

가. 시 · 도지사에 대한 이의신청

수급자나 급여 또는 급여 변경을 신청한 사람은 시장 · 군수 · 구청장의 처분에 대하여 이의가 있는 경우에는 **그 결정의 통지를 받은 날부터 90일 이내에** 해당 보장기관을 거쳐 시 · 도지사에게 **서면 또는 구두로** 이의를 신청할 수 있다(제38조 제1항). 이의신청을 받은 시장 · 군수 · 구청장은 **10일 이내에** 의견서와 관계 서류를 첨부하여 시 · 도지사에게 보내야 한다(제38조 제2항).

나. 시·도지사의 처분 등

시·도지사가 시장·군수·구청장으로부터 이의신청서를 받았을 때에는 **30일 이내에** 필요한 심사를 하고 이의신청을 각하 또는 기각하거나 해당 처분을 변경 또는 취소하거나 그 밖에 필요한 급여를 명하여야 한다(제39조 제1항). 시·도지사는 위 처분 등을 하였을 때에는 **지체 없이** 신청인과 해당 시장·군수·구청장에게 각각 서면으로 통지하여야 한다(제39조 제2항).

다. 보건복지부장관 등에 대한 이의신청

위 처분 등에 대하여 이의가 있는 사람은 **그 처분 등의 통지를 받은 날부터 90일 이내에** 시·도지사를 거쳐 **보건복지부장관에게 서면 또는 구두로** 이의를 신청할 수 있다(제40조 제1항). 시·도지사는 위 이의신청을 받으면 **10일 이내에** 의견서와 관계 서류를 첨부하여 보건복지부장관 또는 소관 중앙행정기관의 장에게 보내야 한다(제40조 제2항).

라. 이의신청의 결정 및 통지

보건복지부장관 또는 소관 중앙행정기관의 장은 이의신청서를 받았을 때에는 **30일 이내에** 필요한 심사를 하고 이의신청을 각하 또는 기각하거나 해당 처분의 변경 또는 취소의 결정을 하여야 한다(제41조 제1항).

보건복지부장관 또는 소관 중앙행정기관의 장은 위 결정을 하였을 때에는 **지체 없이** 시·도지사 및 신청인에게 각각 서면으로 결정 내용을 통지하여야 한다(제41조 제2항).

II. 의료급여법

1. 입법 현황

1961년 제정된 **생활보호법**에 근거하여 처음 실시된 의료보호는 생활보호대상자에게 국·공립 의료기관에서 무료진료서비스를 제공하는데 불과하였다.

1977년 12월 31일 제정된 **의료보호법**에 의하여 생활보호대상자에 대한 본격 의료보호가 행하여지기 시작하였다. 1991년 의료보호대상자를 확대하고 의료보호의 내용을 충실화하기 위하여 의료보호법을 전면개정하였고, 그 후 1993년, 1994년, 1999년 등 수차 개정하였다.

2001년 5월 24일 의료보호법 개정시 법률의 명칭을 **의료급여법**으로 변경하고, 2001년 10월 1일부터 시행하였다.

의료급여에 필요한 사항은 따로 법률에서 정하도록 하였는데(제12조의3 제3항), **의료급여법**에서 상세히 규정하고 있다.

의료보호는 생활보호와 마찬가지로 스스로의 힘으로 개인의 의료문제를 해결하지 못하는 자에게 **국가가 무상으로 인간다운 생활을 위한 최소한의 의료서비스를 제공**하는 것이다.

2. 의료급여의 수급권자

가. 수급권자

이 법에 따른 수급권자는 다음과 같다(제3조 제1항).

① 국민기초생활 보장법에 따른 의료급여 수급자
② 재해구호법에 따른 이재민으로서 보건복지부장관이 의료급여가 필요하다고 인정한 사람
③「의사상자 등 예우 및 지원에 관한 법률」에 따라 의료급여를 받는 사람
④ 입양특례법에 따라 국내에 입양된 18세 미만의 아동
⑤「독립유공자예우에 관한 법률」,「국가유공자 등 예우 및 지원에 관한 법률」 및 「보훈보상대상자 지원에 관한 법률」의 적용을 받고 있는 사람과 그 가족으로서 국가보훈처장이 의료급여가 필요하다고 추천한 사람 중에서 보건복지부장관이 의료급여가 필요하다고 인정한 사람
⑥「무형문화재 보전 및 진흥에 관한 법률」에 따라 지정된 국가무형문화재의 보유자(명예보유자를 포함한다)와 그 가족으로서 문화재청장이 의료급여가 필요하다고 추천한 사람 중에서 보건복지부장관이 의료급여가 필요하다고 인정한 사람
⑦「북한이탈주민의 보호 및 정착지원에 관한 법률」의 적용을 받고 있는 사람 과 그 가족으로서 보건복지부장관이 의료급여가 필요하다고 인정한 사람
⑧「5·18민주화운동 관련자 보상 등에 관한 법률」제8조에 따라 보상금등을 받은 사람과 그 가족으로서 보건복지부장관이 의료급여가 필요하다고 인정 한 사람
⑨「노숙인 등의 복지 및 자립지원에 관한 법률」에 따른 노숙인 등으로서 보 건복지부장관이 의료급여가 필요하다고 인정한 사람
⑩ 그 밖에 생활유지 능력이 없거나 생활이 어려운 사람으로서 대통령령으로 정하는 사람.

난민법에 따른 난민인정자로서 국민기초생활 보장법에 따른 의료 급여 수급권자의 범위에 해당하는 사람은 수급권자로 본다(제3조의2).

수급권자는 1종 수급권자와 2종 수급권자로 구분한다(영 제3조 제1항).

① **1종 수급권자**

⑦ 국민기초생활 보장법에 의한 수급자중 다음의 어느 하나에 해당하는 자
- 다음의 어느 하나에 해당하는 자 또는 근로능력이 없거나 근로가 곤란하다고 인정하여 보건복지부장관이 정하는 자만으로 구성된 세대의 구성원
- 18세 미만인 자, 65세 이상인 자, 장애인고용촉진 및 직업재활법에 해당하는 중증장애인, 국민기초생활 보장법 시행령 제7조 제1항 제2호에 해당하는 자, 임신 중에 있거나 분만 후 6개월 미만의 여자, 병역법에 의한 병역의무를 이행중인 자.
- 국민기초생활 보장법에 따른 보장시설에서 급여를 받고 있는 자
- 보건복지부장관이 정하여 고시하는 결핵질환, 희귀난치성질환 또는 중증질환을 가진 사람

⑭ 법 제3조 제1항 제2호부터 제9호까지의 규정에 해당하는 자

⑭ 제2조 제1호에 해당하는 수급권자

⑭ 제2조 제2호에 해당하는 자로서 보건복지부장관이 1종 의료급여가 필요하다고 인정하는 자.

② **2종 수급권자**

⑦ 법 제3조 제1항 제1호의 규정에 해당하는 자중 제2항 제1호에 해당하지 아니하는 자

⑭ 제2조 제2호에 해당하는 자로서 보건복지부장관이 2종 의료급여가 필요하다고 인정하는 자.

나. 수급권자 인정절차

의료급여법의 수급권자가 되려는 사람은 보건복지부령으로 정하는 바에 따라 특별자치시장·특별자치도지사·시장(특별자치도의 행정시장은 제외한다)·군수·구청장에게 **수급권자 인정 신청**을 하여야 한다(제3조의3 제1항).

시장·군수·구청장은 신청인을 수급권자로 인정하는 것이 타당한

지를 확인하기 위하여 필요한 경우 그 신청인에게 국민기초생활 보장법에 따른 **자료 또는 정보의 제공에 동의한다는 서면**을 제출하게 할 수 있다(제3조의3 제2항).

시장·군수·구청장은 인정 **신청을 한 사람 중에서** 수급권자의 인정 기준에 따라 수급권자를 정하여야 한다. 그러나 ① 국민기초생활 보장법에 따른 의료급여 수급자와 ② 「의사상자 등 예우 및 지원에 관한 법률」에 따라 의료급여를 받는 사람은 그러하지 아니하다(제3조의3 제5항).

시장·군수·구청장은 수급권자에게 **의료급여증을 발급**하여야 한다 (제8조 제1항 본문).

다. 의료급여의 제한

수급권자가 업무 또는 공무로 생긴 질병·부상·재해로 **다른 법령**에 따른 급여나 보상(報償) 또는 보상(補償)을 받게 되는 경우에는 이 법에 따른 의료급여를 하지 아니한다(제3조 제1항).

수급권자가 **다른 법령**에 따라 국가나 지방자치단체 등으로부터 의료급여에 상당하는 급여 또는 비용을 받게 되는 경우에는 그 한도에서 이 법에 따른 의료급여를 하지 아니한다(제3조 제2항).

3. 의료급여의 내용

수급권자의 질병·부상·출산 등에 대한 **의료급여**의 내용은 다음과 같다(제7조 제1항).

① 진찰·검사 ② 약제(藥劑)·치료재료의 지급 ③ 처치·수술과 그 밖의 치료 ④ 예방·재활 ⑤ 입원 ⑥ 간호 ⑦ 이송 ⑧ 그 밖의 의료목적의 달성을 위한 조치.

4. 의료급여의 제공방법

의료급여업무는 수급권자의 **거주지를 관할하는** 특별시장·광역시장·도지사와 시장·군수·구청장이 하며(제5조 제1항), 주거가 일정하지 아니한 수급권자에 대하여는 **그가 실제 거주하는 지역을 관할하는** 시장·군수·구청장이 한다(제5조 제2항).

의료급여는 다음의 **의료급여기관**에서 실시하며, 보건복지부장관은 공익상 또는 국가시책상 의료급여기관으로 적합하지 아니하다고 인정할 때에는 대통령령으로 정하는 바에 따라 의료급여기관에서 제외할 수 있다(제9조 제1항).

① 의료법에 따라 개설된 의료기관
② 지역보건법에 따라 설치된 보건소·보건의료원 및 보건지소
③「농어촌 등 보건의료를 위한 특별조치법」에 따라 설치된 보건진료소
④ 약사법에 따라 개설등록된 약국 및 같은 법에 따라 설립된 한국희귀·필수의약품센터.

이상의 의료급여기관은 다음과 같이 구분한다(제9조 제2항).

① 제1차 의료급여기관:
  ㉮ 의료법 제33조 제3항에 따라 개설신고를 한 의료기관
  ㉯ 지역보건법에 따라 설치된 보건소·보건의료원 및 보건지소
  ㉰「농어촌 등 보건의료를 위한 특별조치법」에 따라 설치된 보건진료소

㉱ 약사법에 따라 개설등록된 약국 및 같은 법 제91조에 따라 설립된 한국
희귀 · 필수의약품센터.

② 제2차 의료급여기관:
의료법 제33조 제4항 전단에 따라 개설허가를 받은 의료기관.

③ 제3차 의료급여기관
제2차 의료급여기관 중에서 보건복지부장관이 지정하는 의료기관.

의료급여기관은 **의료급여를 하기 전에** 수급권자에게 본인부담금
을 청구하거나 수급권자가 이 법에 따라 부담하여야 하는 비용과 비
급여비용 외에 입원보증금 등 다른 명목의 비용을 청구하여서는 아니
된다(제11조의4).

의료급여기관은 의료급여가 끝난 날부터 **5년간** 보건복지부령으
로 정하는 바에 따라 급여비용의 청구에 관한 서류를 보존하여야 한
다(제11조의2 제1항). 그러나 약국 등 보건복지부령으로 정하는 의료급
여기관은 처방전을 급여비용을 청구한 날부터 **3년간** 보존하면 된다
(제11조의2 제2항).

Ⅲ. 주거급여법

1. 입법 현황

주거급여법은 2014년 1월 24일 제정(법률 제12333호)하여 같은 해 10월 1일 시행하였다.

기초생활보장제도가 맞춤형 급여체계로 개편됨에 따라 주거급여 수급권자의 범위, 임차료 및 수선유지비의 지급 기준 등 주거급여의 실시를 위하여 필요한 사항을 규정하되, 수급자의 불편 및 일선기관의 업무상 혼란을 방지하기 위해 주거급여의 신청 및 지급결정 절차 등의 일반적인 사항은 국민기초생활 보장법을 따르도록 하였다.

이 법은 생활이 어려운 사람에게 국가가 직접 주거급여를 실시하여 국민의 **주거안정과 주거수준 향상**에 이바지함을 목적으로 한다(제1조).

2. 주거급여의 제공대상

수급권자는 부양의무자가 없거나 부양의무자가 있어도 부양능력이 없거나 부양을 받을 수 없는 사람으로서 소득인정액이 중앙생활보장위원회의 심의·의결을 거쳐 결정하는 금액 이하인 사람으로 하며, 이 경우 주거급여 선정기준은 **기준 중위소득의 100분의 43 이상**으로 한다(제5조 제1항).

3. 주거급여의 내용

임차료는 타인의 주택등에 거주하는 사람으로서 국토교통부장관이 정하는 사람에게 지급한다(제7조 제1항).

수선유지비는 주택등을 소유하고 그 주택등에 거주하는 사람에게 지급한다(제8조 제1항).

4. 주거급여의 제공방법

국가와 지방자치단체는 다음의 사항을 고려하여 주거급여에 관한 정책을 수립・시행하여야 한다(제3조).

국토교통부장관은 필요한 경우에는 주거급여와 관련된 사항에 관하여 지방자치단체의 장을 지도・감독하거나 지방자치단체의 장에게 필요한 보고를 하게 할 수 있다(제18조).

주거급여는 수급권자 또는 수급자의 **거주지를 관할**하는 특별시장・광역시장・특별자치시장・도지사・특별자치도지사와 시장・군수・구청장이 실시한다(제6조 제1항).

임차료의 지급 신청을 받아 국민기초생활 보장법의 신청에 의한 조사를 하는 경우 관련 사항을 포함하여 조사할 수 있다(제10조 제1항). 그리고 수선유지비의 지급 신청을 받아 신청조사를 하는 경우 관련 사항을 포함하여 조사할 수 있다(제10조 제2항).

기출 문제

1. 국민기초생활 보장법의 개념

[2015년 제13회 기출 문제] 국민기초생활 보장법령에 관한 설명으로 옳지 않은 것은?

① 수급권자를 부양할 책임이 있는 부양의무자에는 수급권자의 손자는 포함되지 않는다.

② 수급권자의 친족도 수급권자에 대한 급여를 신청할 수 있다.

③ 보장기관은 급여를 개인 단위로 실시하되, 특히 필요한 경우는 개별가구 단위로 실시할 수 있다.

④ 부양의무자의 부양은 국민기초생활 보장법에 따른 급여에 우선하여 행하여 진다.

⑤ 수급자가 검진 지시에 따르지 아니한 것을 이유로 보장기관이 수급자에 대한 급여결정을 취소하려면 청문을 하여야 한다.

[해설] 정답: ③

① 부양의무자는 1촌 이내이므로 수급권자의 **손자(2촌)는 포함되지 않는다.**

② 수급권자의 **친족도** 수급권자에 대한 급여를 신청할 수 있다.

③ 보장기관은 급여를 **개별가구 단위로 실시**하되, 특히 필요한 경우는 **개인 단위로 실시**할 수 있다.

④ **부양의무자의 부양**은 국민기초생활 보장법에 따른 급여에 우선하여 행하여 진다.

⑤ 수급자가 검진 지시에 따르지 아니한 것을 이유로 보장기관이 수급자에 대한 급여결정을 취소하려면 **청문**을 하여야 한다.

[2018년 제16회 기출 문제] 국민기초생활 보장법의 내용으로 옳은 것은?

① 국외에 체류하는 외국인도 수급권자가 된다.

② 기준 중위소득은 지방자치단체별로 중앙생활보장위원회가 고시한다.

③ 주거급여는 여성가족부 소관으로 한다.

④ 보장기관은 차상위자가 자활에 필요한 자산을 형성할 수 있도록 재정적인 지원을 할 수는 없다.

⑤ 소관 중앙행정기관의 장은 수급자의 최저생활을 보장하기 위하여 3년마다 소관별로 기초생활보장 기본계획을 수립하여 보건복지부장관에게 제출하여야 한다.

[해설] 정답: ⑤

① 외국인은 **국내에 체류하는 자**에 한하여 수급권자가 될 수 있다.

② 기준 중위소득은 **보건복지부장관**이 **중앙생활보장위원회**의 심의·의결을 거쳐 고시한다.

③ **국토교통부장관**은 필요한 경우에는 주거급여와 관련된 사항에 관하여 지방자치단체의 장을 지도·감독하거나 지방자치단체의 장에게 필요한 보고를 하게 할 수 있다.

④ 보장기관은 차상위자가 자활에 필요한 자산을 형성할 수 있도록 **재정적인 지원을 할 수 있다.**

⑤ 소관 중앙행정기관의 장은 수급자의 최저생활을 보장하기 위하여 **3년마다 소관별로 기초생활보장 기본계획**을 수립하여 보건복지부장관에게 제출하여야 한다.

[2019년 제17회 기출 문제] 국민기초생활 보장법의 내용으로 옳지 않은 것은?

① 수급자에 대한 급여는 정당한 사유 없이 수급자에게 불리하게 변경할 수 없다.

② '수급자'란 이 법에 따른 급여를 받는 사람을 말한다.

③ 이 법에 따른 급여는 건강하고 문화적인 최저생활을 유지할 수 있는 것이어야 한다.

④ 수급자 및 차상위자는 상호 협력하여 자활기업을 설립·운영할 수 있다.

⑤ 교육급여는 보건복지부장관의 소관으로 한다.

[해설] 정답: ⑤

① 수급자에 대한 급여는 정당한 사유 없이 수급자에게 **불리하게 변경할 수 없다.**

② '수급권자'는 이 법에 따른 **급여를 받을 수 있는 자격을 가진 사람**을 말하며(제2조 제1호), '수급자'는 이 법에 따른 **급여를 받는 사람**을 말한다.

③ 이 법에 따른 급여는 **건강하고 문화적인 최저생활**을 유지할 수 있는 것이어야 한다.

④ 수급자 및 차상위자는 상호 협력하여 자활기업을 **설립·운영할 수 있다.**

⑤ 교육급여는 **교육부장관**의 소관으로 한다.

2. 급여의 개념

[2015년 제13회 기출 문제] 국민기초생활 보장법령상 급여에 관한 설명으로 옳은 것은?

① 보장기관이 차상위자에 대해서 가구별 생활여건을 고려하여 지급하는 급여는 생계급여로 한다.

② 보장기관은 수급자의 소득·재산·근로능력 등이 변동된 경우 직권으로 급여의 종류·방법 등을 변경할 수 있다.

③ 수급자가 시장·군수·구청장의 처분에 대하여 이의신청을 하는 경우에는 보건복지부장관에게 하여야 한다.

④ 지방자치단체가 국민기초생활 보장법의 급여 수준을 초과하여 급여를 실시하는 경우 그 초과보장비용의 100분의 40은 국가가 부담한다.

⑤ 생계급여를 타인의 가정에 위탁하여 실시하는 것은 허용되지 않는다.

[해설] 정답: ②

① 보장기관이 **차상위자**에 대해서 가구별 생활여건을 고려하여 지급하는 급여는 **생계급여와 해산급여를 제외**한 주거급여, 의료급여, 교육급여, 장제급여, 자활급여 등이다.

② 보장기관은 수급자의 소득·재산·근로능력 등이 변동된 경우 직권으로 급여의 종류·방법 등을 **변경할 수 있다.**

③ 수급자가 시장·군수·구청장의 처분에 대하여 이의신청을 하는 경우에는 해당 보장기관을 거쳐 **시·도지사에게** 이의를 신청할 수 있다.

④ 지방자치단체가 국민기초생활 보장법의 급여 수준을 초과하여 급여를 실시하는 경우 그 초과 보장비용은 해당 **지방자치단체**가 부담한다.

⑤ 생계급여는 **보장시설이나 타인의 가정에 위탁**하여 급여를 실시할 수 있다.

3. 소득의 범위

[2016년 제14회 기출 문제] 국민기초생활 보장법상 기준 중위소득의 산정에 관한 내용이다. (   )에 들어갈 용어가 순서대로 옳은 것은?

기준 중위소득은 통계법 제 27조에 따라 통계청이 공표하는 통계자료의 가구 (   )의 중간값에 최근 가구소득 (   ), 가구규모에 따른 소득수준의 차이 등을 반영하여 (   )별로 산정한다.

① 경상소득, 평균 증가율, 가구규모

② 평균소득, 누적 증가율, 개별가구

③ 경상소득, 누적 증가율, 개별가구

④ 평균소득, 누적 증가율, 가구규모

⑤ 실질소득, 평균 증가율, 가구규모

[해설] 정답: ①

· 생계급여 선정의 기준이 되는 **기준 중위소득**은 통계법 제27조에 따라 통계

청이 공표하는 통계자료의 가구 **경상소득(근로소득, 사업소득, 재산소득, 이전소득을 합산한 소득)**의 중간값에 최근 가구소득 **평균 증가율**, 가구규모에 따른 소득수준의 차이 등을 반영하여 **가구규모별**로 산정한다.

[2017년 제15회 기출 문제] 국민기초생활 보장법상 소득의 범위에 해당하지 않는 것은?

① 퇴직금

② 임대소득

③ 사업소득

④ 국민연금법에 따른 연금

⑤ 친족으로부터 정기적으로 받는 금품 중 보건복지부장관이 정하는 금액 이상의 금품

[해설] 정답: ①

① **퇴직금, 현상금, 보상금, 근로장려금 및 자녀장려금** 등 정기적으로 지급되는 것으로 볼 수 없는 금품은 소득으로 보지 아니한다.

② 임대소득은 **재산소득**에 해당한다.

③ 사업소득은 **소득**에 해당한다.

④ 국민연금법 등에 따라 정기적으로 지급되는 각종 수당·연금·급여 또는 그 밖의 금품은 **이전소득**에 해당한다.

⑤ 친족 또는 후원자 등으로부터 정기적으로 받는 금품 중 보건복지부장관이 정하는 금액 이상의 금품은 **이전소득**에 해당한다.

4. 의료급여법의 개념

[2015년 제13회 기출 문제] 의료급여법령에 관한 설명으로 옳지 않은 것은?

① 국민기초생활보장법에 따른 수급권자는 의료급여 수급권자이다.

② 수급권자가 다른 법령에 따라 의료급여를 받고 있는 경우에는 의료급여법에 따른 의료급여를 하지 아니한다.

③ 관할 시장·군수·구청장은 수급권자가 되려는 자의 인정 신청이 없더라도 직권으로 수급권자를 정할 수 있다.

④ 지역보건법에 따라 설치된 보건지소는 제1차 의료급여기관이다.

⑤ 의료급여기관은 의료급여를 하기 전에 수급권자에게 본인부담금을 청구하여서는 아니 된다.

[해설] 정답: ③

① 국민기초생활보장법에 따른 수급권자는 의료급여의 **수급권자가 된다.**

② 수급권자가 **다른 법령**에 따라 의료급여를 받고 있는 경우에는 의료급여법에 따른 의료급여를 하지 아니한다.

③ 관할 시장·군수·구청장은 인정 **신청을 한 사람 중에서** 수급권자의 인정 기준에 따라 수급권자를 정하는 것이 원칙이지만, ① 국민기초생활 보장법에 따른 의료급여 수급자와 ②「의사상자 등 예우 및 지원에 관한 법률」에 따라 의료급여를 받는 사람은 그러하지 아니하므로, 이 문항은 적절하지 않다.

④ 지역보건법에 따라 설치된 **보건소·보건의료원 및 보건지소**는 제1차 의료급여기관이다.

⑤ 의료급여기관은 **의료급여를 하기 전에** 수급권자에게 본인부담금을 청구하여서는 아니 된다.

[2018년 제16회 기출 문제] 의료급여법의 내용이다. (   )에 들어갈 숫자를 옳게 짝지은 것은?

· 의료급여기관은 의료급여가 끝난 날부터 (ⓐ) 년간 보건복지부령으로 정하는 바에 따라 급여비용의 청구에 관한 서류를 보존하여야 한다.

· 약국 등 보건복지부령으로 정하는 의료급여기관은 처방전을 급여비용을 청구한 날부터 (ⓑ)년간 보존하여야 한다.

① ⓐ : 2, ⓑ : 3

② ⓐ : 3, ⓑ : 3

③ ⓐ : 3, ⓑ : 5

④ ⓐ : 5, ⓑ : 3

⑤ ⓐ : 5, ⓑ : 5

[해설] 정답: ④

· 의료급여기관은 원칙적으로 의료급여가 끝난 날부터 **5년간** 보건복지부령으로 정하는 바에 따라 급여비용의 청구에 관한 서류를 보존하여야 하지만, 약국 등 보건복지부령으로 정하는 의료급여기관은 처방전을 급여비용을 청구한 날부터 **3년간** 보존하면 된다.

· 그러나 첫 번째 문장의 '의료급여기관'에는 두 번째 문장의 "약국 등 보건복지부령으로 정하는 의료급여기관"이 포함되기 때문에, 적절한 문제라 할 수 없다.

· 아무 생각없이 단순하게 법률 조문만 옮겨 놓은 것이다.

5. 의료급여 수급권자

[2017년 제15회 기출 문제] 국민기초생활 보장법에 따른 의료급여 수급자로서 의료급여법상 1종 수급권자가 아닌 사람은?

① 18세인 자

② 65세인 자

③ 장애인고용촉진 및 직업재활법에 따른 중증장애인

④ 임신 중에 있는 자

⑤ 병역법에 따른 병역의무를 이행중인 자

[해설] 정답: ①

· 국민기초생활 보장법에 의한 수급자중 ① **18세 미만인 자,** ② **65세 이상인 자,** ③ **중증장애인,** ④ **임신 중에 있거나 분만 후 6개월 미만의 여자,** ⑤ **병역의무를 이행중인 자**는 1종 수급권자이다.

6. 의료급여기관

[2016년 제14회 기출 문제] 의료급여법상 의료급여기관에 해당하는 것을 모두 고른 것은?(단, 법령에 따라 보건복지부장관이 의료급여기관에서 제외하는 경우는 고려하지 않음)

가. 농어촌 등 보건의료를 위한 특별조치법에 따라 설치된 보건진료소

나. 지역보건법에 따라 설치된 보건의료원

다. 약사법에 따라 설립된 한국희귀·필수의약품센터

라. 약사법에 따라 개설등록된 약국

① 가, 나, 다   ② 가, 다   ③ 나, 라   ④ 라   ⑤ 가, 나, 다, 라

[해설] 정답: ⑤

· 의료급여기관은 다음과 같다.

① 의료법에 따라 개설된 **의료기관**

② 지역보건법에 따라 설치된 **보건소·보건의료원 및 보건지소**

③ 「농어촌 등 보건의료를 위한 특별조치법」에 따라 설치된 **보건진료소**

④ 약사법에 따라 개설등록된 **약국** 및 같은 법에 따라 설립된 **한국희귀·필수 의약품센터.**

제 3 절

기초연금법

Ⅰ. 입법 현황

기초연금제도는 처음 **기초노령연금제도**[50)]에서 시작하였다. **기초연금법**은 2014년 5월 20일 제정(법률 제12617호)되어, 2014년 7월 1일부터 시행되었다.[51)]

이 법은 **소득수준이 낮은 일정한 범위의 노인에게 기초연금을 지급**하여 안정적인 소득기반을 제공함으로써, 노인의 생활안정을 지원하고 복지를 증진함을 목적으로 한다(제1조).

따라서 기초연금제도는 국민연금과 같이 전국민을 대상으로 하는 사회안전망인 사회보험제도가 아니라 인간다운 생활권의 최저선을 보장하는 **공공부조**로서의 성격을 가진다.

---

50) **기초노령연금법**은 2007년 4월 25일 제정(법률 제8385호)되고, 2008년 1월 1일부터 시행되었다. 이 법은 노인이 후손의 양육과 국가 및 사회의 발전에 이바지하여 온 점을 고려하여 생활이 어려운 노인에게 기초노령연금을 지급함으로써 노인의 생활안정을 지원하고 복지를 증진함을 목적으로 하였다(제1조).

51) 이 법의 시행과 함께 **기초노령연금법은 폐지**되었다.

Ⅱ. 기초연금의 수급권자

기초연금은 **65세 이상인 사람**으로서 소득인정액이 보건복지부장관이 정하여 고시하는 금액(다음부터 '선정기준액' 이라 한다) 이하인 사람에게 지급한다(제3조 제1항).

소득인정액은 **본인 및 배우자**의 소득평가액과 재산의 소득환산액을 합산한 금액을 말한다(제2조 제4호).

보건복지부장관은 **선정기준액**을 정하는 경우 65세 이상인 사람 중 기초연금 수급자가 **100분의 70 수준**이 되도록 한다(제3조 제2항).[52]

기초연금을 **지급받으려는 사람** 또는 보건복지부령으로 정하는 **대리인**은 특별자치시장 · 특별자치도지사 · 시장 · 군수 · 구청장(자치구의 구청장)에게 기초연금의 지급을 신청할 수 있다(제10조 제1항).

기초연금 수급권은 **양도**하거나 **담보**로 제공할 수 없으며, **압류** 대상으로 할 수 없으며(제21조 제1항), 기초연금으로 지급받은 금품은 **압류**할 수 없다(제21조 제1항).

Ⅲ. 기초연금의 금액

기초연금 수급권자에 대한 기초연금의 금액은 **기준연금액과 국**

---

[52] 최대금액 30만원이 지급되는 대상은 2019년 소득 하위 20% 노인에서 2020년까지 소득 하위 40%, 이어 2021년에는 70% 이내로 확대할 예정이다.

민연금 급여액 등을 고려하여 산정한다(제5조 제1항).

기준연금액은 **보건복지부장관**이 그 전년도의 기준연금액에 대통령령으로 정하는 바에 따라 **전국소비자물가변동률**을 반영하여 매년 고시하며, 그 고시한 기준연금액의 적용기간은 해당 조정연도 **4월부터 다음 연도 3월까지**로 한다(제5조 제2항).

2019년 기초연금 기준연금액은 **월 30만원**이다.[53]

본인과 그 배우자가 모두 기초연금 수급권자인 경우에는 각각의 기초연금액에서 기초연금액의 **100분의 20에 해당하는 금액을 감액**한다(제8조 제1항).

기초연금액이 기준연금액을 초과하는 경우 **기준연금액**을 기초연금액으로 본다(제7조).

보건복지부장관은 **5년마다** 기초연금 수급권자의 생활 수준, 국민연금법에 따른 금액의 변동률, 전국소비자물가변동률 등을 종합적으로 고려하여 **기초연금액의 적정성을 평가**하고 그 결과를 반영하여 **기준연금액을 조정**하여야 한다(제9조 제1항).

---

53) 2019년 4월부터 소득 하위 20%인 자, 즉 근로소득 등 각종 소득과 재산을 공제하고 남은 소득인정액이 독거노인의 경우 월 5만원 이하, 부부인 경우 월 8만원 이하면 **월 최대 30만 원**을 지급하고, 그 외의 일반 기초연금 수급자는 2018년 월 25만원에서 3,750원 오른 **월 253,750원**을 지급한다.

Ⅳ. 기초연금의 지급방법

특별자치시장·특별자치도지사·시장·군수·구청장은 다음과 같이 기초연금을 지급한다.

① 기초연금을 지급받으려는 사람 또는 보건복지부령으로 정하는 대리인으로부터 지급신청을 받아서(제10조 제1항),
② 조사를 한 후 기초연금 수급권의 발생·변경·상실 등을 결정하며(제13조 제1항),
③ 결정을 한 경우에는 그 결정 내용을 서면으로 지체 없이 통지하고,
④ 기초연금 수급권자로 결정한 사람에 대하여 기초연금의 **지급을 신청한 날이 속하는 달부터** 기초연금 수급권을 상실한 날이 속하는 달까지 매월 정기적으로 기초연금을 지급한다(제14조 제1항).

환수금을 환수할 권리와 기초연금 수급권자의 권리는 **5년간** 행사하지 아니하면 시효의 완성으로 소멸한다(제23조).

Ⅴ. 비용의 분담

국가는 지방자치단체의 노인인구 비율 및 재정 여건 등을 고려하여 기초연금의 지급에 드는 비용 중 **100분의 40 이상 100분의 90 이하**의 범위에서 대통령령으로 정하는 비율에 해당하는 비용을 부담한다(제25조 제1항).

국가가 부담하는 비용을 뺀 비용은 특별시·광역시·특별자치시·도·특별자치도와 시·군·구가 **상호 분담**하며, 그 부담비율은 노인인구 비율 및 재정여건 등을 고려하여 보건복지부장관과 협의하여 시·도의 조례 및 시·군·구의 조례로 정한다(제25조 제2항).

Ⅵ. 사후관리

1. 지급의 정지

특별자치시장 · 특별자치도지사 · 시장 · 군수 · 구청장은 기초연금 수급자가 다음의 어느 하나의 경우에 해당하면 **그 사유가 발생한 날이 속하는 달의 다음 달부터** 그 사유가 소멸한 날이 속하는 달까지는 기초연금의 지급을 정지한다(제16조 제1항).

① 기초연금 수급자가 금고 이상의 형을 선고받고 교정시설 또는 치료감호시설에 수용되어 있는 경우
② 기초연금 수급자가 행방불명되거나 실종되는 등 대통령령으로 정하는 바에 따라 사망한 것으로 추정되는 경우
③ 기초연금 수급자의 국외 체류기간이 60일 이상 지속되는 경우. 이 경우 국외 체류 60일이 되는 날을 지급 정지의 사유가 발생한 날로 본다.
④ 그 밖에 위 ①부터 ③까지의 경우에 준하는 경우로서 대통령령으로 정하는 경우.

2. 수급권의 상실

기초연금 수급권자는 다음의 어느 하나에 해당하게 된 때에 기초연금 수급권을 상실한다(제17조 제1항).

① 사망한 때
② 국적을 상실하거나 국외로 이주한 때
③ 기초연금 수급권자에 해당하지 아니하게 된 때.

기출 문제

[2015년 제13회 기출 문제] 기초연금법령에 관한 설명으로 옳은 것은?

① 보건복지부장관은 선정기준액을 정하는 경우 65세 이상인 사람 중 수급자 가 100분의 60 수준이 되도록 한다.

② 소득인정액은 본인의 소득평가액과 재산의 소득환산액을 합산한 금액을 말 한다.

③ 본인과 그 배우자가 모두 기초연금 수급권자인 경우에는 기초연금액의 100 분의 20에 해당하는 금액을 가산하여 지급한다.

④ 기초연금 수급권자는 국외로 이주한 때에 수급권을 상실한다.

⑤ 기초연금의 지급에 드는 비용은 전부 시·도 및 시·군·구가 나누어 부담한다.

[해설] 정답: ④

① 보건복지부장관은 선정기준액을 정하는 경우 65세 이상인 사람 중 수급자가 **100분의 70 수준**이 되도록 한다.

② 소득인정액은 **본인 및 배우자**의 소득평가액과 재산의 소득환산액을 합산한 금액을 말한다.

③ 본인과 그 배우자가 모두 기초연금 수급권자인 경우에는 기초연금액의 100 분의 20에 해당하는 금액을 **감액한다.**

④ 기초연금 수급권자는 **국외로 이주**한 때에 **수급권을 상실**한다.

⑤ 기초연금의 지급에 드는 비용 중 **국가가 부담하는 비용을 뺀 나머지 비용**은 시·도 및 시·군·구가 나누어 부담한다.

[2016년 제14회 기출 문제] 기초연금법의 내용으로 옳지 않은 것은?

① 기초연금 수급권자에 대한 기초연금의 금액은 기준연금액과 국민연금 급여액 등을 고려하여 산정한다.

② 기초연금액이 기준연금액을 초과하는 경우 기준연금액을 기초연금액으로

본다.

③ 본인과 그 배우자가 모두 기초연금 수급권자인 경우에는 각각의 기초연금 액에서 기초연금액의 100분의 20에 해당하는 금액을 감액한다.

④ 보건복지부장관은 3년마다 기초연금 수급권자의 생활수준 등을 고려하여 기초연금액의 적정성을 평가하여야 한다.

⑤ 기초연금 수급권자의 권리는 5년간 행사하지 아니하면 시효의 완성으로 소 멸한다.

[해설] 정답: ④

① 기초연금 수급권자에 대한 기초연금의 금액은 **기준연금액과 국민연금 급 여액** 등을 고려하여 산정한다.

② 기초연금액이 기준연금액을 초과하는 경우 **기준연금액**을 기초연금액으로 본다.

③ 본인과 그 배우자가 모두 기초연금 수급권자인 경우에는 각각의 기초연금 액에서 기초연금액의 100분의 20에 해당하는 금액을 **감액**한다.

④ 보건복지부장관은 **5년마다** 기초연금 수급권자의 생활 수준, 국민연금법에 따른 금액의 변동률, 전국소비자물가변동률 등을 종합적으로 고려하여 **기 초연금액의 적정성을 평가**하고 그 결과를 반영하여 **기준연금액을 조정**하 여야 한다.

⑤ 기초연금 수급권자의 권리는 **5년간** 행사하지 아니하면 시효의 완성으로 소 멸한다.

[2017년 제15회 기출 문제] 기초연금법에 관한 설명으로 옳지 않은 것은?

① 기초연금은 65세 이상인 사람으로서 소득인정액이 선정기준액 이하인 사람 에게 지급한다.

② 기초연금 수급희망자는 특별자치시장·특별자치도지사·시장·군수·구청장에게 기초연금의 지급을 신청할 수 있다.

③ 부부가 모두 기초연금 수급권자인 경우 각각의 기초연금액에서 기초연금액의 100분의 30에 해당하는 금액을 감액한다.

④ 수급권자가 국외로 이주한 경우 수급권을 상실한다.

⑤ 시장은 수급자가 법령에 따라 사망한 것으로 추정되는 경우 그 사유가 발생한 날이 속하는 달의 다음 달부터 그 사유가 소멸한 날이 속하는 달까지는 기초연금의 지급을 정지한다.

[해설] 정답: ③

① 기초연금은 **65세 이상인 사람**으로서 소득인정액이 선정기준액 이하인 사람에게 지급한다.

② 기초연금 수급희망자는 특별자치시장·특별자치도지사·시장·군수·구청장에게 기초연금의 지급을 **신청할 수 있다.**

③ 부부가 모두 기초연금 수급권자인 경우 각각의 기초연금액에서 기초연금액의 **100분의 20에 해당하는 금액을 감액한다.**

④ 수급권자가 **국외로 이주한 경우** 수급권을 상실한다.

⑤ 시장은 수급자가 법령에 따라 **사망한 것으로 추정되는 경우** 그 사유가 발생한 날이 속하는 달의 다음 달부터 그 사유가 소멸한 날이 속하는 달까지는 기초연금의 지급을 정지한다.

[2018년 제16회 기출 문제] 기초연금법의 내용으로 옳지 않은 것은?

① 보건복지부장관은 선정기준액을 정하는 경우 65세 이상인 사람 중 기초연금 수급자가 100분의 70 수준이 되도록 한다.

② 기초연금으로 지급받은 금품은 압류할 수 없다.

③ 기초연금의 지급이 정지된 기간에는 기초연금을 지급하지 아니한다.

④ 기초연금 수급권자가 국외로 이주한 때에 기초연금 수급권을 상실한다.

⑤ 기초연금 수급권자의 권리는 3년간 행사하지 아니하면 시효의 완성으로 소멸한다.

[해설] 정답: ⑤

① 보건복지부장관은 선정기준액을 정하는 경우 65세 이상인 사람 중 기초연금 수급자가 **100분의 70 수준이 되도록 한다.**

② 기초연금으로 지급받은 금품은 **압류할 수 없다.**

③ 기초연금의 지급이 정지된 기간에는 기초연금을 **지급하지 아니한다.**

④ 기초연금 수급권자가 국외로 이주한 때에 기초연금 **수급권을 상실한다.**

⑤ 기초연금 수급권자의 권리는 **5년간** 행사하지 아니하면 시효의 완성으로 소멸한다.

[2019년 제17회 기출 문제] 기초연금법의 내용으로 옳은 것은?

① '소득인정액'이란 본인 및 배우자의 소득평가액과 재산의 소득환산액을 합산한 금액을 말한다

② 기초연금 수급권자가 국외로 이주하더라도 기초연금 수급권을 상실하지 않는다.

③ 기초연금으로 지급받은 금품은 압류할 수 있다.

④ 기초연금은 기초연금의 지급을 신청한 날이 속하는 달의 다음 달부터 지급한다.

⑤ 본인과 그 배우자가 모두 기초연금 수급권자인 경우에는 각각의 기초연금액에서 기초연금금액의 100분의 50에 해당하는 금액을 감액한다.

[해설] 정답: ①

① '소득인정액'이란 **본인 및 배우자**의 소득평가액과 재산의 소득환산액을 합산한 금액을 말한다.

② 기초연금 수급권자가 국외로 이주하면 기초연금 **수급권을 상실한다.**

③ 기초연금으로 지급받은 금품은 **압류할 수 없다.**

④ 기초연금은 기초연금의 지급을 **지급을 신청한 날이 속하는 달부터** 지급한다.

⑤ 본인과 그 배우자가 모두 기초연금 수급권자인 경우에는 각각의 기초연금액에서 기초연금금액의 **100분의 20**에 해당하는 금액을 감액한다.

제 4 절
긴급복지지원법

Ⅰ. 입법 현황

모든 국민은 헌법상 인간다운 생활권을 가지고, 사회복지법제는 이를 실현하기 위하여 다양한 제도를 규정하고 시행한다.

그러나 이러한 법들은 평상시 일정한 요건에 해당하는 경우 적법절차를 거쳐서 지원되므로, 만약 위기상황에 처한 자가 있는 경우에는 이를 신속하게 구제하지 못하면 생존을 위협받을 수 있다. 이러한 사회적 요청에 의하여 **위기상황에 처한 자를 신속하게 구제**하기 위하여 2005년 12월 23일 **긴급복지지원법**(법률 7739호)[54]을 제정하여 2006년 3월 24일부터 시행하였다.[55]

이 법은 생계곤란 등의 위기상황에 처하여 도움이 필요한 사람을 **신속하게 지원**함으로써 이들이 위기상황에서 벗어나 건강하고 인간다운 생활을 하게 함을 목적으로 한다(제1조).

---

[54] 이 법의 제정에 직접적 배경이 된 것은 대구 4세 아동 아사(餓死)사건이다. 이는 2004년 12월 18일 대구광역시 동구 불로동의 한 가정에서 먹을 것이 없어서 4세 아동이 굶어죽은 사건이다.

[55] 이 법은 사회복지법제 중에서 '지원'이란 단어가 들어가는 다른 법률, 즉 「한부모 가족지원법」, 「다문화가족지원법」, 「장애인활동 지원에 관한 법률」, 「장애아동 복지지원법」, 「발달장애인 권리보장 및 지원에 관한 법률」, 「청소년복지 지원법」 등과 법적 성격이 다르다. 이 법은 기초생활보장 청구권의 실현을 위한 것으로 바로 생존을 위협받는 상황을 극복하기 위한 것이고, 이상의 다른 법률들은 광의의 생존권에 속하며, 사회복지청구권 중에서도 특별보호청구권에 해당한다.

Ⅱ. 지원대상자

이 법에 따른 지원대상자는 **위기상황에 처한 사람**으로서 이 법에 따른 지원이 긴급하게 필요한 사람(긴급지원대상자)으로 한다(제5조).

국내에 체류하고 있는 **외국인** 중 대통령령으로 정하는 사람은 긴급지원대상자가 된다(제5조의2).

이 법에서 **'위기상황'**이란 본인 또는 본인과 생계 및 주거를 같이 하고 있는 가구구성원이 어려운 상황에 처하여 생계유지 등이 어렵게 된 것을 말한다(제2조). 긴급복지지원 대상 가구의 소득기준은 다음과 같다.

<표 16>　　　　　긴급복지 지원대상 소득기준(2019년)

가구 규모	1인	2인	3인	4인	5인	6인	7인
원/월	1,280,256	2,179,896	2,820,024	3,460,152	4,100,280	4,740,408	5,380,536

* 8인 이상 가구의 경우, 1인 증가시마다 640,128원씩 증가(8인 가구 6,020,664원)

긴급복지대상 가구의 금융재산은 **500만원 이하**(단, 주거 지원은 700만원 이하)이어야 한다.

Ⅲ. 긴급복지지원의 내용

이 법에 따른 지원은 위기상황에 처한 사람에게 **일시적으로 신속하게 지원**하는 것을 기본원칙으로 한다(제3조 제1항).56) 그리고 다른 법률에 따라 이 법에 따른 지원 내용과 동일한 내용의 구호·보호 또는 지원을 받고 있는 경우에는 이 법에 따른 지원을 하지 아니한다(제3조 제2항).

이 법에 따른 지원의 종류 및 내용은 다음과 같다(제9조 제1항).

① 금전 또는 현물(現物) 등의 **직접지원**
　⑦ 생계지원: 식료품비·의복비 등 생계유지에 필요한 비용 또는 현물 지원
　⑭ 의료지원: 각종 검사 및 치료 등 의료서비스 지원
　⑮ 주거지원: 임시거소(臨時居所) 제공 또는 이에 해당하는 비용 지원
　⑯ 사회복지시설 이용 지원: 사회복지사업법에 따른 사회복지시설 입소(入所) 또는 이용 서비스 제공이나 이에 필요한 비용 지원
　⑰ 교육지원: 초·중·고등학생의 수업료, 입학금, 학교운영지원비 및 학용품비 등 필요한 비용 지원
　⑱ 그 밖의 지원: 연료비나 그 밖에 위기상황의 극복에 필요한 비용 또는 현물 지원.

② 민간기관·단체와의 **연계 등의 지원**
　⑦ 대한적십자사 조직법에 따른 대한적십자사, 사회복지공동모금회법에 따른 사회복지공동모금회 등의 사회복지기관·단체와의 연계 지원
　⑭ 상담·정보제공, 그 밖의 지원.

이 법에 따른 지원은 긴급지원대상자의 **거주지를 관할하는 시장·군수·구청장**이 한다(제6조 제1항 본문).

---

56) 기본원칙으로 ① 선지원 후처리의 원칙 ② 단기지원 원칙 ③ 타법지원 우선의 원칙 ④ 현물지원 우선의 원칙 ⑤ 가구단위 지원의 원칙을 들 수 있다: 보건복지부, 「보건복지백서」(2015), 122면.

다만, 긴급지원대상자의 거주지가 분명하지 아니한 경우에는 **지원 요청 또는 신고를 받은 시장·군수·구청장**이 한다(제6조 제1항 단서). **긴급 지원대상자와 친족, 그 밖의 관계인**은 구술 또는 서면 등으로 관할 시장· 군수·구청장에게 이 법에 따른 지원을 요청할 수 있다(제7조 제1항).

시장·군수·구청장은 긴급지원대상자의 신청이 있는 경우에는 원칙 적으로 긴급지원대상자에게 지급하는 금전(다음부터 '긴급지원금'이라 한다) 을 **긴급지원대상자 명의의 지정된 계좌**(다음부터 '긴급지원수급계좌'라 한 다)로 입금하여야 한다.

의료지원과 교육지원을 제외한 긴급지원(생계지원, 주거지원, 사회복지시 설 이용 지원, 그 밖의 지원)은 **1개월간의 생계유지 등에 필요한 지원을 원 칙**으로 하며, 시장·군수·구청장이 긴급지원대상자의 위기상황이 계속된다 고 판단하는 경우에는 **1개월씩 두 번의 범위에서 기간을 연장**할 수 있다 (제10조 제1항).

의료지원은 위기상황의 원인이 되는 질병 또는 부상을 검사·치료하기 위한 범위에서 한 번 실시하며, **교육지원**도 한 번 실시한다(제10조 제2항). 시장·군수·구청장은 이상의 지원에도 불구하고 위기상황이 계속되는 경우 에는 **긴급지원심의위원회의 심의를 거쳐 지원을 연장**할 수 있다(제10조 제3항).57)

---

57) 이 경우 **생계지원·사회복지시설 이용 지원 및 그 밖의 지원**은 위 지원기간을 합 하여 총 6개월을 초과하여서는 아니 되고, **주거지원**은 위 지원기간을 합하여 총 12개월을 초과하여서는 아니 되며, **의료지원**은 위 지원횟수를 합하여 총 두 번, **교 육지원**은 위 지원횟수를 합하여 총 네 번을 초과하여서는 아니 된다(제10조 제3 항).

<표 17>　　　　　　　　긴급복지 지원금액(2019년)

○ 생계지원 금액　　　　　　　　　　　　　　　　　　　　　　　　(원/월)

가구구성원 수	1인	2인	3인	4인	5인	6인
지 원 금 액	441,900	752,600	973,800	1,194,900	1,415,900	1,636,900

* 가구구성원이 7인 이상인 경우, 1인 증가시마다 221,000원씩 추가 지급

○ 주거지원 한도액　　　　　　　　　　　　　　　　　　　　　　(원/월)

가구구성원 수 지　역	1~2인	3~4인	5~6인
대　도　시	387,200	643,200	848,600
중 소 도 시	290,300	422,900	557,400
농　어　촌	183,400	243,200	320,300

* 가구구성원이 7인 이상인 경우, 1인증가시 마다 대도시 102,300원, 중소도시 67,000원,
  농어촌 38,300원씩 추가 지급

○ 사회복지시설의 이용지원 한도액　　　　　　　　　　　　　　(원/월)

입소자 수	1인	2인	3인	4인	5인	6인
지원금액	535,900	914,200	1,182,900	1,450,500	1,719,200	1,987,700

○ 교육지원 금액　　　　　　　　　　　　　　　　　　　　　　(원/분기)

구 분	초등학생	중학생	고등학생
지원 금액	221,600	352,700	432,200원 및 수업료(해당 학교장이 고지한 금액) ·입학금(해당 학교장이 고지한 금액)

○ 연료비지원 금액 98,000원(원/월)

Ⅳ. 사후 관리

시장·군수·구청장은 지원을 받았거나 받고 있는 긴급지원대상자에 대하여 소득 또는 재산 등 **긴급지원이 적정한지를 조사**하여야 한다(제13조 제1항).

조사를 효율적으로 하기 위하여 **금융정보 조회절차**를 거친다(제8조 의2 본문, 제13조 제3항 ~ 제7항). **긴급지원심의위원회**는 시장·군수·구청장이 한 사후조사 결과를 참고하여 긴급지원의 적정성을 심사한다(제14조 제1항).

기출 문제

[2016년 제14회 기출 문제] 긴급복지지원법상 긴급지원 중 '금전 또는 현물(現物)등의 직접지원'에 해당하지 않는 것은?

① 초·중·고등학생의 수업료 등 필요한 비용 지원

② 사회복지공동모금회법에 따른 사회복지공동모금회와의 연계 지원

③ 각종 검사 및 치료 등 의료서비스 지원

④ 사회복지사업법에 따른 사회복지시설 입소   ⑤ 임시거소 제공

[해설] 정답: ②

· 금전 또는 현물(現物) 등의 **직접지원**에 해당하는 사항은 다음과 같다.

① 생계지원: 식료품비 · 의복비 등 **생계유지**에 필요한 비용 또는 현물 지원

② 의료지원: 각종 검사 및 치료 등 **의료서비스** 지원

③ 주거지원: **임시거소(臨時居所)** 제공 또는 이에 해당하는 비용 지원

④ 사회복지시설 이용 지원: 사회복지사업법에 따른 **사회복지시설 입소(入所)** 또는 이용 서비스 제공이나 이에 필요한 비용 지원

⑤ 교육지원: **초 · 중 · 고등학생**의 수업료, 입학금, 학교운영지원비 및 학용품비 등 필요한 비용 지원

⑥ 그 밖의 지원: **연료비**나 그 밖에 위기상황의 극복에 필요한 비용 또는 현물 지원.

[2019년 제17회 기출 문제] 긴급복지지원법상 긴급지원의 종류 중 직접지원에 해당하지 않는 것은?

① 생계지원 ② 의료지원 ③ 교육지원 ④ 정보제공 지원 ⑤ 사회복지시설 이용 지원

[해설] 정답: ④

· 금전 또는 현물(現物) 등의 **직접지원**에 해당하는 사항은 다음과 같다.

① 생계지원 ② 의료지원 ③ 주거지원 ④ 사회복지시설 이용 지원 ⑤ 교육지원 등이다.

제5장 협의의 사회복지 3법

제 1 절
협의의 사회복지의 기본원리

I. 공공부조와 사회보험의 틈새 보호

인간다운 생활권을 실현하기 위하여 두 가지 제도를 마련하고 있다. 하나는 **모든 국민**을 대상으로 노령·질병 등 각종 사회적 재해를 예방하거나 이러한 재해가 발생하였을 때 보장해 주는 **사회보험**이다.

다른 하나는 자신의 능력에 의한 기본생활 영위가 절대적으로 불가능한 **개인**에 **공공부조** 이다.

그러나 이 두 가지에 의하여도 인간다운 생활이 보장되지 않는 아동·장애인·노인 등 **사회적 약자 그룹**에 대한 대책이 **협의의 사회복지(특별보호)**이다.

<표 18>   특별보호 암기법

공공부조 ⇒	협의의 사회복지 (특별보호)	⇐ 사회보험
공공부조와 **사회보험**으로 해결되지 않는 자는 **협의의 사회복지(특별보호)**하여야 한다.		

Ⅱ. 사회적 약자에 대한 보호

아동, 장애인, 노인 등 사회적 약자는 특별보호청구권을 가진다. 이들에 대한 보호를 일반적으로 **협의의 사회복지(Social Welfare)**라 하며, 이를 위한 입법으로는 아동복지법, 노인복지법, 장애인복지법 등이 있다.

이들에 대한 특별보호는 그 자체에 목적이 있는 것이 아니고, 이들이 헌법에서 보장한 **인간다운 생활권을 실현**할 수 있도록 하는데 있다. 따라서 이러한 보호청구권만으로 인간다운 생활권의 보장이 불가능할 경우에는 **다른 사회보장청구권을 신설할 것을 요구**할 수 있다.

이는 앞에서 본 바와 같이, 사회서비스 중에서 국가와 지방자치단체가 제공하는 **공적 사회서비스**이다.

<표 19>   특별보호대상자 암기법

아동	장애인	노인
아동과 **노인** 사이에 **장애인**이 되지 않도록 조심하여야 한다.		

제 2 절

아동복지법

Ⅰ. 입법 현황

1961년 **아동복리법**을 제정하면서부터 아동을 법적으로 보호하기 시작하였다. 특히 6·25전쟁으로 인하여 이른 바 '전쟁고아'의 대량발생과 전후의 비참한 생활여건으로 인하여 아동을 건전하게 육성하는 기반은 갖추어지지 못하였다.

그 후 고도의 경제성장정책이 가져 온 후유증과 사회구조의 계층화·복잡화가 급속도로 진행됨에 따라 질병·빈곤·약물중독에 의한 이른바 결손가정이 증대되고, 이혼·별거·미혼모 등에 의한 가정해체현상이 심화되었다.

이러한 상황하에서 국가가 요보호아동을 보호하고 유아보육과 임산부 보호를 행하기 위하여, 1981년 4월 13일 전부개정(동일자로 시행함)하여 법률의 명칭을 **아동복지법**으로 변경하였다.

헌법은 모든 국민은 인간다운 생활을 할 권리가 있다고 천명하고, 국가는 청소년의 복지향상을 위한 정책을 실시할 의무를 진다고 규정하고 있다(제34조 제1항 및 4항).

아동복지법은 이러한 헌법정신을 실현하기 위하여 **모든 국민**은 아동을 보호·양육하고 사회생활에 적응되도록 육성할 책임을 진다고 하고, **국가와 지방자치단체는 보호자와 더불어** 아동을 건전하게 육성할 책임을 진다고 규정하고 있다.

그리고 '아동복지'란 아동이 행복한 삶을 누릴 수 있는 기본적인 여건을 조성하고 조화롭게 성장·발달할 수 있도록 하기 위한 경제적·사회적·정서적 지원을 말한다(제3조 제2호).

Ⅱ. 아동복지정책 관련기관

1. 보건복지부장관

보건복지부장관은 **5년마다** 아동의 양육 및 생활환경, 언어 및 인지 발달, 정서적·신체적 건강, 아동안전, 아동학대 등 아동의 **종합실태를 조사**하여 그 결과를 공표하고, 이를 기본계획과 시행계획에 반영하여야 한다(제11조 제1항).

그리고 아동정책의 효율적인 추진을 위하여 **5년마다 아동정책 기본계획**을 수립하여야 하며(제7조 제1항), 기본계획은 다음의 사항을 포함하여야 한다(제7조 제2항).

① 이전의 기본계획에 관한 분석·평가
② 아동정책에 관한 기본방향 및 추진목표
③ 주요 추진과제 및 추진방법
④ 재원조달방안
⑤ 그 밖에 아동정책을 시행하기 위하여 특히 필요하다고 인정되는 사항

2. 아동정책조정위원회

아동의 권리증진과 건강한 출생 및 성장을 위하여 종합적인 아동정책을 수립하고 관계 부처의 의견을 조정하며 그 정책의 이행을 감독하고 평가하기 위하여 **국무총리 소속**으로 아동정책조정위원회를 둔다(제10조 제1항).

위원회는 다음의 사항을 심의 · 조정한다(제10조 제2항).

① 기본계획의 수립에 관한 사항
② 아동의 권익 및 복지 증진을 위한 기본방향에 관한 사항
③ 아동정책의 개선과 예산지원에 관한 사항
④ 아동 관련 국제조약의 이행 및 평가 · 조정에 관한 사항
⑤ 아동정책에 관한 관련 부처 간 협조에 관한 사항
⑥ 그 밖에 위원장이 부의하는 사항.

3. 아동권리보장원

보건복지부장관은 아동정책에 대한 종합적인 수행과 아동복지 관련 사업의 효과적인 추진을 위하여 필요한 정책의 수립을 지원하고 사업평가 등의 업무를 수행할 수 있도록 **아동권리보장원**을 설립한다(제10조2 제1항).58) 보장원은 다음의 업무를 수행한다.

① 아동정책 수립을 위한 자료 개발 및 정책 분석
② 기본계획 수립 및 시행계획 평가 지원
③ 위원회 운영 지원
④ 아동정책영향평가 지원
⑤ 아동보호서비스에 대한 기술지원
⑥ 아동학대의 예방과 방지를 위한 업무
⑦ 가정위탁사업 활성화 등을 위한 업무

___
58) 이는 2019년 1월 15일 개정시 도입되어 2019년 7년 16일 시행하였다.

⑧ 지역 아동복지사업 및 아동복지시설의 원활한 운영을 위한 지원
⑨ 입양특례법에 따른 국내입양 활성화 및 입양 사후관리를 위한 업무59)
⑩ 아동 관련 조사 및 통계 구축
⑪ 아동 관련 교육 및 홍보
⑫ 아동 관련 해외정책 조사 및 사례분석
⑬ 그 밖에 이 법 또는 다른 법령에 따라 보건복지부장관, 국가 또는 지방자치
단체로부터 위탁받은 업무.

4. 친권자·후견인·보조인

가. 친권자

시 · 도지사, 시장 · 군수 · 구청장 또는 검사는 아동의 친권자가 그 친권을 남용하거나 현저한 비행이나 아동학대, 그 밖에 친권을 행사할 수 없는 중대한 사유가 있는 것을 발견한 경우 아동의 복지를 위하여 필요하다고 인정할 때에는 **법원에 친권행사의 제한 또는 친권상실의 선고를 청구**하여야 한다(제18조 제1항).

나. 후견인

시 · 도지사, 시장 · 군수 · 구청장, 아동복지시설의 장 및 학교의 장은 친권자 또는 후견인이 없는 아동을 발견한 경우 그 복지를 위하여 필요하다고 인정할 때에는 **법원에 후견인의 선임을 청구**하여야 한다(제19조 제1항).

---

59) 입양아동·가족정보 및 친가족 찾기에 필요한 통합데이터베이스 운영, 입양아동의 데이터베이스 구축 및 연계, 국내외 입양정책 및 서비스에 관한 조사·연구, 입양 관련 국제협력 업무 등.

다. 보조인

법원의 심리과정에서 변호사, 법정대리인, 직계 친족, 형제자매, 아동보호전문기관의 상담원은 학대아동사건의 심리에 있어서 보조인이 될 수 있지만, 변호사가 아닌 경우에는 법원의 허가를 받아야 한다(제21조).

Ⅲ. 보호대상

아동복지법의 보호대상은 아동이며, **18세 미만인 사람**으로 규정하고 있다(제3조 제1호).60)

그리고 ① 보호자가 없거나 ② 보호자로부터 이탈된 아동 또는 ③ 보호자가 아동을 학대하는 경우 등 그 보호자가 아동을 양육하기에 적당하지 아니하거나 양육할 능력이 없는 경우의 아동은 보호대상아동에 해당한다(제3조 제4호).

---

60) 참고로 **민법**상 성년은 19세 이상이므로, 19세 미만자는 미성년자이다(제4조). **청소년기본법**상 청소년은 "9세 이상 24세 이하인 사람"이고(제3조 제1호), 청소년보호법상 청소년은 "만 19세 미만인 사람"이다(제2조 제1호).

Ⅳ. 보호 내용

1. 절대적 금지행위

누구든지 다음의 행위를 하여서는 아니 된다(제17조).

① 아동을 **매매하는 행위** ② 아동에게 음란한 행위를 시키거나 이를 매개하는 행위 또는 아동에게 성적 수치심을 주는 성희롱 등의 **성적 학대행위** ③ 아동의 신체에 손상을 주거나 신체의 건강 및 발달을 해치는 **신체적 학대행위** ④ 아동의 정신건강 및 발달에 해를 끼치는 **정서적 학대행위** ⑤ 자신의 보호·감독을 받는 아동을 유기하거나 의식주를 포함한 기본적 보호·양육·치료 및 교육을 소홀히 하는 **방임행위** ⑥ 장애를 가진 아동을 공중에 **관람시키는 행위** ⑦ 아동에게 구걸을 시키거나 아동을 이용하여 **구걸하는 행위** 등.

2. 아동위원

시·군·구에 아동위원을 두며(제14조 제1항), 아동위원은 그 관할 구역의 아동에 대하여 항상 그 생활상태 및 가정환경을 상세히 파악하고 아동복지에 필요한 원조와 지도를 행하며 전담공무원 및 관계 행정기관과 협력하여야 한다(제14조 제2항).

아동위원은 그 업무의 원활한 수행을 위하여 적절한 교육을 받을 수 있다(제14조 제3항). 아동위원은 **명예직**으로 하되, 아동위원에 대하여는 수당을 지급할 수 있다(제14조 제4항). 그 밖에 아동위원에 관한 사항은 해당 **시·군·구의 조례**로 정한다(제14조 제5항).

3. 아동보호전문기관

구법에서는 ① 국가는 **중앙아동보호전문기관**을 두고, ② 지방자치단체는 **지역아동보호전문기관**을 시·도 및 시·군·구에 1개소 이상 설치하여야 하였지만, 2019. 1. 15. 개정시 중앙아동보호전문기관을 폐지하고, 지역아동보호전문기관을 아동보호전문기관으로 일원화하였다(시행: 2019. 7. 16).

아동보호전문기관의 업무는 다음과 같다(제46조 제2항).

① 아동학대 신고접수, 현장조사 및 응급보호
② 피해아동 상담·조사를 위한 진술녹화실 설치·운영
③ 피해아동, 피해아동의 가족 및 아동학대행위자를 위한 상담·치료 및 교육
④ 아동학대예방 교육 및 홍보
⑤ 피해아동 가정의 사후관리
⑥ 자체사례회의 운영 및 아동학대사례전문위원회의 설치·운영
⑦ 그 밖에 대통령령으로 정하는 아동학대예방사업과 관련된 업무.

4. 아동전용시설

국가와 지방자치단체는 아동이 항상 이용할 수 있는 **어린이공원, 어린이놀이터, 아동회관, 체육연극·영화과학실험전시실** 등 아동전용시설을 설치하도록 노력하여야 한다(제10조 제1항).

5. 아동복지시설

국가 또는 **지방자치단체**는 아동복지시설을 설치할 수 있다(제50

조 제1항). 그리고 **국가 또는 지방자치단체 외의 자**는 관할 시장 · 군수 · 구청장에게 **신고**하고 아동복지시설을 설치할 수 있다(제50조 제2항).

아동복지시설의 종류는 다음과 같다(제52조 제1항, 2017년 10월 24일 개정).

① 아동양육시설 ② 아동일시보호시설 ③ 아동보호치료시설 ④ 공동생활가정 ⑤ 자립지원시설 ⑥ 아동상담소 ⑦ 아동전용시설 ⑧ 지역아동센터 ⑨ 아동보호전문기관 ⑩ 가정위탁지원센터.

6. 아동학대의 예방

아동학대란 보호자를 포함한 성인이 아동의 건강 또는 복지를 해치거나 정상적 발달을 저해할 수 있는 **신체적 · 정신적 · 성적 폭력이나 가혹행위**를 하는 것과 아동의 보호자가 **아동을 유기하거나 방임**하는 것을 말한다(제3조 제7호).

국가기관과 지방자치단체의 장, 공공기관과 대통령령으로 정하는 공공단체의 장은 아동학대의 예방과 방지를 위하여 필요한 교육을 **연 1회 이상 실시**하고, 그 결과를 보건복지부장관에게 제출하여야 한다(제26조의2 제1항).

아동의 건강한 성장을 도모하고, 범국민적으로 아동학대의 예방과 방지에 관한 관심을 높이기 위하여 **매년 11월 19일**을 아동학대예방의 날로 지정하고, 아동학대예방의 날부터 1주일을 아동학대예방주간으로 한다(제23조 제1항).

7. 어린이날 및 어린이주간

어린이에 대한 사랑과 보호의 정신을 높임으로써 이들을 옳고 아름답고 슬기로우며 씩씩하게 자라나도록 하기 위하여 매년 5월 5일을 **어린이날**로 하며, 5월 1일부터 5월 7일까지를 **어린이주간**으로 한다(제6조).

V. 영유아보육법

1. 입법 현황

현대사회의 산업화에 따른 **여성의 사회참여 증가 및 가족구조의 핵가족화에 의한 탁아수요의 급증**에 따라 아동보호와 교육문제는 개인적인 차원을 넘어 사회적·국가적 차원에서 해결이 불가피하게 되었다.

그러나 아동복지법에 의한 탁아사업은 시설 설립주체의 제한으로 인한 보육사업 확대곤란, 관장부처의 다원화로 체계적이고 효율적인 보육사업 추진등에 문제점이 있었다.

따라서 영유아의 보호와 교육에 관한 별도의 입법을 통하여 **보육시설의 조속한 확대 및 체계화**로 아동의 건전한 보호·교육 및 보육자의 경제적·사회적 활동의 지원을 통하여 가정복지증진을 도모하기 위하여 1991년 1월 14일 **영유아보육법**을 제정(법률 제4328호)하여 동일자로 시행하였다.

이 법은 영유아(嬰幼兒)의 심신을 보호하고 건전하게 교육하여 건강한 사회 구성원으로 육성함과 아울러 보호자의 경제적·사회적 활동이 원활하게 이루어지도록 함으로써 영유아 및 가정의 복지 증진에 이바지함을 목적으로 한다(제1조).

2. 보호대상자

'영유아'란 영아(嬰兒)와 유아(幼兒)를 합한 개념으로, **6세 미만의 취학 전 아동**을 말한다(제2조).

3. 보육정책 등

보육서비스의 질 향상을 도모하고 보육정책을 체계적으로 지원하기 위하여 **한국보육진흥원**을 설립한다(제8조 제1항).[61] **보건복지부장관**은 **3년마다** 보육 실태 조사를 하여야 한다(제9조 제1항).

4. 어린이집

특별자치도지사·시장·군수·구청장은 영유아의 보육을 위한 적절한 어린이집을 확보하여야 한다(제4조 제3항). 국가나 지방자치단체는

---

61) 진흥원은 다음의 업무를 수행한다. 1. 어린이집 평가척도 개발, 2. 보육사업에 관한 교육·훈련 및 홍보, 3. 영유아 보육프로그램 및 교재·교구 개발, 4. 보육교직원 연수프로그램 개발 및 교재 개발, 5. 이 법에 따라 보건복지부장관으로부터 위탁받은 업무, 6. 그 밖에 보육정책과 관련하여 보건복지부장관이 필요하다고 인정하는 업무.

국공립어린이집을 설치·운영하여야 한다(제12조 제1항). 어린이집의 종류는 다음과 같다(제10조).

① 국공립어린이집: 국가나 지방자치단체가 설치·운영하는 어린이집
② 사회복지법인어린이집: 「사회복지사업법」 에 따른 사회복지법인(다음부터 '사회복지법인'이라 한다)이 설치·운영하는 어린이집
③ 법인·단체등어린이집: 각종 법인(사회복지법인을 제외한 비영리법인)이나 단체 등이 설치·운영하는 어린이집으로서 대통령령으로 정하는 어린이집
④ 직장어린이집: 사업주가 사업장의 근로자를 위하여 설치·운영하는 어린이집(국가나 지방자치단체의 장이 소속 공무원 및 국가나 지방자치단체의 장과 근로계약을 체결한 자로서 공무원이 아닌 자를 위하여 설치·운영하는 어린이집을 포함한다)
⑤ 가정어린이집: 개인이 가정이나 그에 준하는 곳에 설치·운영하는 어린이집
⑥ 협동어린이집: 보호자 또는 보호자와 보육교직원이 조합(영리를 목적으로 하지 아니하는 조합에 한정한다)을 결성하여 설치·운영하는 어린이집
⑦ 민간어린이집: 제1호부터 제6호까지의 규정에 해당하지 아니하는 어린이집.

국공립어린이집 외의 어린이집을 설치·운영하려는 자는 특별자치도지사·시장·군수·구청장의 **인가**를 받아야 하며, 인가받은 사항 중 중요 사항을 변경하려는 경우에도 또한 같다(제13조 제1항).

어린이집에는 보육교직원을 두어야 한다(제17조 제1항).

VI. 아동수당법

1. 입법 현황

아동수당법(법률 제15539호)은 2018년 3월 27일 제정하여 같은 해 9월 1일부터 시행하였다.

이 법은 아동에게 아동수당을 지급하여 **아동 양육에 따른 경제적 부담을 경감**하고 건강한 성장 환경을 조성함으로써 아동의 기본적 권리와 복지를 증진하기 위한 것이다(제1조).

2. 아동수당의 지급대상

2019년부터는 **6세 미만의 모든 아동**에게 지급된다.

3. 아동수당의 금액

아동수당은 **매월 10만원**을 지급하되, 보호자와 그 가구원의 경제적 수준 등을 고려하여 일부 감액하여 지급할 수 있다(제4조 제3항).[62]

---

62) [시사뉴스 조아라 기자] 아동수당 예산이 1조 9271억원에서 2조 1627억원으로 2356억원 증액됨에 따라 2019년 1월부터 소득수준과 상관없이 만 5세 아동까지 월 10만원씩 받을 수 있게 됐다. 9월부터는 초등학교 입학 전인 만 7세까지의 아동도 아동수당을 받을 수 있게 된다. 등록 2018.12.17.

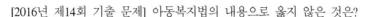

기출 문제

[2016년 제14회 기출 문제] 아동복지법의 내용으로 옳지 않은 것은?

① 아동을 15세 미만인 사람으로 정의하고 있다.

② 보호자로부터 이탈된 아동은 보호대상아동에 포함된다.

③ 보호자가 아동을 학대하는 등 그 보호자가 아동을 양육하기에 적당하지 아니한 경우 그 아동은 보호대상아동에 포함된다.

④ 보호자를 포함한 성인이 아동의 정상적 발달을 저해할 수 있는 성적 폭력이나 가혹행위를 하는 것은 아동학대에 포함된다.

⑤ 아동의 보호자가 아동을 방임하는 것은 아동학대에 포함된다.

[해설] 정답: ①

① 아동복지법의 보호대상인 아동은 **18세 미만인 사람**이다.

② 보호자가 없거나 보호자로부터 이탈된 아동 또는 보호자가 아동을 학대하는 경우 등 그 보호자가 아동을 양육하기에 **적당**하지 아니하거나 양육할 **능력**이 없는 경우의 아동은 보호대상아동에 해당한다.

③ 아동학대에는 보호자를 포함한 성인이 아동의 **건강 또는 복지**를 해치거나 정상적 발달을 저해할 수 있는 **신체적 · 정신적 · 성적 폭력이나 가혹행위**를 하는 것과 아동의 보호자가 아동을 **유기하거나 방임**하는 것도 포함된다.

[2018년 제16회 기출 문제] 아동복지법의 내용으로 옳지 않은 것은?

① 학교의 장은 친권자가 없는 아동을 발견한 경우 그 복지를 위하여 필요하다고 인정할 때에는 시장·군수·구청장에게 친권자의 선임을 청구하여야 한다.

② 아동위원은 명예직으로 하되, 아동위원에 대해서는 수당을 지급할 수 있다.

③ 누구든지 아동의 정신건강 및 발달에 해를 끼치는 정서적 학대행위를 하여서는 아니 된다.

④ 매년 5월 5일을 어린이날로 하며, 5월 1일부터 5월 7일까지를 어린이주간

으로 한다.

⑤ 법원의 심리과정에서 변호사가 아닌 아동보호전문기관의 상담원은 학대아동사건의 심리에 있어서 법원의 허가를 받아 보조인이 될 수 있다.

[해설] 정답: ①

① 시·도지사, 시장·군수·구청장, 아동복지시설의 장 및 학교의 장은 친권자 또는 후견인이 없는 아동을 발견한 경우 그 복지를 위하여 필요하다고 인정할 때에는 법원에 **후견인의 선임을 청구하여야 한다.**

② 아동위원은 명예직으로 하되, 아동위원에 대하여는 수당을 **지급할 수 있다.**

③ 누구든지 ① 아동매매 ② 성적 학대행위 ③ 신체적 학대행위 ④ 정서적 학대행위 ⑤ 방임행위 ⑥ 장애아동 공중 관람행위 ⑦ 구걸행위 등을 **할 수 없다.**

④ 매년 5월 5일을 **어린이날**로 하며, 5월 1일부터 5월 7일까지를 **어린이주간**으로 한다.

⑤ 법원의 심리과정에서 변호사, 법정대리인, 직계 친족, 형제자매, 아동보호전문기관의 상담원은 학대아동사건의 심리에 있어서 보조인이 될 수 있지만, 변호사가 아닌 경우에는 **법원의 허가**를 받아야 한다.

[2019년 제17회 기출 문제] 아동복지법의 내용으로 옳지 않은 것은?

① '아동'이란 18세 미만인 사람을 말한다.

② 보건복지부장관은 5년마다 아동정책기본계획을 수립하여야 한다.

③ 국가 또는 지방자치단체 외의 자는 관할 시장·군수·구청장에게 신고하고 아동복지시설을 설치할 수 있다.

④ 아동정책조정위원회는 국무총리 소속으로 둔다.

⑤ 국가기관은 아동학대 예방교육을 연 2회 이상 실시하여야 한다.

[해설] 정답: ⑤

① 아동복지법의 보호대상인 아동은 **18세 미만인 사람**이다.

② 보건복지부장관은 아동정책의 효율적인 추진을 위하여 **5년마다** 아동정책기

본계획을 수립하여야 한다.

③ 국가 또는 지방자치단체는 아동복지시설을 설치할 수 있고, 국가 또는 지방자치단체 외의 자는 관할 시장·군수·구청장에게 **신고**하고 아동복지시설을 설치할 수 있다.

④ **국무총리 소속**으로 아동정책조정위원회를 둔다.

⑤ 국가기관과 지방자치단체의 장, 공공기관과 대통령령으로 정하는 공공단체의 장은 아동학대의 예방과 방지를 위하여 필요한 교육을 **연 1회 이상** 실시하여야 한다.

[2015년 제13회 기출 문제] 아동복지법령상 지역아동보호전문기관의 업무로 옳은 것을 모두 고른 것은?

가. 아동학대 신고접수, 현장조사 및 응급보호

나. 피해아동, 피해아동의 가족 및 아동학대행위자를 위한 상담·치료 및 교육

다. 아동학대사례전문위원회 설치·운영 및 자체사례회의 운영

라. 피해아동 가정의 사후관리

① 가, 나, 다　② 가, 다　③ 나, 라　④ 라　⑤ 가, 나, 다, 라

[해설] 정답: ⑤

· 2019. 1. 15. 아동복지법의 개정시 중앙아동보호전문기관을 폐지하고, 지역아동보호전문기관을 **아동보호전문기관으로 일원화**하였으며(시행: 2019. 7. 16), 아동보호전문기관의 업무는 다음과 같다.

① 아동학대 신고접수, 현장조사 및 응급보호

② 피해아동 상담·조사를 위한 진술녹화실 설치·운영

③ 피해아동, 피해아동의 가족 및 아동학대행위자를 위한 상담·치료 및 교육

④ 아동학대예방 교육 및 홍보

⑤ 피해아동 가정의 사후관리

⑥ 자체사례회의 운영 및 아동학대사례전문위원회의 설치·운영

⑦ 그 밖에 대통령령으로 정하는 아동학대예방사업과 관련된 업무.

[2015년 제13회 기출 문제] 영유아보육법의 내용이다. (   )에 들어갈 말은?

국공립어린이집 외의 어린이집을 설치·운영하려는 자는 특별자치도지사·시장·군수·구청장의 (   ) 를(을) 받아야 한다.

① 인가 ② 보증 ③ 인증 ④ 허가 ⑤ 특허

[해설] 정답: ①

· 국공립어린이집 외의 어린이집을 설치·운영하려는 자는 특별자치도지사·시장·군수·구청장의 **인가**를 받아야 한다.

제 3 절
장애인복지법

Ⅰ. 입법 현황

1981년 **세계 장애인의 해**를 맞이하여 UN은 **장애인의 완전한 참여**[63]**와 평등**을 제시하였다. 우리나라도 이를 계기로 최초의 장애자복지법인 **심신장애자복지법**을 1981년 제정하였다.

그 후 1988년 **장애인 올림픽**의 서울 개최를 계기로 하여, 장애인에 대한 근본적이고 종합적인 복지정책의 현실적 욕구가 더욱 증대되었다. 이 같은 요구에 부응하기 위하여 종래의 「심신장애자 복지법」이 **장애인복지법**(1989.12.30)으로 전면개정된 후, 수차 개정되어 왔다.

국가는 사회보장, 사회복지의 증진에 노력하여야 할 의무를 지지만, 장애인에 대하여는 **특별히 보호하여야 할 의무**가 있다. 그 이유는 장애인은 신체나 정신상의 장애로 말미암아 자유로운 사회생활에 많은 제약을 받고 있으므로, 행복추구권이나 인간다운 생활권이 침해될 가능성이 크기 때문이다.

---

[63] "완전한 참여"란 장애로 인한 제한적 사회참여가 아니라, 비록 장애가 있으나 이를 극복하도록 각종 재활서비스를 강화시키고 사회적·물질적 환경을 개선함으로써 장애인들의 사회참여가 보장되도록 한다는 의미이다.

따라서 장애인복지법은 장애인대책에 관한 국가, 지방자치단체 등의 책무를 명백히 하고, 장애발생의 예방과 장애인의 의료·훈련·보호·교육·고용의 증진·수당의 지급 등 **장애인복지대책의 기본이 되는 사업**을 정함으로써 장애인복지대책의 종합적 추진을 도모하며, **장애인의 자립 및 보호에 관하여 필요한 사항**을 정함으로써 장애인의 생활안정에 기여하는 등 장애인의 복지증진에 기여함을 목적으로 한다.

Ⅱ. 보호의 대상자

1. 장애인의 개념

장애인복지수급권의 권리 주체는 장애인복지법에서 규정하고 있는 **장애인**이며, **신체적 · 정신적 장애로 오랫동안 일상생활이나 사회생활에서 상당한 제약을 받는 자**를 말한다(제2조).

장애인의 구체적인 기준은 "장애인복지법 시행규칙" [별표 1]에 규정하고 있는데, 기존의 **장애인의 등급제(1급~6급)를 폐지**하고, 모두 ① 장애의 정도가 심한 장애인과 ② 장애의 정도가 심하지 아니한 장애인으로 구분하였다(2019년 6월 4일 개정, 2019년 7월 1일 시행).

<표 20>   장애인의 장애 정도

1. 지체장애인
　가. 신체의 일부를 잃은 사람
　1) **장애의 정도가 심한 장애인**
　　가) 두 손의 엄지손가락과 둘째손가락을 잃은 사람
　　나) 한 손의 모든 손가락을 잃은 사람
　　다) 두 다리를 가로발목뼈관절(Chopart's joint) 이상의 부위에서 잃은 사람
　　라) 한 다리를 무릎관절 이상의 부위에서 잃은 사람
　2) **장애의 정도가 심하지 않은 장애인**
　　가) 한 손의 엄지손가락을 잃은 사람
　　나) 한 손의 둘째손가락을 포함하여 두 손가락을 잃은 사람
　　다) 한 손의 셋째손가락, 넷째손가락 및 다섯째손가락을 모두 잃은 사람
　　라) 한 다리를 발목발허리관절(lisfranc joint) 이상의 부위에서 잃은 사람
　　마) 두 발의 발가락을 모두 잃은 사람
　나. 관절장애가 있는 사람
　1) **장애의 정도가 심한 장애인**
　　가) 두 팔의 어깨관절, 팔꿈치관절, 손목관절 중 2개 관절기능에 상당한 장애가 있는 사람
　　나) 두 팔의 어깨관절, 팔꿈치관절, 손목관절 모두의 기능에 장애가 있는 사람
　　다) 두 손의 엄지손가락과 둘째손가락의 관절기능에 현저한 장애가 있는 사람
　　라) 한 손의 모든 손가락의 관절기능에 현저한 장애가 있는 사람
　　마) 한 팔의 어깨관절, 팔꿈치관절, 손목관절 중 2개 관절기능에 현저한 장애가 있는 사람
　　바) 한 팔의 어깨관절, 팔꿈치관절, 손목관절 모두의 기능에 상당한 장애가 있는 사람
　　사) 두 다리의 엉덩관절, 무릎관절, 발목관절 중 2개 관절기능에 현저한 장애가 있는 사람

아) 두 다리의 엉덩관절, 무릎관절, 발목관절 모두의 기능에 상당한 장애가 있는 사람

자) 한 다리의 엉덩관절, 무릎관절, 발목관절 모두의 기능에 현저한 장애가 있는 사람

2) **장애의 정도가 심하지 않은 장애인**

가) 한 손의 둘째손가락을 포함하여 3개 손가락의 관절기능에 상당한 장애가 있는 사람

나) 한 손의 엄지손가락의 관절기능에 상당한 장애가 있는 사람

다) 한 손의 둘째손가락을 포함하여 2개 손가락의 관절기능에 현저한 장애가 있는 사람

라) 한 손의 셋째손가락, 넷째손가락, 다섯째손가락 모두의 관절기능에 현저한 장애가 있는 사람

마) 한 팔의 어깨관절, 팔꿈치관절, 손목관절 모두의 기능에 장애가 있는 사람

바) 한 팔의 어깨관절, 팔꿈치관절 또는 손목관절 중 하나의 기능에 상당한 장애가 있는 사람

사) 두 발의 모든 발가락의 관절기능에 현저한 장애가 있는 사람

아) 한 다리의 엉덩관절, 무릎관절, 발목관절 모두의 기능에 장애가 있는 사람

자) 한 다리의 엉덩관절 또는 무릎관절의 기능에 상당한 장애가 있는 사람

차) 한 다리의 발목관절의 기능에 현저한 장애가 있는 사람

다. 지체기능장애가 있는 사람

1) **장애의 정도가 심한 장애인**

가) 두 팔의 기능에 상당한 장애가 있는 사람

나) 두 손의 엄지손가락 및 둘째손가락의 기능을 잃은 사람

다) 한 손의 모든 손가락의 기능을 잃은 사람

라) 한 팔의 기능에 현저한 장애가 있는 사람

마) 한 다리의 기능을 잃은 사람

바) 두 다리의 기능에 현저한 장애가 있는 사람

사) 목뼈 또는 등·허리뼈의 기능을 잃은 사람

2) **장애의 정도가 심하지 않은 장애인**

가) 한 팔의 기능에 상당한 장애가 있는 사람

나) 한 손의 둘째손가락을 포함하여 세 손가락의 기능에 상당한 장애가 있는 사람

다) 한 손의 엄지손가락의 기능에 상당한 장애가 있는 사람

라) 한 손의 둘째손가락을 포함하여 두 손가락의 기능을 잃은 사람

마) 한 손의 셋째손가락, 넷째손가락 및 다섯째손가락 모두의 기능을 잃은 사람

바) 두 발의 모든 발가락의 기능을 잃은 사람

사) 한 다리의 기능에 상당한 장애가 있는 사람

아) 목뼈 또는 등·허리뼈의 기능이 저하된 사람

라. 신체에 변형 등의 장애가 있는 사람(**장애의 정도가 심하지 않은 장애인에 해당함**)

1) 한 다리가 건강한 다리보다 5센티미터 이상 짧거나 건강한 다리 길이의 15분의 1 이상 짧은 사람

2) 척추옆굽음증(척추측만증)이 있으며, 굽은각도가 40도 이상인 사람

3) 척추뒤굽음증(척추후만증)이 있으며, 굽은각도가 60도 이상인 사람

4) 성장이 멈춘 만 18세 이상의 남성으로서 신장이 145센티미터 이하인 사람

5) 성장이 멈춘 만 16세 이상의 여성으로서 신장이 140센티미터 이하인 사람

6) 연골무형성증으로 왜소증에 대한 증상이 뚜렷한 사람

2. 뇌병변장애인

가. **장애의 정도가 심한 장애인**

1) 보행 또는 일상생활동작이 상당히 제한된 사람

2) 보행이 경미하게 제한되고 섬세한 일상생활동작이 현저히 제한된 사람

나. **장애의 정도가 심하지 않은 장애인**

보행 시 절뚝거림을 보이거나 섬세한 일상생활동작이 경미하게 제한된 사람

3. 시각장애인

가. **장애의 정도가 심한 장애인**

1) 좋은 눈의 시력(공인된 시력표로 측정한 것을 말하며, 굴절이상

이 있는 사람은 최대 교정시력을 기준으로 한다. 이하 같다)이 0.06 이하인 사람

2) 두 눈의 시야가 각각 모든 방향에서 5도 이하로 남은 사람

나. **장애의 정도가 심하지 않은 장애인**

1) 좋은 눈의 시력이 0.2 이하인 사람

2) 두 눈의 시야가 각각 모든 방향에서 10도 이하로 남은 사람

3) 두 눈의 시야가 각각 정상시야의 50퍼센트 이상 감소한 사람

4) 나쁜 눈의 시력이 0.02 이하인 사람

4. 청각장애인

가. 청력을 잃은 사람

1) **장애의 정도가 심한 장애인**

두 귀의 청력을 각각 80데시벨 이상 잃은 사람(귀에 입을 대고 큰소리로 말을 해도 듣지 못하는 사람)

2) **장애의 정도가 심하지 않은 장애인**

가) 두 귀에 들리는 보통 말소리의 최대의 명료도가 50퍼센트 이하인 사람

나) 두 귀의 청력을 각각 60데시벨 이상 잃은 사람(40센티미터 이상의 거리에서 발성된 말소리를 듣지 못하는 사람)

다) 한 귀의 청력을 80데시벨 이상 잃고, 다른 귀의 청력을 40데시벨 이상 잃은 사람

나. 평형기능에 장애가 있는 사람

1) **장애의 정도가 심한 장애인**

양측 평형기능의 소실로 두 눈을 뜨고 직선으로 10미터 이상을 지속적으로 걸을 수 없는 사람

2) **장애의 정도가 심하지 않은 장애인**

평형기능의 감소로 두 눈을 뜨고 10미터 거리를 직선으로 걸을 때 중앙에서 60센티미터 이상 벗어나고, 복합적인 신체운동이 어려운 사람

5. 언어장애인

가. **장애의 정도가 심한 장애인**

음성기능이나 언어기능을 잃은 사람

나. **장애의 정도가 심하지 않은 장애인**

　음성·언어만으로는 의사소통을 하기 곤란할 정도로 음성기능
이나 언어기능에 현저한 장애가 있는 사람

6. 지적장애인(장애의 정도가 심한 장애인에 해당함)

　지능지수가 70 이하인 사람으로서 교육을 통한 사회적·직업적 재
활이 가능한 사람

7. 자폐성장애인(장애의 정도가 심한 장애인에 해당함)

　제10차 국제질병사인분류(International Classification of Diseases, 10th
Version)의 진단기준에 따른 전반성발달장애(자폐증)로 정상발달의 단
계가 나타나지 않고, 기능 및 능력 장애로 일상생활이나 사회생활에
간헐적인 도움이 필요한 사람

8. 정신장애인(장애의 정도가 심한 장애인에 해당함)

　가. 조현병으로 인한 망상, 환청, 사고장애 및 기괴한 행동 등의 양
　　성증상이 있으나, 인격변화나 퇴행은 심하지 않은 경우로서 기
　　능 및 능력 장애로 일상생활이나 사회생활에 간헐적으로 도움
　　이 필요한 사람
　나. 양극성 정동장애(情動障碍, 여러 현실 상황에서 부적절한 정서
　　반응을 보이는 장애)에 따른 기분·의욕·행동 및 사고의 장애
　　증상이 현저하지는 않으나, 증상기가 지속되거나 자주 반복되
　　는 경우로서 기능 및 능력 장애로 일상생활이나 사회생활에 간
　　헐적으로 도움이 필요한 사람
　다. 재발성 우울장애로 기분·의욕·행동 등에 대한 우울 증상기가
　　지속되거나 자주 반복되는 경우로서 기능 및 능력 장애로 일상
　　생활이나 사회생활에 간헐적으로 도움이 필요한 사람
　라. 조현정동장애(調絃情動障碍)로 가목부터 다목까지에 준하는 증
　　상이 있는 사람

9. 신장장애인

　가. **장애의 정도가 심한 장애인**

　　만성신부전증으로 3개월 이상 혈액투석이나 복막투석을 받고

있는 사람

나. **장애의 정도가 심하지 않은 장애인**

신장을 이식받은 사람

10. 심장장애인

가. **장애의 정도가 심한 장애인**

심장기능의 장애가 지속되며, 가정에서 가벼운 활동은 할 수 있지만 그 이상의 활동을 하면 심부전증상이나 협심증증상 등이 나타나 정상적인 사회활동을 하기 어려운 사람

나. **장애의 정도가 심하지 않은 장애인**

심장을 이식받은 사람

11. 호흡기장애인

가. **장애의 정도가 심한 장애인**

1) 만성호흡기 질환으로 기관절개관을 유지하고 24시간 인공호흡기로 생활하는 사람

2) 폐나 기관지 등 호흡기관의 만성적인 기능장애로 평지에서 보행해도 호흡곤란이 있고, 평상시의 폐환기 기능(1초시 강제날숨량) 또는 폐확산능(폐로 유입된 공기가 혈액내로 녹아드는 정도)이 정상예측치의 40퍼센트 이하이거나 안정시 자연호흡 상태에서의 동맥혈 산소분압이 65밀리미터수은주(mmHg) 이하인 사람

나. **장애의 정도가 심하지 않은 장애인**

1) 폐를 이식받은 사람

2) 늑막루가 있는 사람

12. 간장애인

가. **장애의 정도가 심한 장애인**

1) 간경변증, 간세포암종 등 만성 간질환을 가진 것으로 진단받은 사람 중 잔여 간기능이 만성 간질환 평가척도(Child-Pugh score) 평가상 C등급인 사람

2) 간경변증, 간세포암종 등 만성 간질환을 가진 것으로 진단받은 사람 중 잔여 간기능이 만성 간질환 평가척도(Child-Pugh

score) 평가상 B등급이면서 난치성 복수(腹水)가 있거나 간성
뇌증 등의 합병증이 있는 사람
  나) **장애의 정도가 심하지 않은 장애인**
    간을 이식받은 사람

13. 안면장애인
  가. **장애의 정도가 심한 장애인**
    1) 노출된 안면부의 75퍼센트 이상이 변형된 사람
    2) 노출된 안면부의 50퍼센트 이상이 변형되고 코 형태의 3분의
      2 이상이 없어진 사람
  나. **장애의 정도가 심하지 않은 장애인**
    1) 노출된 안면부의 45퍼센트 이상이 변형된 사람
    2) 코 형태의 3분의 1 이상이 없어진 사람

14. 장루·요루장애인
  가. **장애의 정도가 심한 장애인**
    1) 배변을 위한 말단 공장루를 가지고 있는 사람
    2) 장루와 함께 요루 또는 방광루를 가지고 있는 사람
    3) 장루 또는 요루를 가지고 있으며, 합병증으로 장피누공 또는
      배뇨기능장애가 있는 사람
  나. **장애의 정도가 심하지 않은 장애인**
    1) 장루 또는 요루를 가진 사람
    2) 방광루를 가진 사람

15. 뇌전증장애인
  가. 성인 뇌전증
  1) **장애의 정도가 심한 장애인**
    만성적인 뇌전증에 대한 적극적인 치료에도 불구하고 연 6회
    이상의 발작(중증 발작은 월 5회 이상을 연 1회, 경증 발작은
    월 10회 이상을 연 1회로 본다)이 있고, 발작으로 인한 호흡장
    애, 흡인성 폐렴, 심한 탈진, 두통, 구역질, 인지기능의 장애 등
    으로 요양관리가 필요하며, 일상생활 및 사회생활에서 보호와
    관리가 수시로 필요한 사람

2) **장애의 정도가 심하지 않은 장애인**

만성적인 뇌전증에 대한 적극적인 치료에도 불구하고 연 3회 이상의 발작(중증 발작은 월 1회 이상을 연 1회, 경증 발작은 월 2회 이상을 연 1회로 본다)이 있고, 이에 따라 협조적인 대인관계가 곤란한 사람

나. 소아청소년 뇌전증

1) **장애의 정도가 심한 장애인**

전신발작, 뇌전증성 뇌병증, 근간대(筋間代) 발작, 부분발작 등으로 요양관리가 필요하며, 일상생활 및 사회생활에서 보호와 관리가 수시로 필요한 사람

2) **장애의 정도가 심하지 않은 장애인**

전신발작, 뇌전증성 뇌병증, 근간대(筋間代) 발작, 부분발작 등으로 일상생활 및 사회생활에서 보호와 관리가 필요한 사람

16. 중복된 장애의 합산 판정

정도가 심하지 않은 장애를 둘 이상 가진 장애인은 보건복지부장관이 고시하는 바에 따라 장애의 정도가 심한 장애인으로 볼 수 있다. 다만, 다음 각 목의 경우에는 그렇지 않다.

가. 지체장애와 뇌병변장애가 같은 부위에 중복된 경우

나. 지적장애와 자폐성장애가 중복된 경우

다. 그 밖에 중복장애로 합산하여 판정하는 것이 타당하지 않다고 보건복지부장관이 정하는 경우.

2. 장애인의 권리

장애인은 ① 인간으로서 존엄과 가치를 존중받으며, 그에 걸맞은 대우를 받는다(제4조 제1항). ② 국가·사회의 구성원으로서 정치·경제·사회·문화, 그 밖의 모든 분야의 활동에 참여할 권리를 가진다

(제4조 제2항). ③ 장애인 관련 정책결정과정에 우선적으로 참여할 권리가 있다(제4조 제3항).

3. 장애인 등록

장애인, 그 법정대리인 또는 보호자는 장애 상태와 그 밖에 보건복지부령이 정하는 사항을 특별자치시장·특별자치도지사·시장·군수 또는 구청장(자치구의 구청장을 말한다.)에게 등록하여야 하며, 특별자치시장·특별자치도지사·시장·군수·구청장은 등록을 신청한 장애인이 기준에 맞으면 **장애인등록증**을 내주어야 한다(제32조 제1항).

장애인의 장애 인정과 장애 정도 사정(査定)에 관한 업무를 담당하게 하기 위하여 **보건복지부**에 **장애판정위원회**[64]를 둘 수 있다(제32조 제4항). 등록증은 양도하거나 대여하지 못하며, 등록증과 비슷한 명칭이나 표시를 사용하여서는 아니 된다(제32조 제5항).

재외동포 및 외국인도 다음의 경우 장애인 등록을 할 수 있다(제32조의2 제1항). 다만, 국가와 지방자치단체는 이들에 대하여는 예산 등을 고려하여 장애인복지사업의 지원을 제한할 수 있다(제32조의2 제2항).

① 「재외동포의 출입국과 법적 지위에 관한 법률」에 따라 국내거소신고를 한 사람
② 「주민등록법」에 따라 재외국민으로 주민등록을 한 사람
③ 「출입국관리법」에 따라 외국인등록을 한 사람으로서 같은 법 제10조제1항에 따른 체류자격 중 대한민국에 영주할 수 있는 체류자격을 가진 사람
④ 「재한외국인 처우 기본법」에 따른 결혼이민자
⑤ 「난민법」에 따른 난민인정자.

---

64) 2017년 12월 19일 개정시 '등급판정위원회'에서 '장애판정위원회'로 개정되었다.

특별자치시장·특별자치도지사·시장·군수·구청장은 장애인 등록 및 장애 상태의 변화에 따른 장애 정도를 조정함에 있어 장애인의 장애 인정과 장애 정도 사정이 적정한지를 확인하기 위하여 필요한 경우 대통령령으로 정하는 「공공기관의 운영에 관한 법률」 제4조에 따른 공공기관에 **장애 정도에 관한 정밀심사**를 의뢰할 수 있다(제32조 제6항).

특별자치시장·특별자치도지사·시장·군수·구청장은 등록증을 받은 사람이 다음의 어느 하나에 해당하는 경우에는 **장애인 등록을 취소**하여야 한다(제32조의3 제1항).

① 사망한 경우
② 장애인복지법 제2조에 따른 기준에 맞지 아니하게 된 경우
③ 정당한 사유 없이 보건복지부령으로 정하는 기간 동안 장애 진단 명령 등 필요한 조치를 따르지 아니한 경우
④ 장애인 등록 취소를 신청하는 경우.

Ⅲ. 장애인보호 책임자

1. 국가와 지방자치단체

국가와 지방자치단체는 다음과 같은 장애인 보호정책을 실시하여야 한다.

① 국가 및 지방자치단체는 장애인 정책의 결정과 그 실시에 있어서 장애인 및 장애인의 부모, 배우자, 그 밖에 장애인을 보호하는 자의 의견을 수렴하여야 하고, 당사자의 의견수렴을 위한 참여를 보장하여야 한다(제5조).
② 국가와 지방자치단체는 장애 정도가 심하여 자립하기가 매우 곤란한 장애인이 필요한 보호 등을 평생 받을 수 있도록 알맞은 정책을 강구하여야 한다

(제6조 제1항).

③ 장애 발생을 예방하고, 장애의 조기 발견에 대한 국민의 관심을 높이며, 장애인의 자립을 지원하고, 보호가 필요한 장애인을 보호하여 장애인의 복지를 향상시킬 책임을 진다(제9조 제1항).

④ 여성 장애인의 권익을 보호하기 위하여 정책을 강구하여야 한다(제9조 제2항).

⑤ 장애인복지정책을 장애인과 그 보호자에게 적극적으로 홍보하여야 하며, 국민이 장애인을 올바르게 이해하도록 하는 데에 필요한 정책을 강구하여야 한다(제9조 제3항).

⑥ 장애의 발생 원인과 예방에 관한 조사 연구를 촉진하여야 하며, 모자보건사업의 강화, 장애의 원인이 되는 질병의 조기 발견과 조기 치료, 그 밖에 필요한 정책을 강구하여야 한다(제17조 제1항).

⑦ 학생, 공무원, 근로자, 그 밖의 일반국민 등을 대상으로 장애인에 대한 인식개선을 위한 교육 및 공익광고 등 홍보사업을 실시하여야 한다(제25조 제1항).

⑧ 국가기관 및 지방자치단체의 장, 영유아보육법에 따른 어린이집, 유아교육법·초·중등교육법·고등교육법에 따른 각급 학교의 장, 그 밖에 대통령령으로 정하는 교육기관 및 공공단체의 장은 소속 직원·학생을 대상으로 장애인에 대한 인식개선을 위한 교육을 실시하고, 그 결과를 보건복지부장관에게 제출하여야 한다(제25조 제2항).

⑨ 국가는 초·중등교육법에 따른 학교에서 사용하는 교과용도서에 장애인에 대한 인식개선을 위한 내용이 포함되도록 하여야 한다(제25조 제3항).

⑩ 장애인이 선거권을 행사하는 데에 불편함이 없도록 편의시설·설비를 설치하고, 선거권 행사에 관하여 홍보하며, 선거용 보조기구를 개발·보급하는 등 필요한 조치를 강구하여야 한다(제26조).

⑪ 공공주택등 주택을 건설할 경우에는 장애인에게 장애 정도를 고려하여 우선 분양 또는 임대할 수 있도록 노력하여야 한다(제27조 제1항).

⑫ 주택의 구입자금·임차자금 또는 개·보수비용의 지원 등 장애인의 일상생활에 적합한 주택의 보급·개선에 필요한 시책을 강구하여야 한다(제27조 제2항).

⑬ 장애인의 문화생활과 체육활동을 늘리기 위하여 관련 시설 및 설비, 그 밖의 환경을 정비하고 문화생활과 체육활동 등을 지원하도록 노력하여야 한다(제28조).

⑭ 국가와 지방자치단체 그 밖의 공공단체는 의지·보조기 기사, 언어재활사, 장애인재활상담사, 한국수어 통역사, 점역(點譯)·교정사 등 장애인복지 전문 인력, 그 밖에 장애인복지에 관한 업무에 종사하는 자를 양성·훈련하는 데에 노력해야 한다(제71조 제1항).

2. 보건복지부장관

보건복지부장관은 장애인의 권익과 복지증진을 위하여 관계 중앙행정기관의 장과 협의하여 **5년마다 장애인정책종합계획**을 수립·시행하여야 한다(제10조의2 제1항). 종합계획에는 다음의 사항이 포함되어야 한다(제10조의2 제2항).

① 장애인의 복지에 관한 사항
② 장애인의 교육문화에 관한 사항
③ 장애인의 경제활동에 관한 사항
④ 장애인의 사회참여에 관한 사항
⑤ 그 밖에 장애인의 권익과 복지증진을 위하여 필요한 사항

보건복지부장관은 장애인 복지정책의 수립에 필요한 기초 자료로 활용하기 위하여 **3년마다 장애실태조사**를 실시하여야 한다(제31조 제1항).

3. 장애인정책조정위원회

장애인 종합정책을 수립하고 관계 부처 간의 의견을 조정하며 그 정책의 이행을 감독·평가하기 위하여 국무총리 소속하에 장애인정책조정위원회를 둔다(제11조 제1항).

4. 장애인정책책임관

중앙행정기관의 장은 해당 기관의 장애인정책을 효율적으로 수립·시행하기 위하여 소속공무원 중에서 장애인정책책임관을 지정할 수 있다(제12조 제1항).

5. 모든 국민

모든 국민은 장애 발생의 예방과 장애의 조기 발견을 위하여 노력하여야 하며, 장애인의 인격을 존중하고 사회통합의 이념에 기초하여 장애인의 복지향상에 협력하여야 한다(제10조 제1항).

Ⅳ. 보호 내용

1. 장애수당 등의 지급

국가와 지방자치단체는 장애인의 장애 정도와 경제적 수준을 고려하여 장애로 인한 추가적 비용을 보전(補塡)하게 하기 위하여 **장애수당**을 지급할 수 있다.[65]

장애로 인하여 생활이 어려운 장애인연금법상 중증장애인에게는 장애수당을 지급하지 아니하며(제49조 제2항), 대신 소득인정액이 대통령령으로 정하는 금액 이하인 사람에게는 장애인연금법에 의하여 **장애인연금을 지급한다.** 그리고 국가와 지방자치단체는 장애로 인한 추가적 비용을 보전(補塡)하게 하기 위하여 **장애아동수당**이나 **보호수당**을 지급할 수 있다(제50조 제1항, 제2항).

---

65) 다만, 국민기초생활 보장법 제7조 제1항 제1호에 따른 생계급여 또는 같은 항 제3호에 따른 의료급여를 받는 장애인에게는 장애수당을 반드시 지급하여야 한다(제49조 제1항).

2. 절대적 금지행위

누구든지 다음의 어느 하나에 해당하는 행위를 하여서는 아니 된다(제59조).

① 성적 수치심을 주는 **성희롱·성폭력** 등의 행위 ② **신체에 폭행**을 가하거나 상해를 입히는 행위 ③ 자신의 보호·감독을 받는 장애인을 유기하거나 의식주를 포함한 기본적 보호 및 치료를 소홀히 하는 **방임행위** ④ **구걸**을 하게 하거나 장애인을 이용하여 구걸하는 행위 ⑤ **체포 또는 감금**하는 행위 ⑥ 정신건강 및 발달에 해를 끼치는 **정서적 학대행위** ⑦ 증여 또는 급여된 금품을 그 목적 외의 용도에 사용하는 행위 ⑧ 공중의 오락 또는 흥행을 목적으로 장애인의 건강 또는 안전에 유해한 곡예를 시키는 행위.

3. 장애인복지조치

장애인복지조치의 종류는 다음과 같다.

① 장애영유아의 조기발견과 모자보건 및 재활의료의 조치 ② 학령기에 있는 장애아의 교육조치 ③ 장애학교 졸업후의 성인생활이행기의 충실조치 ④ 장애자의 고용 및 취로의 조치 ⑤ 물리적 환경의 개선조치, ⑥ 장애인에 대한 소득보장제도의 내실화조치 ⑦ 장애고령자에 대한 특별배려의 조치 등.

4. 장애인복지시설

장애인복지시설의 종류는 다음과 같다(제58조 제1항).

① 장애인 거주시설 ② 장애인 지역사회재활시설 ③ 장애인 직업재활시설 ④ 장애인 의료재활시설 ⑤ 그 밖에 대통령령으로 정하는 시설(장애인 생산품판매시설).

5. 벌 칙

장애인에 대한 절대적 금지사항 중 ① 장애인에게 성적 수치심을 주는 **성희롱·성폭력 등의 행위**를 한 사람은 10년 이하의 징역 또는 1억원 이하의 벌금에 처한다(제86조 제1항).

그리고 ② 장애인의 신체에 폭행을 가하거나 상해를 입히는 행위(**상해에 한정한다**)와 ③ 장애인을 폭행, 협박, 감금, 그 밖에 정신상 또는 신체상의 자유를 부당하게 구속하는 수단으로써 장애인의 자유 의사에 어긋나는 **노동을 강요**하는 행위를 한 사람은 7년 이하의 징역 또는 7천만원 이하의 벌금에 처한다(제86조 제2항).

④ **그 외의 절대적 금지사항**66)에 해당하는 행위를 한 사람은 5년 이하의 징역 또는 5천만원 이하의 벌금에 처한다(제86조 제2항).

---

66) 장애인의 신체에 폭행을 가하거나 상해를 입히는 행위(**폭행에 한정한다**), 자신의 보호·감독을 받는 장애인을 유기하거나 의식주를 포함한 기본적 보호 및 치료 를 소홀히 하는 방임행위, 장애인에게 구걸을 하게 하거나 장애인을 이용하여 구 걸하는 행위, 장애인을 체포 또는 감금하는 행위, 장애인의 정신건강 및 발달에 해를 끼치는 정서적 학대행위, 장애인을 위하여 증여 또는 급여된 금품을 그 목 적 외의 용도에 사용하는 행위, 공중의 오락 또는 흥행을 목적으로 장애인의 건 강 또는 안전에 유해한 곡예를 시키는 행위.

기출 문제

1. 장애인복지법의 개념

[2018년 제16회 기출 문제] 장애인복지법의 내용으로 옳지 않은 것은?

① 중앙행정기관의 장은 해당 기관의 장애인정책을 효율적으로 수립·시행하기 위하여 소속공무원 중에서 장애인정책책임관을 지정할 수 있다.

② 재한외국인 처우 기본법에 따른 결혼이민자는 장애인복지법에 따른 장애인 등록을 할 수 없다.

③ 국가와 지방자치단체는 장애 정도가 심하여 자립하기가 매우 곤란한 장애인이 필요한 보호 등을 평생 받을 수 있도록 알맞은 정책을 강구하여야 한다.

④ 장애인은 장애인 관련 정책결정과정에 우선적으로 참여할 권리가 있다.

⑤ 국가는 초·중등교육법에 따른 학교에서 사용하는 교과용도서에 장애인에 대한 인식개선을 위한 내용이 포함되도록 하여야 한다.

[해설] 정답: ②

① 중앙행정기관의 장은 해당 기관의 장애인정책을 효율적으로 수립·시행하기 위하여 소속공무원 중에서 **장애인정책책임관**을 지정할 수 있다.

② 재외동포 및 외국인도 ① 국내거소신고를 한 사람, ② 재외국민으로 주민등록을 한 사람, ③ 대한민국에 영주할 수 있는 체류자격을 가진 사람, ④ 결혼이민자, ⑤ 난민인정 등은 **장애인 등록을 할 수 있다.**

③ 국가와 지방자치단체는 장애 정도가 심하여 **자립하기가 매우 곤란한 장애인**이 필요한 보호 등을 평생 받을 수 있도록 알맞은 정책을 강구하여야 한다.

④ 장애인은 장애인 관련 정책결정과정에 **우선적으로 참여할 권리**가 있다.

⑤ 국가는 「초·중등교육법」에 따른 학교에서 사용하는 교과용도서에 **장애인에 대한 인식개선**을 위한 내용이 포함되도록 하여야 한다.

2. 장애인복지전문인력

[2015년 제13회 기출 문제] 장애인복지법령상 장애인복지전문인력에 속하지 않는 사람은?

① 의지·보조기 기사 ② 한국수어 통역사 ③ 언어재활사 ④ 장애상담치료사
⑤ 점역사·교정사

[해설] 정답: ④

· 국가와 지방자치단체 그 밖의 공공단체는 **의지·보조기 기사, 언어재활사, 장애인재활상담사, 한국수어 통역사, 점역(點譯)·교정사** 등 장애인복지 전문인력, 그 밖에 장애인복지에 관한 업무에 종사하는 자를 양성·훈련하는 데에 노력해야 한다.

3. 실태조사

[2016년 제14회 기출 문제] 장애인복지법상 실태조사에 관한 내용이다. (   )에 들어갈 내용이 순서대로 옳은 것은?

(   )은 장애인 복지정책의 수립에 필요한 기초 자료로 활용하기 위하여 (   )년마다 장애실태조사를 실시하여야 한다.

① 보건복지부장관, 2

② 보건복지부장관, 3

③ 보건복지부장관, 5

④ 고용노동부장관, 3

⑤ 고용노동부장관, 5

[해설] 정답: ②

· **보건복지부장관**은 장애인 복지정책의 수립에 필요한 기초 자료로 활용하기 위하여 **3년마다** 장애실태조사를 실시하여야 한다.

4. 장애인등록

[2017년 제15회 기출 문제] 장애인복지법상 장애인등록에 관한 설명으로 옳은 것은?

① 장애인등록을 할 수 있는 자는 장애인 본인에 한한다.

② 국가는 외국인이 장애인으로 등록된 경우 예산 등을 고려하여 장애인복지사업의 지원을 제한할 수 있다.

③ 장애인 등록증을 받은 자가 사망하면 그 등록에 따른 권한은 상속권자에게 상속된다.

④ 구청장은 장애인의 장애 정도 사정을 위하여 구청장 직속의 정밀심사기관을 두어야 한다.

⑤ 장애인의 장애 정도 사정을 위해 고용노동부에 등급판정위원회를 둘 수 있다.

[해설] 정답: ②

① 장애인 등록은 장애인 본인 외에도, 그 **법정대리인 또는 보호자**가 신청할 수 있다.

② 장애인 등록을 한 재외동포 및 외국인에 대하여는 예산 등을 고려하여 장애인복지사업의 지원을 **제한할 수 있다.**

③ 특별자치시장·특별자치도지사·시장·군수·구청장은 등록증을 받은 사람이 **사망한 경우에는 장애인 등록을 취소하여야 한다.**

④ 특별자치시장·특별자치도지사·시장·군수·구청장은「공공기관의 운영에 관한 법률」제4조에 따른 **공공기관**에 장애 정도에 관한 정밀심사를 의뢰할 수 있다.

⑤ 장애 인정과 장애 정도 사정(査定)에 관한 업무를 위하여 **보건복지부**에 등급판정위원회(현재는 장애판정위원회)를 둘 수 있다.

5. 벌칙

[2019년 제17회 기출 문제] 장애인복지법상 벌칙에 관한 내용이다. (   )에 들

어갈 숫자가 순서대로 옳은 것은?

장애인의 신체에 폭행을 가한 사람은 (   )년 이하의 징역 또는 (   )천만원 이하의 벌금에 처한다.

① 1, 1

② 3, 3

③ 5, 5

④ 7, 7

⑤ 10, 7

[해설] 정답: ③

· 장애인의 신체에 **상해**를 입히는 행위는 7년 이하의 징역 또는 7천만원 이하의 벌금, **폭행**을 가하는 행위는 5년 이하의 징역 또는 5천만원 이하의 벌금에 처한다.

제 4 절

노인복지법

Ⅰ. 입법 현황

우리나라에서 노인문제가 심각하게 제기된 배경에는 산업화·도시화 등이 가속화되면서 상대적으로 전통적인 사회규범이나 가족규범은 약화되기 시작한데 따른 것이다. 따라서 이러한 사회의 구조적인 변화에 국가가 대응하여야 할 필요성이 제기되었다.

1981년 6월 5일 노인복지법(법률 제3453호)이 제정되었으며, 그 후 수차 개정되어 현재에 이르고 있다.

헌법에 의하여 모든 국민은 인간다운 생활을 할 권리를 가진다(제34조 제1항). 그리고 국가는 사회보장, 사회복지의 증진에 노력하여야 할 의무를 진다(제34조 제2항). 특히 노인은 노령에 따른 신체적·정신적 능력의 감퇴, 사회적 활동력의 저하 등으로 생활적응력이 현저히 저하되므로, 국가뿐만 아니라 국민 모두의 보호가 필요하다.

따라서 헌법은 노인의 복지향상을 위한 정책을 실시할 국가의 의무를 규정하고 있고(제34조 제4항), 노인복지법은 **노인의 심신의 건강유지 및 생활안정을 위하여 필요한 조치**를 강구함으로써, 노인의 복지증진에 기여함을 그 목적으로 한다.

그리고 이는 복지증진 자체에 목적이 있는 것이 아니고 노인의 인간다운 생활권을 보장하기 위한 것이므로, 노인에 대한 보호와 복지증진은 노인이 인간다운 생활을 영위하기 위한 수준까지 보장되어야 한다.

Ⅱ. 국가의 책무 등

1. 국가 또는 지방자치단체

① 국가 또는 지방자치단체는 노인의 사회참여 확대를 위하여 노인의 지역봉사 활동기회를 넓히고 노인에게 적합한 직종의 개발과 그 보급을 위한 시책을 강구하며 근로능력 있는 노인에게 일할 기회를 우선적으로 제공하도록 노력하여야 한다(제23조 제1항). ② 국가, 지방자치단체 및 그 밖의 공공단체는 노인일자리지원기관에서 생산한 물품의 우선구매에 필요한 조치를 마련하여야 한다(제23조의3).67)

③ 국가 또는 지방자치단체는 사회적 신망과 경험이 있는 노인으로서 지역봉사를 희망하는 경우에는 이를 지역봉사지도원으로 위촉할 수 있다(제24조 제1항). ④ 국가, 지방자치단체, 그 밖의 공공단체 중 대통령령으로 정하는 기관은 소관 공공시설에 식료품·사무용품·신문 등 일상생활용품의 판매를 위한 매점이나 자동판매기의 설치를 허가 또는 위탁할 때에는 65세 이상 노인의 신청이 있는 경우 이를 우선적으로 반영하여야 한다(제25조 제1항). ⑤ 국가, 지방자치단체, 그 밖의 공공단체 중 대통령령으로 정하는 기관은 소관 공공시설에 청

---

67) 이 규정은 2019. 1. 15. 개정시 신설되었으며, 2019. 7. 16. 시행한다.

소, 주차관리, 매표 등의 사업을 위탁하는 경우에는 65세 이상 노인
을 100분의 20 이상 채용한 사업체를 우선적으로 고려할 수 있다(제25
조 제2항).

⑥ 국가 또는 지방자치단체는 65세 이상의 자에 대하여 대통령
령이 정하는 바에 의하여 국가 또는 지방자치단체의 수송시설 및 고
궁 · 능원 · 박물관 · 공원 등의 공공시설을 무료로 또는 그 이용요금을
할인하여 이용하게 할 수 있다(제26조 제1항). ⑦ 국가 또는 지방자치
단체는 노인의 일상생활에 관련된 사업을 경영하는 자에게 65세 이
상의 자에 대하여 그 이용요금을 할인하여 주도록 권유할 수 있다(제
26조 제2항).

<표 21>　　　　　　　경로우대시설의 종류와 할인율

시설의 종류	할인율
1. 철 도	
가. 새마을호, 무궁화호	100분의　30
나. 통근열차	100분의　50
다. 수도권전철	100분의 100
2. 도시철도(도시철도 구간안의 국유전기철도를 포함한다)	100분의 100
3. 고 궁	100분의 100
4. 능 원	100분의 100
5. 국·공립박물관	100분의 100
6. 국·공립공원	100분의 100
7. 국·공립미술관	100분의 100
8. 국·공립국악원	100분의 50 이상
9. 국가·지방자치단체 또는 국가나 지방자치단체가 출연하거나 경비를 지원하는 법인이 설치·운영하거나 그 운영을 위탁한 공연장	100분의 50

⑧ 국가 또는 지방자치단체는 대통령령이 정하는 바에 의하여

65세 이상의 자에 대하여 건강진단과 보건교육을 실시할 수 있다(제 27조 제1항). ⑨ 국가 또는 지방자치단체는 홀로 사는 노인에 대하여 방문요양과 돌봄 등의 서비스와 안전확인 등의 보호조치를 취하여야 한다(제27조의2 제1항). ⑩ 국가 또는 지방자치단체는 노인성 질환자의 경제적 부담능력 등을 고려하여 노인성 질환의 예방교육, 조기발견 및 치료 등에 필요한 비용의 전부 또는 일부를 지원할 수 있다(제27 조의4 제1항).

⑪ 국가및 지방자치단체는 노인학대를 예방하고 수시로 신고를 받을 수 있도록 긴급전화를 설치하여야 한다(제39조의4 제1항).

⑫ 국가 또는 지방자치단체는 노인보건복지관련 연구시설이나 사업의 육성을 위하여 필요하다고 인정하는 경우에는 국유재산법 또는 지방재정법의 규정에 불구하고 국·공유재산을 무상으로 대부하거나 사용·수익하게 할 수 있다(제54조).

2. 보건복지부장관

보건복지부장관은 ① 노인의 보건 및 복지에 관한 **실태조사를 3년마다 실시**하고 그 결과를 공표하여야 하고(제5조 제1항), ② 홀로 사는 노인에 대한 돌봄과 관련된 다음의 사업을 수행하기 위하여 독거노인종합지원센터를 설치·운영할 수 있다(제27조의3 제1항).

① 홀로 사는 노인에 대한 정책 연구 및 프로그램의 개발
② 홀로 사는 노인에 대한 현황조사 및 관리
③ 홀로 사는 노인 돌봄사업 종사자에 대한 교육
④ 홀로 사는 노인에 대한 돌봄사업의 홍보, 교육교재 개발 및 보급

⑤ 홀로 사는 노인에 대한 돌봄사업의 수행기관 지원 및 평가
⑥ 관련 기관 협력체계의 구축 및 교류
⑦ 홀로 사는 노인에 대한 기부문화 조성을 위한 기부금품의 모집, 접수 및 배부
⑧ 그 밖에 홀로 사는 노인의 돌봄을 위하여 보건복지부장관이 위탁하는 업무.

3. 노인복지상담원

노인의 복지를 담당하게 하기 위하여 특별자치도와 시·군·구에 노인복지상담원을 둔다(제7조 제1항).

4. 모든 국민

누구든지 65세 이상의 사람에 대하여 다음의 어느 하나에 해당하는 행위를 하여서는 아니된다(제39조의9).

① 노인의 신체에 **폭행**을 가하거나 **상해**를 입히는 행위 ② 노인에게 성적 수치심을 주는 **성폭행·성희롱 등의 행위** ③ 자신의 보호·감독을 받는 노인을 유기하거나 의식주를 포함한 기본적 보호 및 치료를 소홀히 하는 **방임행위** ④ 노인에게 구걸을 하게 하거나 노인을 이용하여 **구걸하는 행위** ⑤ 노인을 위하여 증여 또는 급여된 **금품을 그 목적외의 용도에 사용하는 행위** ⑥ 폭언, 협박, 위협 등으로 노인의 정신건강에 해를 끼치는 **정서적 학대행위.**

누구든지 노인학대를 알게 된 때에는 노인보호전문기관 또는 수사기관에 신고할 수 있다(제39조의6 제1항). 이 경우 노인학대신고를 접수한 노인보호전문기관의 직원이나 사법경찰관리는 지체없이 노인학대의 현장에 출동하여야 한다(제39조의7 제1항).

누구든지 정당한 사유 없이 노인학대 현장에 출동한 자에 대하여 현장조사를 거부하거나 업무를 방해하여서는 아니 된다(제39조의7 제6항).

Ⅲ. 보호대상자

노인복지법은 노인에 대한 정의를 내리지 않고 있으며, 각 개별 조문에서 **65세 이상자**를 대상자로 하고 있다.

Ⅳ. 보호 내용

1. 노인복지시설

가. 노인복지시설의 종류

1) 노인주거복지시설

① 양로시설: 노인을 입소시켜 급식과 그 밖에 일상생활에 필요한 편의를 제공함을 목적으로 하는 시설
② 노인공동생활가정: 노인들에게 가정과 같은 주거여건과 급식, 그 밖에 일상생활에 필요한 편의를 제공함을 목적으로 하는 시설
③ 노인복지주택: 노인에게 주거시설을 임대하여 주거의 편의 · 생활지도 · 상담 및 안전관리 등 일상생활에 필요한 편의를 제공함을 목적으로 하는 시설.

2) 노인의료복지시설

① 노인요양시설: 치매·중풍 등 노인성질환 등으로 심신에 상당한 장애가 발생하여 도움을 필요로 하는 노인을 입소시켜 급식·요양과 그 밖에 일상생활에 필요한 편의를 제공함을 목적으로 하는 시설

② 노인요양공동생활가정: 치매·중풍 등 노인성질환 등으로 심신에 상당한 장애가 발생하여 도움을 필요로 하는 노인에게 가정과 같은 주거여건과 급식·요양, 그 밖에 일상생활에 필요한 편의를 제공함을 목적으로 하는 시설.

3) 노인여가복지시설

① 노인복지관: 노인의 교양·취미생활 및 사회참여활동 등에 대한 각종 정보와 서비스를 제공하고, 건강증진 및 질병예방과 소득보장·재가복지, 그 밖에 노인의 복지증진에 필요한 서비스를 제공함을 목적으로 하는 시설

② 경로당: 지역노인들이 자율적으로 친목도모·취미활동·공동작업장 운영 및 각종 정보교환과 기타 여가활동을 할 수 있도록 하는 장소를 제공함을 목적으로 하는 시설

③ 노인교실: 노인들에 대하여 사회활동 참여욕구를 충족시키기 위하여 건전한 취미생활·노인건강유지·소득보장 기타 일상생활과 관련한 학습프로그램을 제공함을 목적으로 하는 시설.

4) 재가노인복지시설

다음의 어느 하나 이상의 서비스를 제공함을 목적으로 하는 시설.

① 방문요양서비스: 가정에서 일상생활을 영위하고 있는 노인으로서 신체적·정신적 장애로 어려움을 겪고 있는 노인에게 필요한 각종 편의를 제공하여 지역사회안에서 건전하고 안정된 노후를 영위하도록 하는 서비스

② 주·야간보호서비스: 부득이한 사유로 가족의 보호를 받을 수 없는 심신이 허약한 노인과 장애노인을 주간 또는 야간 동안 보호시설에 입소시켜 필요한 각종 편의를 제공하여 이들의 생활안정과 심신기능의 유지·향상을 도모하고, 그 가족의 신체적·정신적 부담을 덜어주기 위한 서비스

③ 단기보호서비스: 부득이한 사유로 가족의 보호를 받을 수 없어 일시적으로 보호가 필요한 심신이 허약한 노인과 장애노인을 보호시설에 단기간 입소시켜 보호함으로써 노인 및 노인가정의 복지증진을 도모하기 위한 서비스

④ 방문 목욕서비스: 목욕장비를 갖추고 재가노인을 방문하여 목욕을 제공하는

서비스

⑤ 그 밖의 서비스: 그 밖에 재가노인에게 제공하는 서비스로서 보건복지부령이 정하는 서비스.

5) 노인보호전문기관

중앙노인보호전문기관의 업무
① 노인인권보호 관련 정책제안
② 노인인권보호를 위한 연구 및 프로그램의 개발
③ 노인학대 예방의 홍보, 교육자료의 제작 및 보급
④ 노인보호전문사업 관련 실적 취합, 관리 및 대외자료 제공
⑤ 지역노인보호전문기관의 관리 및 업무지원
⑥ 지역노인보호전문기관 상담원의 심화교육
⑦ 관련 기관 협력체계의 구축 및 교류
⑧ 노인학대 분쟁사례 조정을 위한 중앙노인학대사례판정위원회 운영
⑨ 그 밖에 노인의 보호를 위하여 대통령령으로 정하는 사항.

지역노인보호전문기관의 업무
① 노인학대 신고전화의 운영 및 사례접수
② 노인학대 의심사례에 대한 현장조사
③ 피해노인 및 노인학대자에 대한 상담
④ 피해노인가족 관련자와 관련 기관에 대한 상담
⑤ 상담 및 서비스제공에 따른 기록과 보관
⑥ 일반인을 대상으로 한 노인학대 예방교육
⑦ 노인학대행위자를 대상으로 한 재발방지 교육
⑧ 노인학대사례 판정을 위한 지역노인학대사례판정위원회 운영 및 자체사례회의 운영
⑨ 그 밖에 노인의 보호를 위하여 보건복지부령으로 정하는 사항.

6) 노인일자리지원기관

노인일자리전담기관은 다음의 노인일자리전담기관의 한 종류이다.
① 노인인력개발기관: 노인일자리개발·보급사업, 조사사업, 교육·홍보 및 협력사업, 프로그램인증·평가사업 등을 지원하는 기관

② 노인일자리지원기관: 지역사회 등에서 노인일자리의 개발·지원, 창업·육성 및 노인에 의한 재화의 생산·판매 등을 직접 담당하는 기관
③ 노인취업알선기관: 노인에게 취업 상담 및 정보를 제공하거나 노인일자리를 알선하는 기관.

나. 건축법 등에 대한 특례

이 법에 의한 재가노인복지시설, 노인공동생활가정, 노인요양공동 생활가정 및 학대피해노인 전용쉼터는 건축법 제19조의 규정에 불구하고 **단독주택 또는 공동주택**에 설치할 수 있다(제55조 제1항).

그리고 노인복지주택의 건축물의 용도는 건축관계법령에 불구하고 **노유자시설**로 본다(제55조 제2항).

또한 노인복지시설에서 노인을 위하여 사용하는 건물·토지 등에 대하여는 조세감면규제법 등 관계법령이 정하는 바에 의하여 **조세 기타 공과금을 감면**할 수 있다(제49조).

2. 노인의 날 등

노인에 대한 사회적 관심과 공경의식을 높이기 위하여 매년 **10월 2일을 노인의 날**로, 매년 **10월을 경로의 달**(제6조 제1항), 부모에 대한 효사상을 앙양하기 위하여 **매년 5월 8일을 어버이날**(제6조 제2항), 범국민적으로 노인학대에 대한 인식을 높이고 관심을 유도하기 위하여 **매년 6월 15일을 노인학대예방의 날**로 지정한다(제6조 제4항).

> 기출 문제

1. 노인복지법의 개념

[2018년 제16회 기출 문제] 노인복지법의 내용으로 옳지 않은 것은?

① 국가는 노인보건복지관련 연구시설을 위하여 필요하다고 인정하는 경우 국유재산법규정에 불구하고 국유재산을 무상으로 대부할 수 있다.

② 지방자치단체는 노인보건복지관련 사업의 육성을 위하여 필요하다고 인정하는 경우 지방재정법의 규정에 불구하고 공유재산을 무상으로 사용하게 할 수 있다.

③ 재가노인복지시설, 노인 공동생활가정 및 노인요양공동생활가정은 공동주택에만 설치할 수 있다.

④ 노인복지법에 의한 노인복지주택의 건축물의 용도는 건축관계법령에 불구하고 노유자시설로 본다.

⑤ 노인복지시설에서 노인을 위하여 사용하는 건물·토지 등에 대하여는 관계법령이 정하는 바에 의하여 조세 기타 공과금을 감면할 수 있다.

[해설] 정답: ③

① ~ ② 국가 또는 지방자치단체는 노인보건복지관련 연구시설이나 사업의 육성을 위하여 필요하다고 인정하는 경우에는 국유재산법 또는 지방재정법의 규정에 불구하고 국·공유재산을 **무상으로 대부하거나 사용·수익하게 할 수 있다.**

③ 재가노인복지시설, 노인공동생활가정, 노인요양공동생활가정 및 학대피해노인 전용쉼터는 건축법 제19조의 규정에 불구하고 **단독주택 또는 공동주택에 설치할 수 있다.**

④ 노인복지주택의 건축물의 용도는 건축관계법령에 불구하고 **노유자시설로** 본다.

⑤ 노인복지시설에서 노인을 위하여 사용하는 건물·토지 등에 대하여는 관계

법령이 정하는 바에 의하여 조세 기타 공과금을 **감면할 수 있다.**

[2016년 제14회 기출 문제] 노인복지법상 노인의 날은?

① 매년 3월 15일

② 매년 5월 8일

③ 매년 9월 1일

④ 매년 10월 2일

⑤ 매년 12월 1일

[해설] 정답: ④

· 노인에 대한 사회적 관심과 공경의식을 높이기 위하여 매년 **10월 2일**을 노인의 날로, 매년 **10월**을 경로의 달로 지정한다.

2. 노인복지시설

[2015년 제13회 기출 문제] 노인복지법령상 노인복지시설에 관한 설명으로 옳지 않는 것은?

① 노인복지주택은 노인주거복지시설이다.

② 노인교실은 노인여가복지시설이다.

③ 노인학대 신고전화 운영은 지역노인보호전문기관의 업무이다.

④ 노인공동생활가정은 노인의료복지시설이다.

⑤ 방문요양서비스의 제공을 목적으로 하는 시설은 재가노인복지시설이다.

[해설] 정답: ④

① 노인주거복지시설은 ① **양로시설,** ② **노인공동생활가정,** ③ **노인복지주택** 등이다.

② 노인여가복지시설은 ① **노인복지관,** ② **경로당,** ③ **노인교실** 등이다.

③ 지역노인보호전문기관은 ① **노인학대 신고전화의 운영 및 사례접수**, ② 노인학대 의심사례에 대한 현장조사, ③ 피해노인 및 노인학대자에 대한 상담, ④ 피해노인가족 관련자와 관련 기관에 대한 상담, ⑤ 상담 및 서비스제공에 따른 기록과 보관, ⑥ 일반인을 대상으로 한 노인학대 예방교육 등의 업무를 한다.

④ 노인의료복지시설은 ① 노인**요양**시설, ② 노인**요양**공동생활가정 등이다.

⑤ 재가노인복지시설은 ① **방문요양서비스**, ② **주·야간보호서비스**, ③ **단기보호서비스**, ④ **방문 목욕서비스** 등의 서비스를 제공한다.

3. 노인학대

[2017년 제15회 기출 문제] 노인복지법상 노인학대에 관한 설명으로 옳지 않은 것은?

① 지방자치단체는 노인학대를 예방하기 위하여 긴급전화를 설치하여야 한다.

② 누구든지 노인학대를 알게 된 때에는 수사기관에 신고할 수 있다.

③ 누구든지 정당한 사유 없이 노인학대 현장에 출동한 자에 대하여 현장조사를 거부하여서는 아니 된다.

④ 부양의무자인 자녀는 노인을 위하여 지급된 금품을 그 **목적 외의 용도**에 사용할 수 있다.

⑤ 노인학대신고를 접수한 노인보호전문기관의 직원은 지체없이 노인학대의 현장에 출동하여야 한다.

[해설] 정답: ④

① 국가 및 지방자치단체는 노인학대를 예방하고 수시로 신고를 받을 수 있도록 **긴급전화**를 설치하여야 한다.

② 누구든지 노인학대를 알게 된 때에는 **노인보호전문기관 또는 수사기관**에 신고할 수 있다.

③ 누구든지 정당한 사유 없이 노인학대 현장에 출동한 자에 대하여 현장조사를

거부하거나 업무를 방해하여서는 아니 된다.

④ **누구든지** 노인을 위하여 증여 또는 급여된 금품을 **그 목적외의 용도에 사용할 수 없다.**

⑤ 노인학대신고를 접수한 **노인보호전문기관의 직원이나 사법경찰관리**는 지체없이 노인학대의 현장에 출동하여야 한다.

제 6 장 사회보험 5법

제 1 절
사회보험의 기본원리

Ⅰ. 전국민을 위한 기본적 사회안전망

현대 자본주의 산업사회에 발생하는 복잡한 사회문제를 공공부조의 방법만으로는 충분한 해결책이 되지 못하여, 각국마다 **사회구성원이 사회적 재해를 극복**할 수 있도록 사회보험제도를 마련하고 있다.

사회보장기본법68)은 사회보험에 "국민에게 발생하는 사회적 위험을 보험의 방식으로 대처함으로써 국민의 건강과 소득을 보장하는 제도"라고 정의하고 있다(제3조). 따라서 사회보험제도는 헌법상 보장된 인간다운 생활권과 사회복지청구권의 실현을 위하여, 모든 국민이 사회적 재해를 당한 경우에 이를 효율적으로 극복할 수 있도록 국가가 사전에 마련한 대비책이다.

우리나라에서는 ① 건강보험, ② 연금, ③ 산재보험, ④ 고용보험, ⑤ 요양보험 등 5대 사회보험제도를 운용하고 있다. 이를 쉽게 암기하는 방법은 아래와 같다.

---

68) 이 법은 1995년 12월 30일 법률 제5134호로 제정되어, 1996년 7월 1일부터 시행되었으며, 다음부터 '기본법'이라 한다.

<표 22>   5대 사회보험제도 암기법

내 용	건강 보험	연금 (보험)		산재보험	고용 보험	요양 보험
암기법	건	연		산 은	고	요 하다
근거 법률	국민건강 보험법	국민연금법, 공무원연금법, 사립학교교직원연금법, 군인연금법, 별정우체국법		산업재해보상 보험법, 공무원 재해보상법	고용 보험법	노인장기 요양보험 법

Ⅱ. 동일한 제도의 강제적용

1. 전국민에 대한 동일한 제도의 적용

사회적 재해의 보장을 위한 보험은 모두 **원칙적으로 전국민을 대상**으로 하여야 하고(이를 "보편성의 원칙" 이라 한다), 모두에게 **동일한 제도를 적용**하여야 한다(이를 "동일성의 원칙" 이라 한다).

2. 전국민에 대한 강제적용

현대 산업사회에서 전국민의 재해를 국가의 예산으로 대처하기는 무리이므로, 일반 국민이 미리 보험료를 납부하고 재해발생시 보험급여를 지급받는 사회보험의 형태로 시행하고 있다.

사회보험은 원래 노동보험을 중심으로 하여 발전해 왔는데, 노동보험을 중심으로 하고 같은 원리와 목적에 입각한 제도이면서, 그 대상영역을 노동자에게만 한정하지 않고 국민 모두에게 확장·발전시킨 제도이다. 사회보험은 국민 모두가 의무적으로 가입하여야 하는 **강제보험**의 성격을 가진다.

<표 23>　　　　　　　　사보험과 사회보험의 비교

구 분	가입·탈퇴	내 용	비 용	보장 내용	종 류
사(私)보험	각자의 선택	계약에 의하여 결정	가입자 부담	사망, 화재, 자동차 사고 등	인(人)보험·손해보험
사회(社會)보험	전국민 강제가입	법률에서 정한 동일한 제도를 전국민에 적용	국가의 지원	질병, 사고, 실업, 노령 등	건강보험 등 5대 보험

3. 사회보험료의 통합징수

고용보험 및 산업재해보상보험의 보험료징수 등에 관한 법률(다음부터 '**보험료징수법**' 이라 한다)은 고용보험과 산업재해보상보험의 보험관계의 성립·소멸, 보험료의 납부·징수 등에 필요한 사항을 규정함으로써 보험사무의 효율성을 높이는 것을 목적으로 한다(제1조).

처음에는 각 사회보험의 관리가 분산되어 있어 보험료도 각 관리기관에서 따로 부과, 징수하였다. 이로 인하여 시간적·경제적 비효율성이 발생함에 따라, 2003년 12월 31일 **보험료징수법을 제정**(법률 제7047호, 2005년 1월 1일 시행)하였다.

이 법의 시행으로 고용보험과 산재보험료의 징수도 **국민건강보험관리공단**에 위임하여 5대 사회보험료를 통합징수하도록 하였다.

제 2 절
국민건강보험법

Ⅰ. 입법 현황

우리나라의 건강보험제도의 발전과정을 보면, 1963년 **의료보험법**이 제정되면서부터 시작되었다. 그리고 의료보험체계의 통합화가 추진되었는데, 1997년 먼저 의료보험법의 지역가입자와 「공무원 및 교직원의료보험법」을 통합하여 **국민의료보험법**을 제정하였다.

나아가 1999년에는 의료보험법에 남아있는 직장가입자와 「국민의료보험법」을 통합하여 **국민건강보험법**을 제정하였는데, 이 법은 직장 및 지역, 그리고 공무원·교직원 등 모든 보험가입자에 대한 관리를 통합하였다. 그리고 2016년 개정에서는 국민건강보험제도의 안정적 운영과 제도의 예측가능성을 확보하고자 하였다.

<표 24>   국민건강보험제도의 발전과정

구분	의료보험법 (1963년) ⇒	국민의료보험법 (1997년) ⇒	국민건강보험법 (1999년)
내용	직장피보험자 지역피보험자	「의료보험법」(지역피보험자) +「공무원및교직원 의료보험법」	「의료보험법」(직장피보험자) +「국민의료보험법」

국민건강보험법은 국민이 질병·부상·분만 또는 사망 등의 재해를 당한 경우에 보험급여를 실시함으로써 국민보건을 향상시키고 사회복지의 증진을 도모함을 목적으로 하고 있다(제1조).

건강보험은 **질병·부상·분만·사망 등의 재해**를 극복하고 국민의 보건을 향상시키는데 목적이 있으므로, 특정지역이나 직장에 한정하지 않고 전 국민을 대상으로 한다. 우리나라에서 의료보험은 사업장의 근로자를 대상으로 하는 직장보험과 지역의 주민을 대상으로 하는 지역보험으로 구분하고 있으나 동일한 제도를 적용하고 있다.

Ⅱ. 건강보험의 운영주체

건강보험의 보험자라 함은 건강보험의 운영 주체로서 보험료의 징수 및 보험급여의 실시 등 건강보험의 업무를 행하는 자를 말한다.

건강보험사업은 국가의 책임하에 행하는 것으로 **보건복지부장관**이 맡지만(제2조), 정부의 감독하에 **국민건강보험공단**(다음부터 '공단' 이라 한다)이 보험자로서의 업무를 담당한다(제13조).

공단은 법인으로 한다(제15조). 공단은 정부를 대행하여 국가적인 차원인 건강보험사업을 경영하기 때문에 사법인이 아니라 공법인에 속한다.

보건복지부장관은 건강보험의 건전한 운영을 위하여 건강보험정책심의위원회의 심의를 거쳐 **5년마다 국민건강보험종합계획**을 수립하여야 하며, 수립된 종합계획을 변경할 때도 또한 같다(제3조의2 제1항).

종합계획에는 다음의 사항이 포함되어야 한다(제3조의2 제2항).

① 건강보험정책의 기본목표 및 추진방향
② 건강보험 보장성 강화의 추진계획 및 추진방법
③ 건강보험의 중장기 재정 전망 및 운영
④ 보험료 부과체계에 관한 사항
⑤ 요양급여비용에 관한 사항
⑥ 건강증진 사업에 관한 사항
⑦ 취약계층 지원에 관한 사항
⑧ 건강보험에 관한 통계 및 정보의 관리에 관한 사항
⑨ 그 밖에 건강보험의 개선을 위하여 필요한 사항으로 대통령령으로 정하는 사항.

Ⅲ. 건강보험의 적용대상

1. 적용 대상

국민건강보험의 적용대상은 ① 국내에 거주하는 국민으로서 ② 적용제외자가 아닌 ③ **가입자 또는 피부양자**이다(제5조 제1항).

가. 가입자

1) 직장가입자

모든 사업장의 근로자와 그 사용자, 그리고 공무원 및 교직원은 직장가입자가 된다(제6조 제2항 본문). 그러나 다음의 사람은 제외된다(제6조 제2항 단서).

① 고용 기간이 1개월 미만인 일용근로자
② 병역법에 따른 현역병(지원에 의하지 아니하고 임용된 하사를 포함한다),
   전환복무된 사람 및 무관후보생
③ 선거에 당선되어 취임하는 공무원으로서 매월 보수 또는 보수에 준하는
   급료를 받지 아니하는 사람
④ 그 밖에 사업장의 특성, 고용 형태 및 사업의 종류 등을 고려하여 대통령령
   으로 정하는 사업장의 근로자 및 사용자와 공무원 및 교직원 등.

2) 지역가입자

지역가입자는 가입자중 직장가입자와 그 피부양자를 제외한 자를 말한다(제6조 제3항).

3) 외국인 및 외국정부근로자

정부는 **외국정부가 사용자인 사업장의 근로자**에 대한 건강보험에 관하여는 외국정부와의 합의에 의하여 따로 정할 수 있다(제109조 제1항).

그리고 **국내에 체류하는 재외국민 또는 외국인**이 ① 적용대상사업장의 근로자, 공무원 또는 교직원이고, ② 직장가입자 제외 대상(제6조 제2항)의 어느 하나에 해당하지 아니하면서, ③ 다음의 어느 하나에 해당하는 경우에는 직장가입자가 된다(제109조 제2항).

① 주민등록법에 따라 등록한 사람
② 「재외동포의 출입국과 법적 지위에 관한 법률」에 따라 국내거소신고를 한 사람
③ 출입국관리법에 따라 외국인등록을 한 사람.

나. 가입자의 피부양자

피부양자라 함은 다음의 사람 중에서 직장가입자에 의하여 주로 생계를 유지하는 자로서 보수 또는 소득이 없는 사람을 말한다(제5조 제2항).

① 직장가입자의 배우자
② 직장가입자의 직계존속(배우자의 직계존속 포함)
③ 직장가입자의 직계비속(배우자의 직계비속 포함)과 그 배우자
④ 직장가입자의 형제·자매.

2. 가입자격의 취득 · 변동 · 상실

가. 가입자격의 취득

가입자는 국내에 거주하게 된 날에 직장가입자 또는 지역가입자의 자격을 얻으며, 다음의 어느 하나에 해당하는 사람은 그 해당되는 날에 각각 자격을 얻는다(제8조 제1항).

① 수급권자이었던 사람은 그 대상자에서 제외된 날
② 직장가입자의 피부양자이었던 사람은 그 자격을 잃은 날
③ 유공자등 의료보호대상자이었던 사람은 그 대상자에서 제외된 날
④ 보험자에게 건강보험의 적용을 신청한 유공자등 의료보호대상자는 그 신청한 날.

나. 자격의 변동

가입자는 다음의 어느 하나에 해당하게 된 날에 그 자격이 변동된다(제9조 제1항).

① 지역가입자가 적용대상사업장의 사용자로 되거나, 근로자·공무원 또는 교직원으로 사용된 날
② 직장가입자가 다른 적용대상사업장의 사용자로 되거나 근로자등으로 사용된 날
③ 직장가입자인 근로자등이 그 사용관계가 끝난 날의 다음 날
④ 적용대상사업장에 제7조 제2호[69)]에 따른 사유가 발생한 날의 다음 날
⑤ 지역가입자가 다른 세대로 전입한 날

다. 자격의 상실

가입자는 다음의 어느 하나에 해당하게 된 날에 그 자격을 잃는 다(제10조 제1항).

① 사망한 날의 <u>다음 날</u>
② 국적을 잃은 날의 <u>다음 날</u>
③ 국내에 거주하지 아니하게 된 날의 <u>다음 날</u>
④ 직장가입자의 피부양자가 된 날
⑤ 수급권자가 된 날
⑥ 건강보험을 적용받고 있던 사람이 유공자등 의료보호대상자가 되어 건강보험의 적용배제신청을 한 날.

여기서 상실일자가 ① ~ ③은 사유가 발생한 날의 다음 날이고 ④ ~ ⑥은 사유가 발생한 날의 당일이다. 그 이유는 ① ~ ③은 새로이 다른 자격을 얻지 못하고 상실하므로 하루 여유를 두는 것이고, ④ ~ ⑥은 **당일자로 다른 자격을 취득하므로 당일 상실**시켜도 아무 문제가 없기 때문이다.

---

69) 제7조(사업장의 신고) 사업장의 사용자는 다음 각 호의 어느 하나에 해당하게 되면 그 때부터 14일 이내에 보건복지부령으로 정하는 바에 따라 보험자에게 신고하여야 한다. 제1호에 해당되어 보험자에게 신고한 내용이 변경된 경우에도 또한 같다. 1. 제6조제2항에 따라 직장가입자가 되는 근로자·공무원 및 교직원을 사용하는 사업장(이하 "적용대상사업장"이라 한다)이 된 경우 2. 휴업·폐업 등 보건복지부령으로 정하는 사유가 발생한 경우.

Ⅳ. 보험급여

1. 보험급여의 종류

건강보험급여는 다음과 같다.

① 요양급여 ② 요양비 ③ 부가급여 ④ 장애인 보장구 ⑤ 건강검진.

2. 요양급여

요양급여는 가입자 및 피부양자의 질병, 부상, 출산 등에 대하여 그 치유 및 예방을 목적으로 하는 다음의 급여이며(제41조 제1항), 원칙적으로 **현물급여**이다.

① 진찰·검사 ② 약제(藥劑)·치료재료의 지급 ③ 처치·수술 및 그 밖의 치료 ④ 예방·재활 ⑤ 입원 ⑥ 간호 ⑦ 이송(移送).

3. 요양비

요양급여는 현물급여가 원칙이지만, 부득이한 사유가 있을 때에는 요양급여의 보완적 역할로서 예외적으로 **현금급여**를 인정하고 있다(제49조 제1항).

4. 부가급여

공단은 이 법에서 정한 요양급여 외에 **임신·출산 진료비, 장제비, 상병수당, 그 밖의 급여**를 실시할 수 있다(제50조).

5. 기 타

공단은 장애인복지법에 따라 등록한 **장애인인 가입자 및 피부양자**에게는 「장애인·노인 등을 위한 보조기기 지원 및 활용촉진에 관한 법률」 제3조 제2호에 따른 보조기기에 대하여 보험급여를 할 수 있다(제51조 제1항).

그리고 공단은 가입자와 피부양자에 대하여 질병의 조기 발견과 그에 따른 요양급여를 하기 위하여 **건강검진**을 실시한다(제52조 제1항).

V. 본인의 일부부담 등

1. 본인의 일부부담

요양급여를 받는 자는 **비용의 일부**를 본인이 부담하며, 선별급여에 대해서는 다른 요양급여에 비하여 본인일부부담금을 상향 조정할 수 있다(제44조 제1항, 2016년 3월 22일 개정, 2017년 3월 23일 시행).

본인이 연간 부담하는 본인일부부담금의 총액이 **대통령령으로 정하는 금액**을 초과한 경우에는 공단이 그 초과 금액을 부담하여야 한다(제44조 제2항, 2016년 3월 22일 신설, 2017년 3월 23일 시행).[70]

<표 25>　　　　　구간별 본인부담상한액 기준표(2019년)

(단위: 만 원)

소득분위	1구간 (1분위)	2구간 (2~3분위)	3구간 (4~5분위)	4구간 (6~7분위)	5구간 (8분위)	6구간 (9분위)	7구간 (10분위)
요양병원 120일 초과 입원한 경우	126 (추정)	158 (추정)	212 (추정)	280	350	430	580
요양병원 120일 초과 입원 제외한 경우	81 (추정)	102 (추정)	153 (추정)				

* 5분위 이하 상한액: '전국소비자물가변동률'('18. 12월말 통계청 발표) 추정치 1.8% 반영

2. 비급여 대상

보건복지부장관은 업무나 일상생활에 지장이 없는 질환에 대한 치료 등은 요양급여대상에서 제외되는 사항으로 정할 수 있다(제41조 제4항).

VI. 보험급여의 제한 및 정지

1. 절대적(강제적) 제한사항

다음은 보험급여를 행하지 않는 절대적 제한사항이다(제53조 제1항).

---

70) 본인부담상한액은 가입자의 소득수준 등에 따라 정한다(제44조 제3항, 2016년 3월 22일 신설, 2017년 3월 23일 시행).

① **고의 또는 중대한 과실**로 인한 범죄행위에 그 원인이 있거나 고의로 사고를 일으킨 경우

② 수급자가 **고의 또는 중대한 과실**로 공단이나 요양기관의 요양에 관한 지시에 따르지 아니한 경우

③ **고의 또는 중대한 과실**로 문서와 그 밖의 물건의 제출을 거부하거나 질문 또는 진단을 기피한 경우

④ 업무상 또는 공무로 생긴 질병·부상·재해로 **다른 법령**에 따른 보험급여나 보상(報償) 또는 보상(補償)을 받게 되는 경우.

2. 임의적(재량적) 제한사항

공단은 가입자가 대통령령으로 정하는 기간 이상 소득월액보험료, 세대단위의 **보험료를 체납한 경우** 그 체납한 보험료를 완납할 때까지 그 가입자 및 피부양자에 대하여 보험급여를 실시하지 아니할 수 있다.

Ⅶ. 권리구제절차

1. 이의신청

가입자 및 피부양자의 자격, 보험료 등, 보험급여, 보험급여 비용에 관한 공단의 처분에 이의가 있는 자는 **공단에 이의신청**을 할 수 있다(제87조 제1항).

요양급여비용 및 요양급여의 적정성 평가 등에 관한 심사평가원의 처분에 이의가 있는 공단, 요양기관 또는 그 밖의 자는 **심사평가원에 이의신청**을 할 수 있다(제87조 제2항).

위 이의신청은 **처분이 있음을 안 날부터 90일 이내에** 문서(전자문서 포함)로 하여야 하며 처분이 있은 날부터 180일을 지나면 제기하지 못한다(제87조 제3항).[71]

2. 심판청구

이의신청에 대한 결정에 불복하는 자는 **건강보험분쟁조정위원회에 심판청구**를 할 수 있다(제88조 제1항).

3. 행정소송

공단 또는 심사평가원의 처분에 이의가 있는 자와 이의신청 또는 심판청구에 대한 결정에 불복하는 자는 행정소송법에서 정하는 바에 따라 행정소송을 제기할 수 있다(제90조).

---

71) 다만, 정당한 사유로 그 기간에 이의신청을 할 수 없었음을 소명한 경우에는 그러하지 아니하다.

기출 문제

1. 국민건강보험종합계획

[2018년 제16회 기출 문제] 다음 중 국민건강보험법상 국민건강보험종합계획에 포함되어야 할 사항을 모두 고른 것은?

가. 보험료 부과체계에 관한 사항

나. 요양급여비용에 관한 사항

다. 취약계층 지원에 관한 사항

라. 건강보험에 관한 통계 및 정보의 관리에 관한 사항

① 가, 나 ② 나, 라 ③ 가, 다, 라 ④ 나, 다, 라 ⑤ 가, 나, 다, 라

[해설] 정답: ⑤

· 국민건강보험종합계획에는 다음의 사항이 포함되어야 한다.

① 건강보험정책의 기본목표 및 추진방향

② 건강보험 보장성 강화의 추진계획 및 추진방법

③ 건강보험의 중장기 재정 전망 및 운영

④ **보험료 부과체계**에 관한 사항

⑤ **요양급여비용**에 관한 사항

⑥ 건강증진 사업에 관한 사항

⑦ **취약계층 지원**에 관한 사항

⑧ **건강보험에 관한 통계 및 정보의 관리**에 관한 사항

⑨ 그 밖에 건강보험의 개선을 위하여 필요한 사항으로 대통령령으로 정하는 사항.

2. 직장가입자의 피부양자

[2016년 제14회 기출 문제] 국민건강보험법령상 직장가입자의 피부양자가 될 수 없는 자는? (단, 직장가입자에게 주로 생계를 의존하고, 그와 동거하며 보수나 소득이 없는 자에 한함)

① 직장가입자의 배우자의 자매

② 직장가입자의 배우자

③ 직장가입자의 자녀

④ 직장가입자의 부모

⑤ 직장가입자의 조부모

[해설] 정답: ①

· 피부양자라 함은 다음의 사람 중에서 직장가입자에 의하여 주로 생계를 유지하는 자로서 보수 또는 소득이 없는 사람을 말한다.

① **직장가입자의 배우자** ② **직장가입자의 직계존속(배우자의 직계존속 포함)** ③ **직장가입자의 직계비속(배우자의 직계비속 포함)과 그 배우자** ④ **직장가입자의 형제·자매.**

· 배우자의 직계존속과 배우자의 직계비속은 포함되지만, 배우자의 형제·자매는 해당되지 않는다.

3. 가입자격의 상실

[2015년 제13회 기출 문제] 국민건강보험법령상 건강보험 가입자가 자격을 상실하는 날로서 옳은 것은?

① 국적을 잃은 날

② 사망한 날

③ 국내에 거주하지 아니하게 된 날의 다음 날

④ 의료급여법에 따라 의료급여를 받게 된 날의 다음날

⑤ 직장가입자의 피부양자가 된 날의 다음 날

[해설] 정답: ③

· 가입자는 다음의 어느 하나에 해당하게 된 날에 그 자격을 잃는다.

① 사망한 날의 **다음 날**

② 국적을 잃은 날의 **다음 날**

③ 국내에 거주하지 아니하게 된 날의 **다음 날**

④ 직장가입자의 피부양자가 된 날

⑤ 수급권자가 된 날

⑥ 건강보험을 적용받고 있던 사람이 유공자등 의료보호대상자가 되어 건강보험의 적용배제신청을 한 날.

· 여기서 상실일자가 ① ~ ③은 사유가 발생한 날의 다음 날이고 ④ ~ ⑥은 사유가 발생한 날의 당일이다.

· 그 이유는 ① ~ ③은 새로이 다른 자격을 얻지 못하고 상실하므로 하루 여유를 두는 것이고, ④ ~ ⑥은 **당일자로 다른 자격을 취득**하므로 당일 상실시켜도 아무 문제가 없기 때문이다.

[2019년 제17회 기출 문제] 국민건강보험법상 가입자가 자격을 상실하는 시기로 옳은 것은?

① 사망한 날의 다음 날

② 국적을 잃은 날

③ 국내에 거주하지 아니하게 된 날

④ 직장가입자의 피부양자가 된 다음 날

⑤ 수급권자가 된 다음 날

[해설] 정답: ①

· 가입자는 다음의 어느 하나에 해당하게 된 날에 그 자격을 잃는다.

① 사망한 날의 **다음 날**

② 국적을 잃은 날의 **다음 날**

③ 국내에 거주하지 아니하게 된 날의 **다음 날**

④ 직장가입자의 피부양자가 된 날

⑤ 수급권자가 된 날

⑥ 건강보험을 적용받고 있던 사람이 유공자등 의료보호대상자가 되어 건강보험의 적용배제신청을 한 날.

· 여기서 상실일자가 ① ~ ③은 사유가 발생한 날의 다음 날이고 ④ ~ ⑥은 사유가 발생한 날의 당일이다.

· 그 이유는 ① ~ ③은 새로이 다른 자격을 얻지 못하고 상실하므로 하루 여유를 두는 것이고, ④ ~ ⑥은 **당일자로 다른 자격을 취득**하므로 당일 상실시켜도 아무 문제가 없기 때문이다.

제 3 절

국민연금법

I. 입법 현황

우리나라에서는 1973년 **국민복지연금법**이 제정되었으나 오랫동안 시행되지 못하였다. 그 후 1988년 올림픽 개최를 앞두고 1986년 12월 31일 국민복지연금법을 **국민연금법으로** 전면개정하여 1988년 1월 1일 시행되었다.

그리고 IMF후 1998년 대폭 개정되었는데, 가입대상자를 전국민으로 확대하고, 국민연금 급여수준을 인하하고, 국민연금 수급연령을 상향조정하였다.72)

그리고 2011년 개정시 국민연금 수급개시연령 상향조정 적용대상을 현행 연도별 기재방식에서 출생연도별 기재방식으로 변경하였다.73)

---

72) 제3조 (급여의 지급연령에 관한 적용예) 급여에 관한 지급연령은 그 지급연령에 관한 각각의 규정에 불구하고 그 지급연령에 2013년부터 2017년까지는 1세를, 2018년부터 2022년까지는 2세를, 2023년부터 2027년까지는 3세를, 2028년부터 2032년까지는 4세를, 2033년이후에는 5세를 각각 더한 연령을 적용한다. < 개정 1998. 12. 31. 시행 1999. 1. 1.>

73) 부칙 제18조 (급여의 지급연령에 관한 적용례) 급여에 관한 지급연령은 그 지급연령에 관한 규정에도 불구하고 그 지급연령에 1953년부터 1956년까지 출생자는 1세를, 1957년부터 1960년까지 출생자는 2세를, 1961년부터 1964년까지 출생자는 3세를, 1965년부터 1968년까지 출생자는 4세를, 1969년 이후 출생자는 5세를 각각 더한 연령을 적용한다. <개정 2011. 12. 31. 시행일: 2013. 1. 1.>

<표 26>　　　　　　　국민연금 수급연령 조정표

연　도	2014년~	2019년~	2024년~	2029년~	2034년~
수급 연령	61세	**62세**	63세	64세	65세
출생 연도	1953~1956	**1957~1960**	1961~1964	1965~1968	1969~

* 2019년 수급대상자는 **62세(1957년생) 이상자**이다.

　　　국민연금제도는 **노령·폐질 또는 사망 등** 사회적 재해가 발생한 경우에, 가입자의 거출금을 주된 재원으로 하여 연금급여의 실시를 통한 장기적 소득을 보장함으로써, 국민생활의 안정과 복지증진에 기여하고 헌법에서 보장하고 있는 인간다운 생활을 실현하고자 하는 것이다. 이러한 취지에서 국민연금법을 제정하였다.

　　　우리나라의 연금제도는 국민연금제도 이외에 각 특수직역별로 공무원연금, 군인연금, 사립학교교직원연금 등이 시행되고 있다.

<판례 4> 헌법재판소 2001.2.22. 결정 99헌마365

国민연금제도는 가입기간 중에 납부한 보험료를 급여의 산출근거로 하여 일정한 급여를 지급하는 것이므로 반대급부 없이 국가에서 강제로 금전을 징수하는 조세와는 성격을 달리한다. 비록 국민연금법 제79조가 연금보험료의 강제징수에 관하여 규정하고 있으나 이는 국민연금제도의 고도의 공익성을 고려하여 법률이 특별히 연금보험료의 강제징수 규정을 둔 것이지 그렇다고 하여 <u>국민연금보험료를 조세로 볼 수는 없다.</u> 또한 국민연금제도에 소득재분배의 효과가 있지만, 이는 사회보험의 본질적 요소로서 소득재분배를 어느 정도로 할 것인지는 입법정책의 문제이며, 뿐만 아니라 연금보험료의 징수는 재산권행사의 사회적 의무성의 한계 내에 있다고 볼 수 있다. 따라서 국민연금제도는 조세법률주의나 재산권보장에 위배되지 않는다.

강제가입과 연금보험료의 강제징수를 전제로 한 국민연금제도는 자신 스스로 사회적 위험에 대처하고자 하는 개인들의 행복추구권을 침해한다고 볼 수 있다. 그러나 국민의 노령·폐질 또는 사망에 대하여 연금급여를 실시함으로써 국민의 생활안정과 복지증진에 기여할 것을 그 목적으로 하는 국민연금법의 입법목적에 정당성이 있으며, 국가적인 보험기술을 통하여 사회적 위험을 대량으로 분산시킴으로써 구제를 도모하는 사회보험제도의 일종으로서 그 방법 또한 적정하고, 필요한 최소한도로 개인의 선택권이 제한되며, 국민연금제도를 통하여 달성하고자 하는 공익이 개별적인 내용의 저축에 대한 선택권이라는 개인적 사익보다 월등히 크다고 보아야 할 것이어서 과잉금지의 원칙에 위배되지 아니하므로, 결국 위 행복추구권 침해는 헌법에 위반된다고 할 수 없다.

우리 헌법의 경제질서 원칙에 비추어 보면, 사회보험방식에 의하여 재원을 조성하여 반대급부로 노후생활을 보장하는 강제저축 프로그램으로서의 국민연금제도는 상호부조의 원리에 입각한 사회연대성에 기초하여 고소득계층에서 저소득층으로, 근로세대에서 노년세대로, 현재세대에서 다음세대로 국민간에 소득재분배의 기능을 함으로써 오히려 위 사회적 시장경제질서에 부합하는 제도라 할 것이므로, 국민연금제도는 헌법상의 시장경제질서에 위배되지 않는다.

<판례 5> 헌법재판소 2001.2.22. 결정 99헌마365

1. 분할연금제도는 재산권적인 성격과 사회보장적 성격을 함께 가진다. 분할연금제도의 재산권적 성격은 노령연금 수급권도 혼인생활 중에 협력하여 이룬 부부의 공동재산이므로 이혼 후에는 그 기여분에 해당하는 몫을 분할하여야 한다는 것이고, 여기서 노령연금 수급권 형성에 대한 기여란 부부공동생활 중에 역할분담의 차원에서 이루어지는 가사·육아 등을 의미하므로, 분할연금은 국민연금 가입기간 중 실질적인 혼인 기간을 고려하여 산정하여야 한다. 따라서 법률혼 관계를 유지하고 있었다고 하더라도 실질적인 혼인관계가 해소되어 노령연금 수급권의 형성에 아무런 기여가 없었다면 그 기간에 대하여는 노령연금의 분할을 청구할 전제를 갖추었다고 볼 수 없다.
그럼에도 불구하고 심판대상조항은 법률혼 관계에 있었지만 별거·가출 등으로 실질적인 혼인관계가 존재하지 않았던 기간을 일률적으로 혼인 기간에 포함시켜 분할연금을 산정하도록 하고 있는바, 이는 분할연금제도의 재산권적 성격을 몰각시키는 것으로서 그 입법형성권의 재량을 벗어났다고 보아야 한다.

2015. 12. 29. 개정된 국민연금법은 제64조의2를 신설하여 민법상 재산분할청구 제도에 따라 연금의 분할에 관하여 별도로 결정된 경우에는 그에 따르도록 하였다. 그런데, 위 조항이 신설되었다 하더라도 심판대상조항이 유효하다면 노령연금 수급권자로서는 하여금 먼저 재산분할청구권을 행사하여야 자신의 정당한 연금을 확보할 수 있으므로, 위 조항이 신설되었다 하여 심판대상조항의 위헌성이 해소되는 것은 아니다. 따라서 심판대상조항은 재산권을 침해한다.

2. 심판대상조항에 대하여 단순위헌결정을 선고하는 경우 노령연금 수급권 형성에 기여한 이혼배우자의 분할연금 수급권의 근거규정까지도 사라지는 법적 공백 상태가 발생하게 될 뿐만 아니라, 입법자는 개선입법을 형성함에 있어 광범위한 입법재량을 가진다. 따라서 심판대상조항에 대하여 헌법불합치결정을 선고하되, 2018. 6. 30.을 시한으로 입법자의 개선입법이 있을 때까지 계속 적용을 명한다.

Ⅱ. 국민연금의 운영주체

국민연금법은 "이 법에 따른 국민연금사업은 **보건복지부장관**이 맡아 주관한다(제2조)." 라고 규정함으로써 국영방식을 채택하고 있다. 그리고 보건복지부장관의 위탁을 받아 제1조의 목적을 달성하기 위한 사업을 효율적으로 수행하기 위하여 **국민연금공단**(다음부터, '공단' 이라 한다)을 설립하여 운영하도록 한다(제24조).

공단은 법인으로 하며(제26조), 정부를 대행하여 국가적인 차원인 연금보험사업을 경영하기 때문에 사법인이 아니라 **공법인**에 속한다.

Ⅲ. 피보험자

1. 가입대상

국내에 거주하는 **18세 이상 60세 미만의 국민**은 가입대상이 된다 (제6조 본문).

가입자의 자격을 **상실한 후 다시 그 자격을 취득**한 자에 대하여는 전후(前後)의 가입기간을 합산하며(제20조 제1항), 가입자의 **가입 종류가 변동**되면 그 가입자의 가입기간은 각 종류별 가입기간을 합산한 기간으로 한다(제20조 제2항).

2. 가입자의 종류

가. 가입자의 종류

가입자74)는 **사업장가입자, 지역가입자, 임의가입자 및 임의계속 가입자**로 구분한다(제7조).

---

74) 수급권을 취득할 당시 가입자 또는 가입자였던 자의 태아가 출생하면 그 자녀는 가입자 또는 가입자였던 자에 의하여 생계를 유지하고 있던 자녀로 본다(제2조 제3항).

나. 사업장 가입자

사업의 종류, 근로자의 수 등을 고려하여 대통령령으로 정하는 사업장(이하 "당연적용사업장" 이라 한다)의 **18세 이상 60세 미만인 근로자와 사용자**는 당연히 사업장가입자가 된다(제8조 제1항 본문).

그러나 공무원연금법, 공무원 재해보상법, 사립학교교직원 연금법 또는 별정우체국법에 따른 퇴직연금, 장해연금 또는 퇴직연금일시금이나 군인연금법에 따른 퇴역연금, 상이연금, 퇴역연금일시금을 받을 권리를 얻은 자(이하 '퇴직연금등수급권자' 라 한다)는 제외한다(제8조 제1항 단서).75)

그리고 국민연금에 가입된 사업장에 종사하는 **18세 미만 근로자**는 본인이 원하지 아니하는 경우를 제외하고, 사업장가입자가 되는 것으로 본다(제8조 제2항).

국민기초생활 보장법에 따른 **생계급여 수급자 또는 의료급여 수급자**는 본인의 희망에 따라 사업장가입자가 되지 아니할 수 있다(제8조 제3항).

다. 지역 가입자

사업장가입자가 아닌 자로서 18세 이상 60세 미만인 자는 다음의 어느 하나에 해당하는 자를 제외하고, 당연히 지역가입자가 된다(제9조).

---

75) 그러나 퇴직연금등수급권자가 「국민연금과 직역연금의 연계에 관한 법률」 제8조에 따라 연계 신청을 한 경우에는 제외하지 아니하다.

① 국민연금 가입 대상에서 제외되는 자, 사업장가입자, 지역가입자 및 임의계
  속가입자, 노령연금 수급권자 및 퇴직연금등수급권자의 배우자로서 별도의
  소득이 없는 자
② 퇴직연금등수급권자[76]
③ 18세 이상 27세 미만인 자로서 학생이거나 군 복무 등의 이유로 소득이 없
  는 자[77]
④ 국민기초생활 보장법에 따른 생계급여 수급자 또는 의료급여 수급자
⑤ 1년 이상 행방불명된 자.

라. 임의가입자

사업장가입자나 지역가입자에 해당하지 아니하는 자로서 18세 이
상 60세 미만인 자는 보건복지부령으로 정하는 바에 따라 국민연금공
단에 가입을 신청하면 임의가입자가 될 수 있다(제10조 제1항).

마. 임의계속가입자

다음의 어느 하나에 해당하는 자는 **65세가 될 때까지** 보건복지
부령으로 정하는 바에 따라 국민연금공단에 가입을 신청하면 임의계
속가입자가 될 수 있으며, 이 경우 가입 신청이 수리된 날에 그 자격
을 취득한다(제13조 제1항).

① 국민연금 가입자 또는 가입자였던 자로서 60세가 된 자[78]
② 전체 국민연금 가입기간의 5분의 3 이상을 대통령령으로 정하는 직종의 근
  로자로 국민연금에 가입하거나 가입하였던 사람(이하 '특수직종근로자'라 한

---

76) 그러나 퇴직연금등수급권자가 「국민연금과 직역연금의 연계에 관한 법률」 제80조
   에 따라 연계 신청을 한 경우에는 제외하지 아니한다.
77) 그러나 연금보험료를 납부한 사실이 있는 자는 제외하지 아니한다.
78) 그러나 ① 연금보험료를 납부한 사실이 없는 자 ② 노령연금 수급권자로서 급여
   를 지급받고 있는 자 ③ 반환일시금을 지급받은 자는 제외한다.

다)으로서 노령연금 수급권을 취득한 사람 또는 특례노령연금 수급권을 취득한 사람 중 노령연금 급여를 지급받지 않는 사람.

2. 가입자 자격의 취득 시기

사업장가입자는 다음의 어느 하나에 **해당하게 된 날**에 그 자격을 취득한다(제11조 제1항).

① 당연적용사업장에 고용된 때 또는 그 사업장의 사용자가 된 때
② 당연적용사업장으로 된 때.

지역가입자는 다음의 어느 하나에 **해당하게 된 날**에 그 자격을 취득한다(제11조 제2항).

① 사업장가입자의 자격을 상실한 때
② 국민연금 가입 대상 제외자에 해당하지 아니하게 된 때
③ 배우자가 별도의 소득이 있게 된 때
④ 18세 이상 27세 미만인 자가 소득이 있게 된 때.

임의가입자는 **가입 신청이 수리된 날**에 자격을 취득한다(제11조 제2항).

3. 가입자 자격의 상실 시기

가. 사업장가입자

사업장가입자는 다음의 어느 하나에 **해당하게 된 날의 다음 날**에 자격을 상실한다(제12조 제1항 본문).

① 사망한 때
② 국적을 상실하거나 국외로 이주한 때
③ 사용관계가 끝난 때
④ 60세가 된 때.

    사업장가입자는 국민연금 가입 대상 제외자에 해당하게 된 때에는 그에 **해당하게 된 날**에 자격을 상실한다(제12조 제1항 단서).

나. 지역가입자

    지역가입자는 다음의 어느 하나에 **해당하게 된 날의 다음 날**에 자격을 상실한다(제12조 제2항 본문).

① 사망한 때
② 국적을 상실하거나 국외로 이주한 때
③ 국민연금 가입 대상 제외자에 해당하게 된 때
④ 60세가 된 때.

    지역가입자는 다음의 어느 하나에 해당하게 된 때에는 그에 **해당하게 된 날**에 자격을 상실한다(제12조 제2항 단서).

① 사업장가입자의 자격을 취득한 때 ② 배우자로서 별도의 소득이 없게 된 때.

다. 임의가입자

    임의가입자는 다음의 어느 하나에 **해당하게 된 날의 다음 날**에 자격을 상실한다(제12조 제3항 본문).

① 사망한 때 ② 국적을 상실하거나 국외로 이주한 때
③ 탈퇴 신청이 수리된 때 ④ 60세가 된 때
⑤ 대통령령으로 정하는 기간[79] 이상 계속하여 연금보험료를 체납한 때.

임의가입자는 다음의 어느 하나에 해당하게 된 때에는 그에 **해당하게 된 날**에 자격을 상실한다(제12조 제3항 단서).

① 사업장가입자 또는 지역가입자의 자격을 취득한 때
② 국민연금 가입 대상 제외자에 해당하게 된 때.

라. 임의계속가입자

임의계속가입자는 다음의 어느 하나에 해당하게 된 날의 **다음 날**에 그 자격을 상실한다(제13조 제3항).

① 사망한 때 ② 국적을 상실하거나 국외로 이주한 때 ③ 탈퇴 신청이 수리된 때[80] ④ 대통령령으로 정하는 기간[81] 이상 계속하여 연금보험료를 체납한 때.

Ⅳ. 보험급여의 내용

1. 급여의 종류

국민연금법상 급여의 종류는 다음과 같다(제49조).

① 노령연금   ② 장애연금   ③ 유족연금   ④ 반환일시금.

---

79) 이는 3개월로 하며, 천재지변이나 그 밖에 부득이한 사유로 기간 내에 연금보험료를 낼 수 없었음을 증명하면 그러하지 아니하다(영 제21조).
80) 이 경우 임의계속가입자가 납부한 마지막 연금보험료에 해당하는 달의 말일이 탈퇴 신청이 수리된 날보다 같거나 빠르고 임의계속가입자가 희망하는 경우에는 임의계속가입자가 납부한 마지막 연금보험료에 해당하는 달의 말일에 그 자격을 상실한다.
81) 이는 각주 79)와 동일하다.

급여는 수급권자의 청구에 따라 공단이 지급하며(제50조 제1항), 연금액은 지급사유에 따라 **기본연금액과 부양가족연금액**을 기초로 산정한다(제50조 제2항).

수급권자에게 이 법에 의한 2 이상의 급여 수급권이 생기면 수급권자의 선택에 따라 그 중 **하나만 지급하고 다른 급여의 지급은 정지**된다(제56조 제1항). 그러나 선택하지 아니한 급여가 다음의 어느 하나에 해당하는 경우에는 해당 호에 규정된 금액을 선택한 급여에 추가하여 지급한다(제56조 제2항).[82]

① 선택하지 아니한 급여가 **유족연금일 때**[83]: 유족연금액의 100분의 30에 해당하는 금액

② 선택하지 아니한 급여가 **반환일시금일 때**[84]: 제80조 제2항[85]에 상당하는 금액.

2. 노령연금의 수급권

가입기간이 10년 이상인 가입자 또는 가입자였던 자에 대하여는 60세(특수직종근로자는 55세)가 된 때부터 그가 생존하는 동안 노령연금을 지급한다(제61조 제1항). 노령연금액은 기본연금 혹은 감액연금에 부양가

---

82) 이는 2016년 5월 29일 개정시 추가되었다.

83) 선택한 급여가 반환일시금일 때를 제외한다.

84) 선택한 급여가 장애연금이고, 선택하지 아니한 급여가 본인의 연금보험료 납부로 인한 반환일시금일 때를 제외한다.

85) 제80조 ② 제1항에 따른 사망일시금은 가입자 또는 가입자였던 자의 반환일시금에 상당하는 금액으로 하되, 그 금액은 사망한 가입자 또는 가입자였던 자의 최종 기준소득월액을 제51조제1항제2호에 따른 연도별 재평가율에 따라 사망일시금 수급 전년도의 현재가치로 환산한 금액과 같은 호에 준하여 산정한 가입기간 중 기준소득월액의 평균액 중에서 많은 금액의 4배를 초과하지 못한다.

족연금액을 더한 금액으로 한다(제63조 제1항).

가. 노령연금의 수급요건

① **60세 이상이며 가입기간이 20년 이상인 자**에 대하여는 완전 (기본)연금을 지급한다(제63조 제1항 제1호).

② **60세 이상이지만 가입기간이 10년 이상 20년 미만인 자**에 대하여는 감액연금을 지급한다(제63조 제1항 제1호).

나. 재직시: 감액

노령연금 수급권자가 대통령령으로 정하는 **소득이 있는 업무에 종사하면** 60세 이상 65세 미만(특수직종근로자는 55세 이상 60세 미만)인 기간에는 노령연금액에서 부양가족연금액을 제외한 금액에 수급권자의 연령별로 소정비율(1천분의 500~900)을 곱한 금액을 지급한다(제63조의2).

다. 실직자에 대한 조기노령연금

③ **가입기간이 10년 이상인 가입자 또는 가입자였던 자로서 55세 이상인 자**가 대통령령으로 정하는 소득이 있는 업무에 종사하지 아니하는 경우 본인이 희망하면, **60세가 되기 전이라도** 본인이 청구한 때부터 그가 생존하는 동안 일정한 금액의 연금(다음부터 '조기노령연금'이라 한다)을 받을 수 있다(제61조 제2항).

라. 부양가족연금액

부양가족연금액은 수급권자를 기준으로 하는 다음의 자로서 수급권자에 의하여 생계를 유지하고 있는 자에 대하여 해당 금액으로 한다(제52조 제1항).

① 배우자[86]): **연 15만원**
② 19세 미만[87])이거나 장애등급 2급 이상인 자녀(배우자가 혼인 전에 얻은 자녀를 포함한다.): **연 10만원**
③ 60세 이상이거나 장애등급 2급 이상인 부모(부 또는 모의 배우자, 배우자의 부모를 포함한다.): **연 10만원**.

마. 연금수령 연기시·가산

노령연금의 수급권자로서 62세 이상 65세 미만인 사람(특수직종근로자는 55세 이상 62세 미만인 사람)이 연금지급의 연기를 희망하는 경우에는 1회에 한정하여 65세(특수직종근로자는 60세) 전까지의 기간에 대하여 그 지급을 연기할 수 있으며(제62조 제1항), 이 경우 연기되는 매 1개월마다 그 금액의 1천분의 6을 더한 액으로 한다(제62조 제2항).

바. 분할연금 수급권자 등

혼인 기간(배우자의 가입기간 중의 혼인 기간만 해당한다.)이 **5년 이상인 자**가 지급요건을 갖추면 그때부터 그가 생존하는 동안 배우자였던 자의 노령연금

---

86) 이 법을 적용할 때 배우자, 남편 또는 아내에는 사실상의 혼인관계에 있는 자를 포함한다(제3조 제2항).
87) 2015년 1월 28일 개정시 "18세 미만"에서 "19세 미만"으로 상향되었다.

을 분할한 일정한 금액의 연금을 받을 수 있다(제64조 제1항).

분할연금액은 배우자였던 자의 노령연금액(부양가족연금액은 제외한다) 중 **혼인 기간에 해당하는 연금액**을 균등하게 나눈 금액으로 한다(제64조 제2항).88)

3. 장애연금의 수급권

가. 장애연금의 수급권자

가입자 또는 가입자이었던 자가 질병이나 부상으로 **신체상 또는 정신상의 장애**가 있고 다음의 요건을 모두 충족하는 경우에는 장애 정도를 결정하는 기준이 되는 날부터 그 장애가 계속되는 기간 동안 장애 정도에 따라 장애연금을 지급한다(제67조 제1항). 따라서 장애연금의 수급권은 수급권자가 사망하거나 장해등급에 해당하지 않게 된 때에 소멸한다.

① 해당 질병 또는 부상의 초진일 당시 연령이 18세(다만, 18세 전에 가입한 경우에는 가입자가 된 날을 말한다) 이상이고 노령연금의 지급 연령 미만일 것

② 다음의 어느 하나에 해당할 것

　(가) 해당 질병 또는 부상의 초진일 당시 연금보험료를 낸 기간이 가입대상기간의 3분의 1 이상일 것

　(나) 해당 질병 또는 부상의 초진일 5년 전부터 초진일까지의 기간 중 연금보험료를 낸 기간이 3년 이상일 것. 다만, 가입대상기간 중 체납기간이 3년 이상인 경우는 제외한다.

　(다) 해당 질병 또는 부상의 초진일 당시 가입기간이 10년 이상일 것.

---

88) 분할연금 수급권은 그 수급권을 취득한 후에 배우자였던 자에게 생긴 사유로 노령연금 수급권이 소멸·정지되어도 영향을 받지 아니한다(제65조 제1항). 수급권자에게 2 이상의 분할연금 수급권이 생기면 2 이상의 분할연금액을 합산하여 지급한다(제65조 제2항 본문).

나. 장애연금액

장애연금액은 장애등급에 따라 1천분의 600(3급)에서 1천분의 1000(1급)까지 지급하고(제68조 제1항), 장애등급 4급에 해당하는 자에 대하여는 기본연금액의 1천분의 2천 250에 해당하는 금액을 **일시보상금**으로 지급한다(제68조 제2항).[89]

4. 유족연금의 수급권

가. 요 건

다음 어느 하나에 해당하는 자가 사망하면 그 유족에게 유족연금을 지급한다(제72조 제1항 본문).

① 노령연금 수급권자 ② 가입기간이 10년 이상인 가입자 또는 가입자였던 자 ③ 연금보험료를 낸 기간이 가입대상기간의 3분의 1 이상인 가입자 또는 가입자였던 자 ④ 사망일 5년 전부터 사망일까지의 기간 중 연금보험료를 낸 기간이 3년 이상인 가입자 또는 가입자였던 자. 다만, 가입대상기간 중 체납기간이 3년 이상인 사람은 제외한다. ⑤ 장애등급이 2급 이상인 장애연금 수급권자.

나. 금 액

유족연금액은 가입기간에 따라 소정금액(1천분의 400~600)에 부양가

---

89) 2017년 12월 19일 장애인복지법 개정시 장애인등급제가 폐지되어 2019년 7월 1일 시행되었으나, 국민연금법에는 아직 적용되지 않고 있다.

족연금액을 더한 금액으로 한다(제74조 본문). 다만, 노령연금 수급권자가 사망한 경우의 유족연금액은 사망한 자가 지급받던 노령연금액을 초과할 수 없다(제74조 단서).

다. 소 멸

유족연금 수급권자가 다음의 어느 하나에 해당하게 되면 그 수급권은 소멸한다(제75조 제1항).

① 수급권자가 사망한 때
② 배우자인 수급권자가 재혼한 때
③ 자녀나 손자녀인 수급권자가 파양된 때
④ 장애등급 2급 이상에 해당하지 아니한 자녀인 수급권자가 25세가 된 때 또는 장애등급 2급 이상에 해당하지 아니한 손자녀인 수급권자가 19세가 된 때.

5. 반환일시금 등

가입자 또는 가입자였던 자가 다음의 지급요건 중 어느 하나에 해당하게 되면 본인이나 그 유족의 청구에 의하여 반환일시금을 지급받을 수 있다(제77조 제1항, 2016년 5월 29일 개정).

① 가입기간이 10년 미만인 자가 60세가 된 때
② 가입자 또는 가입자였던 자가 사망한 때. 다만, 유족연금이 지급되는 경우에는 그러하지 아니하다.
③ 국적을 상실하거나 국외로 이주한 때.

반환일시금의 금액은 가입자 또는 가입자였던 자가 납부한 **연금보험료**(사업장가입자 또는 사업장가입자였던 자의 경우에는 사용자의 부담금을 포함한다)에 **이자**를 더한 금액으로 한다(제77조 제2항).

V. 연금의 지급방법

1. 지급시기와 일자

연금은 **지급하여야 할 사유가 생긴 날이 속하는 달의 다음 달부터 수급권이 소멸한 날이 속하는 달까지** 지급한다(제54조 제1항). 연금은 **매월 25일**에 그 달의 금액을 지급하되, 지급일이 토요일이나 공휴일이면 그 전날에 지급한다(제54조 제2항 본문).

2. 미지급 급여

수급권자가 사망한 경우 그 수급권자에게 지급하여야 할 급여 중 아직 지급되지 아니한 것이 있으면 그 배우자·자녀·부모·손자녀·조부모 또는 형제자매의 청구에 따라 그 미지급 급여를 지급한다(제55조 제1항 본문).

다만, 가출·실종 등 대통령령으로 정하는 경우에 해당하는 사람에게는 지급하지 아니하며, 형제자매의 경우에는 대통령령으로 정하는 바에 따라 수급권자의 사망 당시[90] 수급권자에 의하여 생계를 유지하고 있던 사람에게만 지급한다(제55조 제1항 단서).

---

90) 민법 제27조 제1항에 따른 실종선고를 받은 경우에는 실종기간의 개시 당시를, 같은 조 제2항에 따른 실종선고를 받은 경우에는 사망의 원인이 된 위난 발생 당시를 말한다.

급여를 받을 순위는 **배우자, 자녀, 부모, 손자녀, 조부모, 형제자매의 순**으로 하며, 순위가 같은 사람이 2명 이상이면 똑같이 나누어 지급한다(제55조 제2항).

미지급 급여는 수급권자가 사망한 날부터 **5년 이내에 청구**하여야 한다(제55조 제3항).

3. 지급 제한

가. 임의적(재량적) 지급 제한 사유

가입자 또는 가입자였던 자가 **고의로 질병·부상 또는 그 원인이 되는 사고를 일으켜 그로 인하여 장애를 입은 경우**에는 그 장애를 지급 사유로 하는 장애연금을 지급하지 아니할 수 있다(제82조 제1항).

그리고 가입자 또는 가입자였던 자가 **고의나 중대한 과실로 요양 지시에 따르지 아니하거나 정당한 사유 없이 요양 지시에 따르지 아니하여** 다음의 어느 하나에 해당하게 되면 대통령령으로 정하는 바에 따라 이를 원인으로 하는 급여의 전부 또는 일부를 지급하지 아니할 수 있다(제82조 제2항).

① 장애를 입거나 사망한 경우
② 장애나 사망의 원인이 되는 사고를 일으킨 경우
③ 장애를 악화시키거나 회복을 방해한 경우.

그리고 다음의 경우 급여의 전부 또는 일부의 **지급을 정지**할 수 있으며(제86조 제1항), 그 전에 급여의 **지급을 일시중지**할 수 있다(제86조 제2항).

① 수급권자가 정당한 사유 없이 제122조 제1항에 따른 **공단의 서류, 그 밖의 자료 제출 요구**에 응하지 아니한 때
② 장애연금 또는 유족연금의 수급권자가 정당한 사유 없이 제120조에 따른 **공단의 진단 요구 또는 확인**에 응하지 아니한 때
③ 장애연금 수급권자가 고의나 중대한 과실로 **요양 지시**에 따르지 아니하거나 정당한 사유 없이 요양 지시에 따르지 아니하여 회복을 방해한 때
④ 수급권자가 정당한 사유 없이 제121조 제1항에 따른 **신고**를 하지 아니한 때.

나. 절대적(강제적) 지급 제한 사유

다음의 어느 하나에 해당하는 사람에게는 사망에 따라 발생되는 유족연금, 미지급급여, 반환일시금 및 사망일시금(유족연금등)을 지급하지 아니한다(제82조 제3항).

① 가입자 또는 가입자였던 자를 **고의로 사망하게 한 유족**
② 유족연금등의 수급권자가 될 수 있는 자를 **고의로 사망하게 한 유족**
③ 다른 유족연금등의 수급권자를 **고의로 사망하게 한 유족연금등의 수급권자**.

VI. 권리구제절차

1. 심사청구

가입자의 자격, 기준소득월액, 연금보험료, 그 밖의 이 법에 따른 징수금과 급여에 관한 공단 또는 건강보험공단의 처분에 이의가 있는 자는 **그 처분을 한 공단 또는 건강보험공단**에 심사청구를 할 수 있

다(제108조 제1항).

위 심사청구는 그 **처분이 있음을 안 날부터 90일 이내에 문서 (전자문서 포함)로** 하여야 하며, 처분이 있은 날부터 180일을 경과하면 이를 제기하지 못한다(제108조 제2항).[91] 위 심사청구 사항을 심사하기 위하여 공단에 **국민연금심사위원회**를 두고, 건강보험공단에 **징수심사 위원회**를 둔다(제109조 제1항).

2. 재심사청구

위 심사청구에 대한 결정에 불복하는 자는 그 **결정통지를 받은 날부터 90일 이내에 국민연금재심사위원회**에 재심사를 청구할 수 있다 (제110조 제1항).[92]

3. 행정심판과의 관계

재심사위원회의 재심사와 재결에 관한 절차에 관하여는 행정심판법을 준용한다(제112조 제1항). 재심사청구 사항에 대한 재심사위원회의 재심사는 행정소송법을 적용할 때 행정심판법에 따른 행정심판으로 본다(제112조 제2항).

---

91) 다만, 정당한 사유로 그 기간에 심사청구를 할 수 없었음을 증명하면 그 기간이 지난 후에도 심사 청구를 할 수 있다.

92) 재심사청구 사항을 심사하기 위하여 보건복지부에 국민연금재심사위원회를 둔다 (제111조 제1항).

Ⅶ. 연금연계제도

1. 연계의 필요성

국민연금에 가입한 자가 공무원, 사립학교교직원, 군인 등으로 임용되기도 하고, 반대로 이들 직종에 근무하다가 불가피한 사유로 민간기업에 입사하거나 사업을 할 수도 있다. 이러한 경우에는 국민연금과 특수직 연금간에는 연계가 필요하다.

그럼에도 불구하고 공무원연금, 사립학교교직원연금, 군인연금 상호간에는 재직기간을 합산하는 연계제도는 있었으나, 국민연금과 이들 특수직 연금간에는 연계제도가 없어서 문제점으로 지적되어 왔다.

이러한 요청에 의하여 2009년 2월 6일 **국민연금과 직역연금의 연계에 관한 법률**(제9431호)을 제정하였다.

이 법은 국민연금의 가입기간과 공무원연금, 사립학교교직원연금, 군인연금 및 별정우체국직원연금의 **재직기간 · 복무기간을 연계**하여 연계급여를 지급함으로써 국민의 노후생활 안정과 복지증진에 이바지함을 목적으로 한다(제1조).

2. 적용범위 등

이 법은 신청을 한 자의 연계급여에 대하여 적용하고(제3조 제1항), 연계신청을 한 자가 ① 국민연금법에 따른 노령연금 수급권자이고, ② 직역연금법에 따른 퇴직·퇴역연금 수급권자가 된 경우에는 각 연금법을 적용한다(제3조 제2항).

국민연금가입기간과 직역재직기간을 연계하려는 연금가입자는 **일정사유**에 해당하면 각 연금법에 따른 급여 수급권이 없어지기 전에 연금관리기관에 **연계를 신청**하여야 한다(제8조 제1항). 연계 신청을 한 자가 연계기간이 20년 이상이고 65세 이상이 되면 연계노령연금 수급권 및 연계퇴직연금 수급권이 생긴다(제10조 제1항).

기출 문제

1. 국민연금법의 개념

[2015년 제13회 기출 문제] 국민연금법령에 관한 설명으로 옳지 않은 것은?

① 부담금이란 사업장가입자가 부담하는 금액을 말한다.

② 가입자는 사업장가입자, 지역가입자, 임의가입자 및 임의계속가입자로 구분한다.

③ 가입자의 가입 종류가 변동되면 그 가입자의 가입기간은 각 종류별 가입기간을 합산한 기간으로 한다.

④ 국민연금공단은 법인이다.

⑤ 연금액은 지급사유에 따라 기본연금액과 부양가족연금액을 기초로 산정한다.

[해설] 정답: ①

① 사업장가입자의 **기여금은 사업장가입자** 본인(노동자)이 부담하고, **부담금은 사용자**가 부담한다.

② 가입자는 **사업장가입자, 지역가입자, 임의가입자 및 임의계속가입자**로 구분한다.

③ 가입자의 가입 종류가 변동되면 그 가입자의 가입기간은 **각 종류별 가입기간을 합산**한 기간으로 한다.

④ 국민연금공단은 **법인**으로 한다.

⑤ 연금액은 지급사유에 따라 **기본연금액과 부양가족연금액**을 기초로 산정한다.

[2019년 제17회 기출 문제] 국민연금법의 내용으로 옳은 것은?

① 이 법을 적용할 때 배우자의 범위에는 사실상의 혼인관계에 있는 자를 제외한다.

② 수급권을 취득할 당시 가입자였던 자의 태아가 출생하면 그 자녀는 가입자였던 자에 의하여 생계를 유지하고 있던 자녀로 본다.

③ 가입자의 종류는 사업장가입자와 지역가입자의 2가지로 구분된다.

④ 지역가입자가 사업장가입자의 자격을 취득한 때에는 그에 해당하게 된 날의 다음 날에 지역가입자의 자격을 상실하게 된다.

⑤ 수급권자가 사망한 경우 그 수급권자에게 미지급 급여가 있으면 그 급여를 받을 순위는 자녀, 배우자, 부모의 순으로 한다.

[해설] 정답: ②

① 이 법을 적용할 때 배우자, 남편 또는 아내에는 사실상의 혼인관계에 있는 자를 **포함한다.**

② 수급권을 취득할 당시 가입자 또는 가입자였던 자의 **태아**가 출생하면 그 자녀는 가입자 또는 가입자였던 자에 의하여 생계를 유지하고 있던 자녀로 본다.

③ 가입자는 **사업장가입자, 지역가입자, 임의가입자 및 임의계속가입자로 구분**한다.

④ 지역가입자는 사업장가입자의 자격을 취득한 때에는 **그에 해당하게 된 날**에 자격을 상실한다.

⑤ 미지급 급여를 받을 순위는 **배우자, 자녀,** 부모, 손자녀, 조부모, 형제자매의 순으로 한다.

2. 국민연금 가입자

[2016년 제14회 기출 문제] 국민연금법상 지역가입자에 관한 내용이다. ( )에 들어갈 숫자가 순서대로 옳은 것은?

( )세 이상 ( )세 미만인 자로서 학생이거나 군 복무 등의 이유로 소득이 없는 자(연금보험료를 납부한 사실이 있는 자는 제외한다)는 지역가입자에서 제외한다.

① 15, 25   ② 15, 27   ③ 18, 27   ④ 18, 30   ⑤ 20, 30

[해설] 정답: ③

사업장가입자가 아닌 자로서 18세 이상 60세 미만인 자는 당연히 지역가입자가 되지만, **18세 이상 27세 미만인 자**로서 학생이거나 군 복무 등의 이유로 소득이 없는 자는 제외한다.

3. 급여의 내용

[2018년 제16회 기출 문제] 국민연금법에 따른 급여에 해당하지 않는 것은?

① 노령연금 ② 장애연금 ③ 유족연금 ④ 반환일시금 ⑤ 장의비(葬儀費)

[해설] 정답: ⑤

· 국민연금법상 급여의 종류는 ① **노령연금,** ② **장애연금,** ③ **유족연금,** ④ **반환일시금** 등이다.

[2017년 제15회 기출 문제] 국민연금법상 유족연금에 관한 설명으로 옳지 않은 것은?

① 노령연금 수급권자가 사망하면 그 유족에게 유족연금이 지급된다.

② 가입기간이 10년 이상인 가입자가 사망하면 그 유족에게 유족연금이 지급된다.

③ 유족연금 수급권자인 배우자가 재혼한 때에는 그 수급권은 소멸한다.

④ 자녀인 유족연금 수급권자가 파양된 때에는 그 수급권은 소멸하지 않는다.

⑤ 장애등급이 3급인 장애연금 수급권자가 사망하면 그 유족에게 유족연금이 지급되지 아니한다.

[해설] 정답: ④

① 노령연금 수급권자가 사망하면 그 유족에게 **유족연금**을 지급한다.

② 가입기간이 10년 이상인 가입자 또는 가입자였던 자가 사망하면 그 유족에게 **유족연금**을 지급한다.

③ 배우자인 수급권자가 재혼한 때에는 그 수급권은 **소멸**한다.

④ 자녀나 손자녀인 수급권자가 **파양된 때에는 그 수급권은 소멸한다.**

⑤ 장애등급이 **2급 이상인 장애연금 수급권자**가 사망하면 그 유족에게 유족연금이 지급된다. 따라서 장애등급이 3급인 장애연금 수급권자가 사망하더라도 그 유족에게 유족연금이 지급되지 아니한다.

4. 판 례

[2017년 제15회 기출 문제] 국민연금에 관한 헌법재판소의 결정 내용으로 옳지 않은 것은?

① 국민연금제도는 다음 세대에서 현대 세대로 국민 간에 소득재분배의 기능을 한다.

② 국민연금보험료는 조세로 볼 수 없다.

③ 국민연금의 소득재분배 기능은 고소득자의 재산권을 침해하는 것이 아니다.

④ 국민연금제도는 헌법상 시장경제질서에 위배되지 않는다.

⑤ 공적연금수급권은 재산권 보호의 대상이 된다.

[해설] 정답: ①

① 고소득계층에서 저소득층으로, 근로세대에서 노년세대로, **현재세대에서 다음세대로** 국민간에 소득재분배의 기능을 한다.

② 국민연금보험료를 **조세**로 볼 수는 없다.

③ 국민연금제도에 소득재분배의 효과가 있지만, 이는 사회보험의 본질적 요소로서 소득재분배를 어느 정도로 할 것인지는 입법정책의 문제이며, 뿐만 아니라 연금보험료의 징수는 재산권행사의 사회적 의무성의 한계 내에 있다고 볼 수 있다. 따라서 국민연금제도는 **조세법률주의나 재산권보장**에 위배되지 않는다.

④ 국민연금제도는 헌법상의 **시장경제질서**에 위배되지 않는다.

⑤ 공적연금수급권은 **재산권적인 성격과 사회보장적 성격**을 함께 가진다.

제 4 절

산업재해보상보험법

I. 입법 현황

1. 민법상 과실책임

근대시민법하에서는 산업재해를 보상하는 특별한 법제도가 존재하지 않고 **일반불법행위의 법이론**에 의하여 처리할 수밖에 없었다. 그런데 불법행위의 법이론에서는 사용자에게 고의나 과실이 있는 경우에만 손해배상을 받을 수 있었다.

따라서 노동자들은 재해를 당한 경우에도 사용자의 책임 즉, 사용자에게 과실이 있고 이에 따라 재해가 발생하였다는 인과관계를 입증하여야 하였다. 이로 인하여 노동자가 재해를 당하였더라도 입증하기가 어려워 손해를 배상받지 못하는 경우가 허다하였다.

그리고 사용자의 책임을 추궁하기 위하여는 민사소송이라는 시간과 경비를 소요하는 절차를 밟아야 하기 때문에 더욱 어려운 실정이었다.

2. 근로기준법상의 무과실책임

이와 같은 모순을 해결하고 산업재해를 당한 경우에 사용자에게 고의나 과실이 없는 경우에도 **무과실책임이론**을 바탕으로 하여 산업재해를 당한 노동자를 보호하고자 한 입법이 1871년의 독일의 「연방배상책임법」과 1880년의 영국의 「사용자책임법」이다.

우리나라에서도 헌법의 제정(1948)에 의하여 노동자의 노동3권이 보장됨으로써, 업무상 재해에 대한 보상문제는 주로 단체협약을 통하여 해결하기 시작하다가 1953년 근로기준법이 제정·공포되어 재해보상의 개별사용자 책임제도가 확립되었다.

3. 사회보험제도에의 편입

제2차 세계대전 후 각국의 산재보상제도는 일대전환기를 맞이하게 되었다. 즉, 그때까지만 하더라고 대부분의 국가에서 직접보상방식을 채택하고 있었으나, 전후에 이르러 영국·프랑스 등의 국가에 있어서 **사회보험방식으로 전환**하게 되었다.

이러한 취지에서 우리나라도 1963년 11월 5일 **산업재해보상보험법이 제정**(법률 제1438호)되어 1964년 1월 1일부터 시행되었다. 그러나 이 법 제정 이후에도 근로기준법상의 재해보상제도가 그대로 존재하고 있기 때문에, 현재는 병존하고 있다.

산업재해보상제도는 **노동자의 업무상 재해**를 사용자가 과실유무에 상관없이 보상하게 함으로써 노동자의 인간다운 생활을 보장하는데

의의가 있다.

노동자의 생활보상 측면에서 볼 때 앞으로 '업무상' 재해보상 차원에서 **'노동자'의 재해보상차원**으로 발전시켜 가야 한다.

Ⅱ. 보험자

산업재해보상보험법에 의한 보험사업은 **고용노동부장관**이 관장하며 (제2조), **근로복지공단**(다음부터 '공단'이라 한다)이 장관의 위탁을 받아 다음의 사업을 수행한다(제10조).

① 보험가입자와 수급권자에 관한 기록의 관리·유지
② 보험료징수법에 따른 보험료와 그 밖의 징수금의 징수
③ 보험급여의 결정과 지급
④ 보험급여 결정 등에 관한 심사 청구의 심리·결정
⑤ 산업재해보상보험 시설의 설치·운영
⑥ 업무상 재해를 입은 근로자 등의 진료·요양 및 재활
⑦ 재활보조기구의 연구개발·검정 및 보급
⑧ 보험급여 결정 및 지급을 위한 업무상 질병 관련 연구
⑨ 근로자 등의 건강을 유지·증진하기 위하여 필요한 건강진단 등 예방 사업
⑩ 근로자의 복지 증진을 위한 사업
⑪ 그 밖에 정부로부터 위탁받은 사업.

그리고 공단의 수입은 다음과 같다(제26조의2).

① 정부나 정부 외의 자로부터 받은 출연금 또는 기부금
② 공단의 사업수행으로 발생한 수입 및 부대수입

③ 차입금 및 이입충당금

④ 잉여금

⑤ 그 밖의 수입금.

Ⅲ. 보험가입자

1. 사업주

이 법은 정부(근로복지공단)를 보험자로 하고 **사업주를 보험가입자로 하는 제도를 채용**하고 있으며, 피보험자의 개념을 별도로 규정하지 않고 있다.[93]

사업주는 보험가입자로서 보험료를 부담하며, 그 보험료로 산업재해를 당한 피재자 등에게 소정의 보험급여를 지급하게 된다. 따라서 산업재해보상보험의 적용은 사업을 단위로 하여 행하여진다.

2. 적용사업

가. 당연 적용사업

이 법은 원칙적으로 **모든 사업 또는 사업장**에 대하여 적용된다(제6조

---

93) 수급자 즉, 피재자를 피보험자로 하지 않는 것은 본래 사용자가 부담해야 하는 재해보상의 책임을 보험급여로써 이행한다고 하는 일종의 책임보험적 성격에서 비롯되는 것이다.

본문). 다만, 위험률·규모 및 장소 등을 고려하여 대통령령으로 정하는 사업에 대하여는 이 법을 적용하지 아니한다(제6조 단서).

나. 임의 적용사업

근로기준법의 적용을 받는 사업으로서 그 사업의 위험률·규모 및 사업장소 등을 참작하여 대통령령에 의하여 이 법의 적용이 배제되는 사업의 사업주는 **근로복지공단 승인을 얻어 보험에 가입**할 수 있다(제5조 제4항).

3. 근로기준법상 개념의 원용

이 법의 근로자·임금·평균임금·통상임금의 개념은 모두 근로기준법에 따른다(제5조 제2호).

Ⅳ. 재해보상의 대상

1. 업무상의 재해의 개념

산재보험급여의 대상이 되는 보험사고는 근로자의 업무상의 재해이다. 여기서 "업무상의 재해"라 함은 **업무상의 사유에 의한 근로자의 부상·질병·장해 또는 사망**을 총칭하는 개념이다(제5조 제1호).

2. 업무상의 재해의 인정기준

업무상의 재해에 관한 산재법의 규정은 다음과 같다.

<표 27>　　　산재법상 업무상 재해에 관한 입법 현황

개정	시행일	산재법 내용
2007.12.14.	2008.7.1.	제5조(정의) 1. "업무상의 재해" 란 업무상의 사유에 따른 근로자의 부상·질병·장해 또는 사망을 말한다. 제37조(업무상의 재해의 인정 기준) ① 근로자가 다음 각 호의 어느 하나에 해당하는 사유로 부상·질병 또는 장해가 발생하거나 사망하면 업무상의 재해로 본다. 다만, 업무와 재해 사이에 상당인과관계(相當因果關係)가 없는 경우에는 그러하지 아니하다. 1. 업무상 사고 가. 근로자가 근로계약에 따른 업무나 그에 따르는 행위를 하던 중 발생한 사고 나. 사업주가 제공한 시설물 등을 이용하던 중 그 시설물 등의 결함이나 관리소홀로 발생한 사고 다. 사업주가 제공한 교통수단이나 그에 준하는 교통수단을 이용하는 등 사업주의 지배관리하에서 출퇴근 중 발생한 사고 라. 사업주가 주관하거나 사업주의 지시에 따라 참여한 행사나 행사준비 중에 발생한 사고 마. 휴게시간 중 사업주의 지배관리하에 있다고 볼 수 있는 행위로 발생한 사고 바. 그 밖에 업무와 관련하여 발생한 사고 2. 업무상 질병 가. 업무수행 과정에서 유해·위험 요인을 취급하거나 그에 노출되어 발생한 질병 나. 업무상 부상이 원인이 되어 발생한 질병 다. 그 밖에 업무와 관련하여 발생한 질병 ② 근로자의 고의·자해행위나 범죄행위 또는 그것이 원인이 되어 발생한 부상·질병·장해 또는 사망은 업무상의 재해로 보지 아니한다. 다만, 그 부상·질병·장해 또는 사망이 정상적인 인식능력 등이 뚜렷하게 저하된 상태에서 한 행위로 발생한 경우로서 대통령령으로 정하는 사유가 있으면 업무상의 재해로 본다. ③ 업무상의 재해의 구체적인 인정 기준은 대통령령으로 정한다.

2017.10.24.	2018.1.1.	3. 출퇴근재해 〈신설〉 가. 사업주가 제공한 교통수단이나 그에 준하는 교통수단을 이용하는 등 사업주의 지배관리하에서 출퇴근하는 중 발생한 사고 나. 그 밖에 통상적인 경로와 방법으로 출퇴근하는 중 발생한 사고

* 2017년 10월 24일 개정은 아래 헌법재판소의 위헌결정에 따른 것이다.

〈판례 6〉   헌법재판소 2016.9.29. 결정 2014헌바254

도보나 자기 소유 교통수단 또는 대중교통수단 등을 이용하여 출퇴근하는 산업재해보상보험(이하 '산재보험'이라 한다) 가입 근로자(이하 '비혜택근로자'라 한다)는 사업주가 제공하거나 그에 준하는 교통수단을 이용하여 출퇴근하는 산재보험 가입 근로자(이하 '혜택근로자'라 한다)와 같은 근로자인데도 사업주의 지배관리 아래 있다고 볼 수 없는 통상적 경로와 방법으로 출퇴근하던 중에 발생한 재해(이하 '통상의 출퇴근 재해'라 한다)를 업무상 재해로 인정받지 못한다는 점에서 차별취급이 존재한다.

산재보험제도는 사업주의 무과실배상책임을 전보하는 기능도 있지만, 오늘날 산업재해로부터 피재근로자와 그 가족의 생활을 보장하는 기능의 중요성이 더 커지고 있다. 그런데 근로자의 출퇴근 행위는 업무의 전 단계로서 업무와 밀접·불가분의 관계에 있고, 사실상 사업주가 정한 출퇴근 시각과 근무지에 기속된다. 대법원은 출장행위 중 발생한 재해를 사업주의 지배관리 아래 발생한 업무상 재해로 인정하는데, 이러한 출장행위도 이동방법이나 경로선택이 근로자에게 맡겨져 있다는 점에서 통상의 출퇴근행위와 다를 바 없다. 따라서 통상의 출퇴근 재해를 업무상 재해로 인정하여 근로자를 보호해 주는 것이 산재보험의 생활보장적 성격에 부합한다.

사업장 규모나 재정여건의 부족 또는 사업주의 일방적 의사나 개인 사정 등으로 출퇴근용 차량을 제공받지 못하거나 그에 준하는 교통수단을 지원받지 못하는 비혜택근로자는 비록 산재보험에 가입되어 있다 하더라도 출퇴근 재해에 대하여 보상을 받을 수 없는데, 이러한 차별을 정당화할 수 있는 합리적 근거를 찾을 수 없다.

통상의 출퇴근 재해를 산재보험법상 업무상 재해로 인정할 경우 산재보험 재정상황이 악화되거나 사업주 부담 보험료가 인상될 수 있다는 문제점은 보상대상을 제한하거나 근로자에게도 해당 보험료의 일정 부분을 부담시키는 방법 등으로 어느 정도 해결할 수 있다. 반면에 통상의 출퇴근 중 재해를 입은 비혜택근로자는 가해자를 상대로 불법행위 책임을 물어도 충분한 구제를 받지 못하는 것이 현실이고, 심판대상조항으로 초래되는 비혜택근로자와 그 가족의 정신적·신체적 혹은 경제적 불이익은 매우 중대하다.

따라서 심판대상조항은 합리적 이유 없이 비혜택근로자를 자의적으로 차별하는 것이므로, 헌법상 평등원칙에 위배된다.

심판대상조항을 단순위헌으로 선고하는 경우 출퇴근 재해를 업무상 재해로 인정하는 최소한의 법적 근거마저도 상실되는 부당한 법적 공백상태와 혼란이 발생할 우려가 있다. 그러므로 심판대상조항에 대해 헌법불합치결정을 선고하되 2017. 12. 31.을 시한으로 입법자의 개선입법이 있을 때까지 계속 적용을 명한다.

V. 보험급여

1. 보험급여의 종류

보험급여의 종류는 다음과 같다(제36조 제1항).

① 요양급여 ② 휴업급여 ③ 장해급여 ④ 간병급여 ⑤ 유족급여
⑥ 상병보상연금 ⑦ 장의비 ⑧ 직업재활급여.

보험가입자가 소속 근로자의 업무상의 재해에 관하여 이 법에 따른 보험급여의 지급 사유와 동일한 사유로 민법이나 그 밖의 법령에 따라 보험급여에 상당하는 금품을 **수급권자에게 미리 지급한 경우**로서, 그 금품이 보험급여에 대체하여 지급한 것으로 인정되는 경우에 보험가입자는 그 수급권자의 보험급여를 받을 권리를 대위한다(제89조).

2. 요양급여 등

요양급여는 근로자가 업무상의 사유로 부상을 당하거나 질병에 걸린 경우에 그 근로자에게 지급한다(제40조 제1항). 이는 **원칙적으로는 현물급여**이므로, 산재보험 의료기관에서 **요양**을 하게 하고, 부득이한 경우에

예외적으로 요양을 갈음하여 **요양비**를 지급한다(제40조 제2항). **3일 이내** 의 요양으로 치유될 수 있는 상병인 경우에는 요양급여는 지급되지 아니 한다(제40조 제3항).

휴업급여는 업무상 사유로 부상을 당하거나 질병에 걸린 근로자에게 요양으로 취업하지 못한 기간에 대하여 지급하는 것으로, 단기적 노동불 능에 대한 **소득보장급여**로서의 성격을 가진다. 이 급여는 원칙적으로 상 병이 치유될 때까지 계속되며, 요양기간중에 피재자가 **상병보상연금**을 받게 되면 그 때부터의 휴업급여는 지급하지 아니한다.

간병급여는 요양급여를 받은 자 중 치유 후 의학적으로 상시 또는 수 시로 간병이 필요하여 **실제로 간병을 받은 자**에게 지급하는 급여이다(제 61조 제1항).

3. 장해급여 및 상병보상연금

장해급여는 근로자가 업무상의 사유로 부상을 당하거나 질병에 걸려 치유된 후 신체 등에 장해가 있는 경우에 그 근로자에게 지급하며(제57조 제 1항), 업무상 재해에서 비롯된 소득능력의 감소 혹은 상실에 대한 **소득보장 급여**로서의 성격을 갖는다.

여기서 '치유'란 부상 또는 질병이 완치되거나 치료의 효과를 더 이상 기대할 수 없고 그 증상이 고정된 상태에 이르게 된 것을 말한 다(제5조 제4호).

그리고 '장해'란 부상 또는 질병이 치유되었으나 정신적 또는 육 체적 훼손으로 인하여 노동능력이 상실되거나 감소된 상태를 말한다

(제5조 제5호).

상병보상연금은 업무상 재해로 인한 **장기적 근로불능에 대한 소득보장급여**이다. 이는 요양급여를 받는 근로자가 요양을 시작한 지 2년이 지난 날 이후에 다음의 요건에 모두에 해당하는 상태가 계속되면 휴업급여 대신 상병보상연금을 그 근로자에게 지급한다(제66조 제1항).

① 그 부상이나 질병이 치유되지 아니한 상태일 것
② 그 부상이나 질병에 따른 중증요양상태의 정도가 대통령령으로 정하는 중증 요양상태등급 기준에 해당할 것
③ 요양으로 인하여 취업하지 못하였을 것.

여기서 '중증요양상태' 란 업무상의 부상 또는 질병에 따른 정신적 또는 육체적 훼손으로 노동능력이 상실되거나 감소된 상태로서 그 부상 또는 질병이 치유되지 아니한 상태를 말한다(제5조 제6호).

4. 유족급여 및 장의비

유족급여는 근로자가 업무상의 사유로 **사망한 경우**에 유족에게 **유족보상연금**이나 **유족보상일시금**[94]으로 지급한다(제62조 제1항 및 제2항). 여기서 '유족' 이란 사망한 자의 배우자(사실상 혼인 관계에 있는 자를 포함한다.) · 자녀 · 부모 · 손자녀 · 조부모 또는 형제자매를 말한다(제5조 제3호).

장의비는 근로자가 업무상의 사유로 **사망한 경우**에 지급한다(제71조 제1항 본문).[95]

---

[94] 유족보상일시금은 근로자가 사망할 당시 유족보상연금을 받을 수 있는 자격이 있는 자가 없는 경우에 지급한다.

[95] 평균임금의 120일분에 상당하는 금액을 그 장제(葬祭)를 지낸 유족에게 지급한다.

5. 직업재활급여

직업재활급여의 종류는 다음과 같다(제72조 제1항).

① 장해급여 또는 진폐보상연금을 받은 자나 장해급여를 받을 것이 명백한 자로서 대통령령으로 정하는 자 중 취업을 위하여 직업훈련이 필요한 자에 대하여 실시하는 직업훈련에 드는 비용 및 직업훈련수당

② 업무상의 재해가 발생할 당시의 사업에 복귀한 장해급여자에 대하여 사업주가 고용을 유지하거나 직장적응훈련 또는 재활운동을 실시하는 경우에 각각 지급하는 직장복귀지원금, 직장적응훈련비 및 재활운동비.

6. 진폐에 대한 보상

근로자가 진폐에 걸릴 우려가 있는 작업으로서 암석, 금속이나 유리섬유 등을 취급하는 작업 등 고용노동부령으로 정하는 분진작업에 종사하여 진폐에 걸리면 업무상 질병으로 본다(제91조의2). 여기서 '진폐'(塵肺)란 분진을 흡입하여 폐에 생기는 섬유증식성(纖維增殖性) 변화를 주된 증상으로 하는 질병을 말한다(제5조 제7호).

업무상 질병인 진폐에 걸린 근로자에게 **진폐보상연금**을 지급하고 (제91조의3 제1항), 진폐근로자가 진폐로 사망한 경우에 유족에게 **진폐유족연금**을 지급한다(제91조의3 제1항).

기출 문제

1. 산업재해보상보험법의 개념

[2016년 제14회 기출 문제] 산업재해보상보험법상 다음에서 정의하는 용어가 순서대로 옳은 것은?

· 부상 또는 질병이 치유되었으나 정신적 또는 육체적 훼손으로 인하여 노동능력이 상실되거나 감소된 상태를 말한다.

· 업무상의 부상 또는 질병에 따른 정신적 또는 육체적 훼손으로 노동능력이 상실되거나 감소된 상태로서 그 부상 또는 질병이 치유되지 아니한 상태를 말한다.

① 장해, 진폐

② 중증요양상태, 장해

③ 장해, 중증요양상태

④ 중증요양상태, 진폐

⑤ 진폐, 장해

[해설] 정답: ③

· '장해'란 부상 또는 질병이 치유되었으나 정신적 또는 육체적 훼손으로 인하여 **노동능력이 상실되거나 감소된 상태**를 말한다.

· '중증요양상태'란 업무상의 부상 또는 질병에 따른 정신적 또는 육체적 훼손으로 **노동능력이 상실되거나 감소된 상태로서 그 부상 또는 질병이 치유되지 아니한 상태**를 말한다.

· '진폐'(塵肺)란 분진을 흡입하여 폐에 생기는 섬유증식성(纖維增殖性) 변화를 주된 증상으로 하는 질병을 말한다.

[2017년 제15회 기출 문제] 산업재해보상보험법상 용어에 관한 설명으로 옳지 않은 것은?

① 업무상의 사유에 따른 근로자의 부상·질병·장해 또는 사망은 업무상의 재해이다.

② 근로자란 근로기준법에 따른 근로자를 말한다.

③ 사실혼 관계에 있는 배우자는 유족에 포함되지 않는다.

④ 치유란 부상 또는 질병이 완치되거나 치료의 효과를 더 이상 기대할 수 없고 그 증상이 고정된 상태에 이르게 된 것을 말한다.

⑤ 진폐는 분진을 흡입하여 폐에 생기는 섬유증식성 변화를 주된 증상으로 하는 질병이다.

[해설] 정답: ③

① **업무상의 재해**란 업무상의 사유에 따른 근로자의 부상·질병·장해 또는 사망을 말한다.

② 산업재해보상보험법상 이 법의 근로자·임금·평균임금·통상임금의 개념은 모두 **근로기준법**에 따른다.

③ 배우자에는 **사실상 혼인 관계에 있는 자가 포함된다.**

④ **치유**란 부상 또는 질병이 완치되거나 치료의 효과를 더 이상 기대할 수 없고 그 증상이 고정된 상태에 이르게 된 것을 말한다.

⑤ **진폐(塵肺)**란 분진을 흡입하여 폐에 생기는 섬유증식성(纖維增殖性) 변화를 주된 증상으로 하는 질병을 말한다.

[2018년 제16회 기출 문제] 산업재해보상보험법상 업무상 재해를 입은 근로자 등의 진료·요양 및 재활사업을 수행하는 기관은?

① 국민연금공단   ② 국민건강보험공단   ③ 근로복지공단

④ 한국장애인고용공단   ⑤ 한국산업인력공단

[해설] 정답: ③

· **근로복지공단**의 사업에는 업무상 재해를 입은 근로자 등의 진료·요양 및 재활 사업이 포함된다.

2. 보험급여의 내용

[2015년 제13회 기출 문제] 산업재해보상보험법령상 보험급여의 종류에 해당하지 않는 것은?
① 요양급여 ② 간병급여 ③ 주거급여 ④ 직업재활급여 ⑤ 장의비

[해설] 정답: ③

보험급여의 종류는 ① **요양급여** ② **휴업급여** ③ **장해급여** ④ **간병급여** ⑤ **유족급여** ⑥ **상병보상연금** ⑦ **장의비** ⑧ **직업재활급여** 등이다.

[2019년 제17회 기출 문제] 산업재해보상보험법상 보험급여의 종류로 명시되지 않은 것은?
① 휴업급여 ② 구직급여 ③ 유족급여 ④ 상병보상연금 ⑤ 장해급여

[해설] 정답: ②

· 산업재해보상보험법상 보험급여에는 ① **요양급여** ② **휴업급여** ③ **장해급여** ④ **간병급여** ⑤ **유족급여** ⑥ **상병보상연금** ⑦ **장의비** ⑧ **직업재활급여** 등이 포함된다.
· **구직급여**는 **고용보험법**상의 보험급여이다.

제 5 절
고용보험법

I. 입법 현황

1970년대 고도성장기를 지나 1980년 이후 우리 경제구조의 개편과 이에 따른 산업구조조정의 요청에 따라 실업이 중요한 사회문제로 대두되었다.

이러한 상황하에서 고용보험법은 1993년 12월 27일 제정(법률 제4644호)되어, 1995년 7월 1일부터 시행되었고, 이후 1996년과 1997년 개정을 거쳐, 1998년 대폭 개정되었다.[96]

기존의 **실업보험**(unemployment insurance)이 실업이라는 사회적 재해가 발생한 경우 이를 극복하기 위한 수단을 제공하는 사후적·소극적 의미의 실업보험사업에 한정하였다.

그러나 **고용보험**(employment insurance)은 이에 머무르지 않고 실업의 예방, 재취업의 촉진, 고용기회의 확대 등 고용안정사업과 노동자의 능력개발사업을 연계하여 실시하는 예방적·적극적 성격의 사회보험이다.

---

[96] 정부는 1997년 12월 24일 IMF측과 「실업자 지원확충, 직업훈련 강화, 노동시장 구조조정 등 정부의 고용보험제도 강화계획을 1998년 2월중 발표」하기로 합의하였고, 이 합의사항 이행의 차원에서 1998년 2월 20일 대폭 개정한 것이다.

Ⅱ. 보험자

고용보험 사업을 담당하는 정부 부처가 사회보장정책의 문제로 보아 사회보장 관련부서에서 담당하는 경우(영국)도 있다. 그러나 우리나라는 실업문제와 관련된 것으로 보아 **고용노동부장관**의 소관으로 하고 있다(미국일본독일 등).

Ⅲ. 피보험자

고용보험에 가입하거나 가입된 것으로 보는 **근로자와 자영업자**이다. 고용보험법은 원칙적으로 근로자를 고용하는 **모든 사업**에 적용된다.

일정한 사유에 해당하는 자97)에게는 적용하지 아니한다(제10조).

이 법에서 '일용근로자'는 1개월 미만 동안 고용되는 자를 말한다(제2조 제6호). 이 법에서 '실업'이란 근로의 의사와 능력이 있음에도 불구하고 취업하지 못한 상태에 있는 것을 말한다(제2조 제3호).

---

97) ① 소정(所定)근로시간이 대통령령으로 정하는 시간 미만인 자(**1개월간 소정근로 시간이 60시간 미만인 자, 1주간의 소정근로시간이 15시간 미만인 자,** 다만, 3개월 이상 계속하여 근로를 제공하는 자와 일용근로자는 제외한다) ② **공무원**(다만, 별정직공무원과 임기제공무원은 가입 가능) ③ **사립학교교직원 연금법의 적용을 받는 자** ④ 그 밖에 대통령령으로 정하는 자(**외국인 근로자,** 단 「외국인근로자의 고용 등에 관한 법률」의 적용을 받는 외국인근로자에게는 적용한다. 그 외의 외국인근로자에게는 이 법의 전부 또는 일부를 적용한다. 2019. 1. 15. 신설, 2019. 7. 16. 시행, **별정우체국직원**) ⑤ **65세 이후에 고용**(65세 전부터 피보험 자격을 유지하던 사람이 65세 이후에 계속하여 고용된 경우는 제외한다)되거나 **자영업을 개시한 사람**에게는 제4장 및 제5장을 적용하지 아니한다.

Ⅳ. 보험급여

1. 고용안정·직업능력개발사업 관련 급여

고용노동부장관은 피보험자 및 피보험자였던 자, 그 밖에 취업할 의사를 가진 자에 대한 **고용안정·직업능력개발 사업**을 실시한다(제19조 제1항).

2. 실업급여

가. 구직급여

구직급여는 이직한 피보험자가 **다음의 요건**을 모두 갖춘 경우에 지급한다(제40조 제1항).

① 이직일 이전 18개월간 피보험 단위기간이 통산(通算)하여 180일 이상일 것
② 근로의 의사와 능력이 있음에도 불구하고 취업(영리를 목적으로 사업을 영위하는 경우를 포함한다.)하지 못한 상태에 있을 것
③ 이직사유가 수급자격의 제한 사유에 해당하지 아니할 것
④ 재취업을 위한 노력을 적극적으로 할 것
⑤ 다음의 어느 하나에 해당할 것[98]
　㉮ 수급자격 인정신청일 이전 1개월 동안의 근로일수가 10일 미만일 것
　㉯ 건설일용근로자[99])로서 수급자격 인정신청일 이전 14일간 연속하여 근로내역이 없을 것

---

98) 2019년 1월 15일 개정시 "최종 이직 당시 일용근로자였던 자"로 제한하였다.
99) 일용근로자로서 이직 당시에 통계법 제22조 제1항에 따라 통계청장이 고시하는 한국표준산업분류의 대분류상 건설업에 종사한 사람을 말한다.

⑥ 최종 이직일 이전 기준기간의 피보험 단위기간 180일 중 다른 사업에서 수급자격의 제한 사유에 해당하는 사유로 이직한 사실이 있는 경우에는 그 피보험 단위기간 중 90일 이상을 일용근로자로 근로하였을 것.[100]

이를 지급받고자 하는 자는 이직 후 지체없이 직업안정기관에 출석하여 **실업을 신고**하여야 하고(제42조 제1항), 직업안정기관의 장으로부터 구직급여의 **수급요건**(제40조 제1항)인 수급자격을 갖추었다는 인정을 받아야 한다(제44조 제1항).

피보험 단위기간은 피보험기간 중 보수 지급의 기초가 된 날을 합하여 계산한다. 구직급여의 산정기초가 되는 임금일액(다음부터 '기초일액' 이라 한다)은 구직급여 수급자격과 관련된 최종 이직일을 기준으로 근로기준법에 의하여 산정된 평균임금으로 한다(제45조 제1항 본문). 구직급여일액은 **기초일액에 100분의 50을 곱한 금액**으로 한다(제46조 제1항).

구직급여는 근로자는 당해 구직급여의 수급자격과 관련된 이직일의 다음날부터 기산하여 12월내에 피보험기간 및 연령에 따라 **90일에서 240일까지** 법정된 소정급여일수(제50조 제1항)를 한도로 하여 지급한다(제50조 제1항). **자영업자**에 대하여는 **90일에서 180일까지** 지급한다(제69조의6).

---

100) 위의 각주 98)과 동일하다.

<표 28>　　　　　구직급여의 소정급여일수(제50조 제1항 관련)

구 분		피보험기간				
		1년 미만	1년 이상 3년 미만	3년 이상 5년 미만	5년 이상 10년 미만	10년 이상
이직일 현재 연령	30세 미만	90일	90일	120일	150일	180일
	30세 이상 50세 미만	90일	120일	150일	180일	210일
	50세 이상 및 장애인	90일	150일	180일	210일	240일

비고: 장애인이란 「장애인고용촉진 및 직업재활법」에 따른 장애인을 말한다.

만약 수급자격자가 ① 직업안정기관의 장이 소개하는 직업에 취직하는 것을 거부하거나 ② 직업안정기관의 장이 지시한 직업능력개발훈련 등을 거부하거나 ③ 재취업 촉진을 위한 직업 지도를 거부하면 구직급여의 지급을 정지한다(제60조).

직업안정기관의 장은 **거짓이나 그 밖의 부정한 방법**으로 구직급여를 지급받은 자에게 지급받은 전체 구직급여의 전부 또는 일부의 반환을 명할 수 있고, 이에 추가하여 고용노동부령으로 정하는 기준에 따라 그 거짓이나 그 밖의 부정한 방법으로 지급받은 구직급여액에 상당하는 액수 이하의 금액을 징수할 수 있다(제62조 제1항).

나. 취업촉진 수당

이는 실업자의 조기재취업을 촉진하기 위하여 일정한 요건하에 추가적으로 지급한다. 이에는 ① **조기(早期)재취업 수당** ② **직업능력개발 수당** ③ **광역 구직활동비** ④ **이주비** 등이 있다(제37조 제2항).

3. 육아관련 급여

고용노동부장관은 「남녀고용평등과 일·가정 양립 지원에 관한 법률」에 따른 육아휴직을 30일 이상 부여받은 피보험자 중 다음의 요건을 모두 갖춘 피보험자에게 **육아휴직 급여**를 지급한다(제70조 제1항).

① 육아휴직을 시작한 날 이전에 피보험 단위기간이 통산하여 180일 이상일 것
② 같은 자녀에 대하여 피보험자인 배우자가 30일 이상의 육아휴직을 부여받지 아니하거나 「남녀고용평등과 일·가정 양립지원에 관한 법률」 육아기 근로시간 단축을 30일 이상 실시하지 아니하고 있을 것.

육아휴직 급여를 지급받으려는 사람은 육아휴직을 시작한 날 이후 1개월부터 육아휴직이 끝난 날 이후 12개월 이내에 신청하여야 하지만, 해당 기간에 대통령령으로 정하는 사유로 육아휴직 급여를 신청할 수 없었던 사람은 그 사유가 끝난 후 30일 이내에 신청하여야 한다(제70조 제2항).

피보험자가 육아휴직 급여 지급신청을 하는 경우 육아휴직 기간 중에 **이직**하거나 고용노동부령으로 정하는 기준에 해당하는 **취업**을 한 사실이 있는 경우에는 해당 신청서에 그 사실을 기재하여야 한다(제70조 제3항). 〈신설 2019. 1. 15.〉

구법에서는 피보험자가 육아휴직 급여 기간 중에 이직 또는 새로 취업(취직한 경우 1주간의 소정근로시간이 15시간 미만인 경우는 제외한다.)하거나 사업주로부터 금품을 지급받은 경우에는 그 사실을 직업안정기관의 장에게 신고하여야 하고(구법 제72조 제1항), 직업안정기관의 장은 필요하다고 인정하면 육아휴직 급여 기간 중의 이직, 취업 여부 등에 대하여 조사할 수 있었지만(구법 제72조 제2항), 2019년 1월 15일 개정시 삭제하였다(시행일: 2019. 7. 16.).

피보험자가 육아휴직 기간 중에 그 사업에서 **이직한 경우**에는 그 이직하였을 때부터 육아휴직 급여를 지급하지 아니한다(제73조 제1항).

직업안정기관의 장은 **거짓이나 그 밖의 부정한 방법**으로 육아휴직 급여를 지급받은 자에게 지급받은 전체 급여의 전부 또는 일부의 반환을 명할 수 있고, 이에 추가하여 고용노동부령으로 정하는 기준에 따라 그 거짓이나 그 밖의 부정한 방법으로 지급받은 급여액에 상당하는 액수 이하의 금액을 징수할 수 있다(제74조, 제62조 준용).

고용노동부장관은 육아기 근로시간 단축을 30일 이상 실시한 피보험자 중 일정 요건을 모두 갖춘 피보험자에게 **육아기 근로시간 단축 급여**를 지급한다(제73조2 제1항).

4. 출산전후휴가 급여 등

고용노동부장관은 남녀고용평등법에 따라 피보험자가 근로기준법에 따른 출산전후휴가 또는 유산·사산휴가를 받은 경우로서 일정 요건을 모두 갖춘 경우에 **출산전후휴가 급여 등**을 지급한다(제75조 제1항).

사업주가 출산전후휴가 급여등의 지급사유와 같은 사유로 그에 상당하는 금품을 근로자에게 미리 지급한 경우에 사업주는 지급한 금액에 대하여 그 근로자의 출산전후휴가 급여등을 받을 권리를 대위한다(제75조의2).

기출 문제

1. 고용보험법의 개념

[2019년 제17회 기출 문제] 고용보험법의 내용으로 옳지 않은 것은?

① '일용근로자'는 1개월 미만 동안 고용되는 자를 말한다.

② 실업급여에는 취업촉진수당이 포함되지 않는다.

③ '실업'이란 근로의 의사와 능력이 있음에도 불구하고 취업하지 못한 상태에 있는 것을 말한다.

④ 구직급여를 지급받으려는 자는 이직 후 지체없이 직업안정기관에 출석하여 실업을 신고하여야 한다.

⑤ 65세 이후에 고용되거나 자영업을 개시한 자에 대한 고용안정·직업능력개발사업에 관하여는 이 법을 적용한다.

[해설] 정답: ②

① '일용근로자'는 **1개월 미만 동안 고용되는 자**를 말한다.

② 실업급여는 크게 **구직급여와 취업촉진 수당**으로 나누어진다.

③ '실업'이란 근로의 의사와 능력이 있음에도 불구하고 **취업하지 못한 상태**에 있는 것을 말한다.

④ 구직급여를 지급받으려는 자는 이직 후 지체없이 **직업안정기관에 출석하여 실업을 신고**하여야 한다.

⑤ **65세 이후**에 고용되거나 자영업을 개시한 자에게도 고용안정·직업능력개발사업은 적용된다.

2. 보험급여의 내용

[2018년 제16회 기출 문제] 다음은 고용보험법상 이직한 피보험자의 구직급여 수급 요건 중 하나이다. (   )에 들어갈 숫자를 옳게 짝지은 것은?

이직일 이전 (ⓐ)개월간 피보험 단위기간이 통산하여 (ⓑ)일 이상일 것

① ⓐ : 6, ⓑ : 90   ② ⓐ : 6, ⓑ : 120

③ ⓐ : 10, ⓑ : 180   ④ ⓐ : 18, ⓑ : 120

⑤ ⓐ : 18, ⓑ : 180

[해설] 정답: ⑤
구직급여는 이직한 피보험자가 이직일 이전 **18개월간** 피보험 단위기간이 통산
(通算)하여 **180일 이상**이어야 지급한다.

[2015년 제13회 기출 문제] 고용보험법령상 취업촉진 수당의 종류로 옳은 것을
모두 고른 것은?
가. 조기재취업 수당 나. 광역 구직활동비 다. 직업능력개발 수당 라. 구직급여
① 가, 나, 다   ② 가, 다   ③ 나, 라   ④ 라   ⑤ 가, 나, 다, 라

[해설] 정답: ①
· 실업급여는 크게 **구직급여와 취업촉진 수당**으로 나누어지며, 후자에는 ①
  조기(早期)재취업 수당 ② **직업능력개발 수당** ③ **광역 구직활동비** ④ **이
  주비** 등이 있다.

[2016년 제14회 기출 문제] 고용보험법상 육아휴직 급여에 관한 설명으로 옳지
않은 것은?
① 육아휴직 급여를 받으려면 육아휴직을 시작한 날 이전 18개월간 피보험 단
   위기간이 통산하여 180일 이상이어야 한다.
② 피보험자가 육아휴직 급여 기간 중에 이직(離職)한 경우에는 그 사실을 직
   업안정기관의 장에게 신고하여야 한다.
③ 직업안정기관의 장은 필요하다고 인정하면 육아휴직 급여 기간 중의 취업
   여부 등에 대하여 조사할 수 있다.
④ 피보험자가 육아휴직 급여 기간 중에 그 사업에서 이직(離職)한 경우에는
   그 이직(離職)하였을 때부터 육아휴직 급여를 지급하지 아니한다.

⑤ 직업안정기관의 장은 거짓으로 육아휴직 급여를 지급받은 자에게 지급받은 전체 육아휴직 급여의 전부 또는 일부의 반환을 명할 수 있다.

[해설] 정답: ①

① 육아휴직 급여를 지급받으려면 육아휴직을 시작한 날 이전에 피보험 단위기간이 통산하여 180일 이상이면 되고, **18개월간의 요건은 적용되지 아니한다.**

② 구법에서는 피보험자가 육아휴직 급여 기간 중에 이직 또는 새로 취업(취직한 경우 1주간의 소정근로시간이 15시간 미만인 경우는 제외한다.)하거나 사업주로부터 금품을 지급받은 경우에는 그 사실을 직업안정기관의 장에게 신고하여야 하였지만, **2019년 1월 15일 개정시 삭제하였다**(시행일: 2019. 7. 16).

③ 구법에서는 직업안정기관의 장은 필요하다고 인정하면 육아휴직 급여 기간 중의 이직, 취업 여부 등에 대하여 조사할 수 있었지만, **2019년 1월 15일 개정시 삭제**하였다(시행일: 2019. 7. 16).

④ 피보험자가 육아휴직 기간 중에 그 사업에서 **이직한 경우**에는 그 이직하였을 때부터 육아휴직 급여를 지급하지 아니한다.

⑤ 직업안정기관의 장은 **거짓이나 그 밖의 부정한 방법**으로 육아휴직 급여를 지급받은 자에게 지급받은 전체 급여의 전부 또는 일부의 반환을 명할 수 있다.

제 6 절
노인장기요양보험법

Ⅰ. 입법 현황

고령화사회에서 고령사회로 이행되는데[101] 소요되는 기간면에서 보면, 일본은 26년, 미국은 75년, 프랑스는 무려 115년이 소요되었지만, 우리나라는 2000년에서 2018년까지 약 18년밖에 걸리지 않았는데, 이는 세계적으로 유례없는 현상이다.

이러한 상황하에서 스스로 일상생활을 영위할 수 없는 노인의 간병·장기요양 등 돌봄책임을 사회적 연대원리에 따라 정부와 사회가 공동으로 해결하기 위하여, 노인장기요양보험제도(Long-term Care System)를 도입하였다. 2007년 4월 27일 **노인장기요양보험법**을 제정(법률 제8403호)하여 2008년 7월 1일부터 시행하였다.

이 법은 고령이나 노인성 질병 등의 사유로 일상생활을 혼자서 수행하기 어려운 노인등에게 제공하는 신체활동 또는 가사활동 지원 등의 장기요양급여에 관한 사항을 규정하여 **노후의 건강증진 및 생활안정을 도모하고 그 가족의 부담을 덜어줌**으로써 국민의 삶의 질을 향상하도록 함을 목적으로 한다(제1조).

---

101) 국제연합이 정한 기준에 의하면 고령화율, 즉 전체인구에서 65세 이상의 인구가 차지하는 비율이 7% 이상인 사회를 고령화사회(Aging Society), 14% 이상인 사회를 고령사회(Aged Society), 20% 이상인 사회를 초고령사회(Super Aged Society)라고 정의한다.

Ⅱ. 보험자

1. 장기요양사업

노인장기요양보험은 국가가 사회보장정책의 일환으로 시행하는 국민건강보험, 국민연금 등과 마찬가지로 공적 보험제도이다.

장기요양사업은 장기요양보험료, 국가 및 지방자치단체의 부담금 등을 재원으로 하여 노인등에게 장기요양급여를 제공하는 사업을 말한다(제2조 제3호).

이는 **보건복지부장관**이 관장하지만(제7조 제1항), 보험자는 **국민건강보험공단**이다(제7조 제2항, 제48조 제1항).

보건복지부장관은 장기요양사업의 실태를 파악하기 위하여 **3년마다** 다음의 사항에 관한 조사를 정기적으로 실시하고 그 결과를 공표하여야 한다(제6조의2 제1항).

① 장기요양인정에 관한 사항
② 장기요양등급판정위원회의 판정에 따라 장기요양급여를 받을 사람(수급자)의 규모, 그 급여의 수준 및 만족도에 관한 사항
③ 장기요양기관에 관한 사항
④ 장기요양요원의 근로조건, 처우 및 규모에 관한 사항
⑤ 그 밖에 장기요양사업에 관한 사항으로서 보건복지부령으로 정하는 사항.

2. 국가 및 지방자치단체의 책무

국가 및 지방자치단체는 다음과 같은 책무를 진다.

① 노인이 일상생활을 혼자서 수행할 수 있는 온전한 심신상태를 유지하는데 필요한 사업(노인성질환예방사업)을 실시하여야 하며(제4조 제1항), 국가는 **노인성질환예방사업**을 수행하는 지방자치단체 또는 국민건강보험법에 따른 국민건강보험공단에 대하여 이에 소요되는 비용을 지원할 수 있다(제4조 제2항).

② 노인인구 및 지역특성 등을 고려하여 장기요양급여가 원활하게 제공될 수 있도록 **적정한 수의 장기요양기관**을 확충하고 장기요양기관의 설립을 지원하여야 한다(제4조 제3항).

③ 장기요양급여가 원활히 제공될 수 있도록 **공단에 필요한 행정적 또는 재정적 지원**을 할 수 있다(제4조 제4항).

④ **장기요양요원**의 처우를 개선하고 복지를 증진하며 지위를 향상시키기 위하여 적극적으로 노력하여야 한다(제4조 제5항).

⑤ **지역의 특성**에 맞는 장기요양사업의 표준을 개발·보급할 수 있다(제4조 제5항).

Ⅲ. 적용대상자

장기요양보험은 특별히 가입절차를 거치지 아니하고, **국민건강보**

험의 가입자를 당연 가입자로 한다(제7조 제3항).102)

장기요양보험가입자·피부양자의 자격취득·상실, 장기요양보험료 등의 납부·징수 및 결손처분 등에 관하여 **국민건강보험법**을 준용한다(제11조).

Ⅳ. 보험급여

1. 장기요양의 인정절차

장기요양보험급여를 받고자 하는 자는 공단에 **장기요양인정신청서**를 제출하여 인정을 받아야 한다. 장기요양인정을 신청할 수 있는 자는 **노인등**으로서 ① 장기요양보험가입자 또는 ② 그 피부양자 ③ 의료급여법에 따른 수급권자로 한다(제12조 제1항).

여기서 '노인등' 이란 ① 65세 이상의 노인 또는 ② 65세 미만의 자로서 치매·뇌혈관성질환 등 대통령령으로 정하는 노인성 질병을 가진 자를 말한다(제2조 제1호).

장기요양인정을 신청하는 자는 공단에 보건복지부령이 정하는 바에 따라 신청서에 의사 또는 한의사가 발급하는 **소견서**를 첨부하여 제출하여야 한다(제13조 제1항 본문).

---

102) 그러나 「외국인근로자의 고용 등에 관한 법률」에 따른 외국인근로자 등 대통령령으로 정하는 외국인이 신청하는 경우 장기요양보험가입자에서 제외할 수 있다(제7조 제4항).

공단은 조사가 완료된 때 조사결과서, 신청서, 의사소견서, 그 밖에 심의에 필요한 자료를 **장기요양등급판정위원회**에 제출하여야 한다(제 15조 제1항).103)

2. 장기요양급여의 종류

노인장기요양급여는 크게 다음 세 가지로 구분된다(제23조 제1항).

① **재가급여**104) ② **시설급여**105) 그리고 ③ **특별현금급여**.106)

3. 장기요양급여 제공의 기본원칙

장기요양급여는 ① 노인등이 자신의 의사와 능력에 따라 최대한 **자립적으로 일상생활을 수행**할 수 있도록 제공하여야 한다(제3조 제1항). ② 노인등의 심신상태ㆍ생활환경과 노인등 및 그 가족의 욕구ㆍ선택 을 종합적으로 고려하여 필요한 범위 안에서 이를 **적정하게 제공**하 여야 한다(제3조 제2항). ③ 노인등이 가족과 함께 생활하면서 가정에 서 장기요양을 받는 **재가급여를 우선적**으로 제공하여야 한다(제3조

---

103) 등급판정위원회는 신청인이 신청자격요건을 충족하고 **6개월 이상 동안 혼자서 일상생활을 수행하기 어렵다고 인정하는 경우** 심신상태 및 장기요양이 필요한 정도 등 등급판정기준에 따라 수급자로 판정한다(제15조 제2항, 영 제7조 제1항).

104) 재가급여는 요양급여의 수급자가 가정에 머무르면서 급여를 제공받는 것으로 비 용이나 효과면에서 가장 유용한 급여이다. 이에는 ① 방문요양, ② 방문목욕, ③ 방문간호, ④ 주ㆍ야간보호, ⑤ 단기보호, ⑥ 그 밖의 재가급여 등이 있다(제23조 제1항).

105) 시설급여는 장기요양기관이 운영하는 노인의료복지시설 등에 장기간 동안 입소 하여 신체활동 지원 및 심신기능의 유지ㆍ향상을 위한 교육ㆍ훈련 등을 제공하 는 장기요양급여이다.

106) 특별현금급여에는 ① 가족요양비 ② 특례요양비 ③ 요양병원간병비 등이 있다.

제3항). ④장기요양급여는 노인등의 심신상태나 건강 등이 악화되지 아니하도록 **의료서비스와 연계**하여 이를 제공하여야 한다(제3조 제4항).

4. 장기요양급여의 제공

수급자는 원칙적으로 **장기요양인정서가 도달한 날부터** 장기요양급여를 받을 수 있다(제27조 제1항). 재가급여 또는 시설급여를 제공하는 장기요양기관을 운영하려는 자는 소재지를 관할 구역으로 하는 특별자치시장·특별자치도지사·시장·군수·구청장으로부터 지정을 받아야 한다(제31조 제1항).

수급자는 원칙적으로 ① **재가급여**의 경우 당해장기요양급여비용의 100분의 15, ② **시설급여**의 경우 장기요양급여비용의 100분의 20을 부담한다(제40조 제1항 본문). 다만, 수급자 중 의료급여법에 따른 수급자는 그러하지 아니하다(제40조 제1항 단서). 장기요양급여에 대한 비용은 수급자 본인이 전부 부담한다(제40조 제2항). 그리고 특정한 자에 대하여는 본인일부부담금의 100분의 50을 감경한다.

V. 구제절차

1. 심사청구

장기요양인정·장기요양등급·장기요양급여·부당이득·장기요

양급여비용 또는 장기요양보험료 등에 관한 공단의 처분에 이의가 있는 자는 **공단에 심사청구**를 할 수 있다(제55조 제1항).[107]

심사청구는 그 처분이 있음을 안 날부터 90일 이내에 문서[108]로 하여야 하며, 처분이 있은 날부터 180일을 경과하면 이를 제기하지 못한다. 다만, 정당한 사유로 그 기간에 심사청구를 할 수 없었음을 증명하면 그 기간이 지난 후에도 심사청구를 할 수 있다. 심사청구 사항을 심사하기 위하여 공단에 장기요양심사위원회를 둔다.

2. 재심사청구

심사청구에 대한 결정에 불복하는 사람은 그 결정통지를 받은 날부터 90일 이내에 **장기요양재심사위원회에 재심사를 청구**할 수 있다(제56조 제1항).[109]

3. 행정심판과의 관계

재심사위원회의 재심사에 관한 절차에 관하여는 행정심판법을 준용한다(제56조의2 제1항). 재심사청구 사항에 대한 재심사위원회의 재심사를 거친 경우에는 행정심판법에 따른 행정심판을 청구할 수 없다(제56조의2 제2항).

---

107) 2018년 12월 11일 개정시 '이의신청'을 '심사청구'로 개정하였다(시행일: 2019. 12. 12).
108) 2018년 12월 11일 개정시 "전자정부법에 따른 전자문서"를 포함하였다(시행일: 2019. 12. 12).
109) 2018년 12월 11일 개정시 '심사청구'를 '재심사청구'로, '장기요양심판위원회'를 '장기요양재심사위원회'로 개정하였다(시행일: 2019. 12. 12).

4. 행정소송

공단의 처분에 이의가 있는 자와 심사청구 또는 재심사청구에 대한 결정에 불복하는 자는 행정소송법으로 정하는 바에 따라 행정소송을 제기할 수 있다(제57조).

<표 29>   노인장기요양보험법상 구제절차 개정 대비표

구 분		개정 전	개정 후
제1차 구제	명칭	이의신청	**심사청구**
	신청기관	건강보험공단	건강보험공단
	심사기관	장기요양심사위원회	장기요양심사위원회
	신청기간	처분이 있음을 안 날부터 90일 이내	처분이 있음을 안 날부터 90일 이내, **처분이 있은 날부터 180일 이내**
	신청방법	문서	문서, **전자문서 포함**
제2차 구제	명칭	심사청구	**재심차청구**
	신청기관	장기요양심판위원회	**장기요양재심사위원회**
	신청기간	결정통지를 받은 날부터 90일 이내	결정통지를 받은 날부터 90일 이내

기출 문제

1. 노인장기요양보험법의 개념

[2018년 제16회 기출 문제] 노인장기요양보험법의 내용으로 옳지 않은 것은?

① 장기요양사업이란 장기요양보험료, 국가 및 지방자치단체의 부담금 등을 재원으로 하여 노인 등에게 장기요양급여를 제공하는 사업을 말한다.

② 장기요양보험사업의 피보험자는 국민건강보험법에 따른 국민건강보험공단으로 한다.

③ 국가는 노인성질환예방사업을 수행하는 지방자치단체에 대하여 이에 소요되는 비용을 지원할 수 있다.

④ 장기요양급여는 노인 등이 가족과 함께 생활하면서 가정에서 장기요양을 받는 재가급여를 우선적으로 제공하여야 한다.

⑤ 보건복지부장관은 장기요양사업의 실태를 파악하기 위하여 3년마다 장기요양인정에 관한 사항 등에 관한 조사를 정기적으로 실시하고 그 결과를 공표하여야 한다.

[해설] 정답: ②

① 장기요양사업은 **장기요양보험료, 국가 및 지방자치단체의 부담금** 등을 재원으로 하여 노인등에게 장기요양급여를 제공하는 사업을 말한다.

② 국민건강보험공단은 **보험자이다.**

③ 국가는 노인성질환예방사업을 수행하는 **지방자치단체** 또는 국민건강보험법에 따른 **국민건강보험공단**에 대하여 이에 소요되는 비용을 지원할 수 있다.

④ 장기요양급여는 노인등이 가족과 함께 생활하면서 **가정에서 장기요양**을 받는 재가급여를 우선적으로 제공하여야 한다.

⑤ 보건복지부장관은 장기요양사업의 실태를 파악하기 위하여 **3년마다** 장기요양인정에 관한 조사를 정기적으로 실시하고 그 결과를 공표하여야 한다.

2. 보험급여의 내용

[2019년 제17회 기출 문제] 노인장기요양보험법상 장기요양인정을 신청할 수 있는 자격을 갖춘 자를 모두 고른 것은?

가. 65세 미만의 자로서 대통령령으로 정하는 노인성 질병을 가진 자로 의료급여법 제3조 제1항에 따른 수급권자

나. 대통령령으로 정하는 노인성 질병이 없는 65세 미만의 외국인으로서 국민건강보험법 제109조에 따른 건강보험의 가입자

다. 65세 이상의 노인으로 국민건강보험법 제5조에 따른 건강보험 가입자의 피부양자

① 가   ② 다   ③ 가, 나   ④ 가, 다   ⑤ 가, 나, 다

[해설] 정답: ④

· 장기요양인정을 신청할 수 있는 자는 노인등으로서 ① 장기요양보험가입자 또는 ② 그 피부양자, ③ 의료급여법에 따른 수급권자이어야 한다.

· '노인등'이란 ① **65세 이상의 노인** 또는 ② **65세 미만의 자로서** 치매 · 뇌혈관성질환 등 대통령령으로 정하는 노인성 **질병을 가진 자**를 말한다.

[2016년 제14회 기출 문제] 노인장기요양보험법상 장기요양급여에 해당하지 않는 것은?

① 시설급여 ② 가족요양비 ③ 특례요양비 ④ 요양병원간병비 ⑤ 장의비

[해설] 정답: ⑤

· 노인장기요양급여는 ① **재가급여** ② **시설급여** 그리고 ③ **특별현금급여** 크게 다음 세 가지로 구분되고, 특별현금급여에는 ① **가족요양비** ② **특례요양비** ③ **요양병원간병비** 등이 있다.

[2017년 제15회 기출 문제] 노인장기요양보험법상 다음은 어떤 장기요양급여에 관한 설명인가?

수급자를 하루 중 일정한 시간 동안 장기요양기관에 보호하여 신체활동 지원 및 심신기능의 유지·향상을 위한 교육·훈련 등을 제공하는 장기요양급여
① 방문요양 ② 방문간호 ③ 주·야간보호 ④ 단기보호 ⑤ 기타재가급여

[해설] 정답: ③
· 수급자를 **하루 중 일정한 시간** 동안 장기요양기관에 보호하여 신체활동 지원 및 심신기능의 유지·향상을 위한 교육·훈련 등을 제공하는 장기요 양급여는 '주·야간보호'이다.

3. 심사청구

[2015년 제13회 기출 문제] 노인장기요양보험법령상 심사청구 등에 관한 설명 으로 옳은 것은?
① 국민건강보험공단의 장기요양인정 처분에 이의가 있는 자는 처분이 있는 날부터 60일 이내에 공단에 이의를 신청할 수 있다.
② 이의신청은 구두, 문서 또는 전자메일로 할 수 있다.
③ 국민건강보험공단은 장기요양심판위원회를 구성하여 이의신청사건을 심의 하게 하여야 한다.
④ 이의신청에 대한 결정에 불복하는 자는 결정처분을 받은 날부터 90일 이내에 장기요양심사위원회에 심사청구를 할 수 있다.
⑤ 국민건강보험공단의 처분에 이의가 있는 자는 행정소송법으로 정하는 바에 따라 행정소송을 제기할 수 있다.

[해설] 정답: ⑤
① 국민건강보험공단의 처분에 이의가 있는 자는 **그 처분이 있음을 안 날부 터 90일 이내에** 공단에 이의를 신청할 수 있다. 2018년 12월 11일 개정시 '이의신청'을 '심사청구'로 개정하였다(시행일: 2019. 12. 12).
② 이의신청은 **문서로** 하여야 한다. 2018년 12월 11일 개정시 전자정부법에

따른 전자문서를 포함하였다(시행일: 2019. 12. 12).

③ 공단은 **장기요양심사위원회**를 두어 이의신청사건을 심의하게 하여야 한다.

④ 이의신청에 대한 결정에 불복하는 사람은 그 결정통지를 받은 날부터 90일 이내에 **장기요양심판위원회**에 심사를 청구할 수 있다. 2018년 12월 11일 개정시 '심사청구'를 '재심사청구'로, '장기요양심판위원회'를 '장기요양재심 사위원회'로 개정하였다(시행일: 2019. 12. 12).

⑤ 공단의 처분에 이의가 있는 자는 행정소송법으로 정하는 바에 따라 **행정소 송**을 제기할 수 있다.

제 7 장 사회복지서비스 8법

제 1 절
사회복지서비스의 기본원리

I. 공공복지를 보완하는 민간복지

우리나라는 2005년 사회복지 재정을 중앙정부로부터 지방정부에 이양함으로써 재정적 책임과 행정적 책임을 단일화하는 재정분권이 제도화되었다. 따라서 사회복지서비스의 전달체계는 **정책**은 중앙정부에서, **예산**은 지방자치단체에서 분담하는 혼합체계의 형태로 구조화되었다. 실제적인 **서비스 전달**은 지방자치단체의 지원을 받는 민간부문의 비영리 사회복지법인에서 운영하는 사회복지기관에 대부분 위탁되고 있다. 따라서 사회복지서비스는 민간부문의 **공공복지를 보완하는 민간복지의 성격**을 가진다.

사회복지사업법은 사회복지사업에 대하여 "**사회복지사업 관련 법률**에 따른 보호·선도(善導) 또는 복지에 관한 사업과 사회복지상담, 직업지원, 무료 숙박, 지역사회복지, 의료복지, 재가복지(在家福祉), 사회복지관 운영, 정신질환자 및 한센병력자의 사회복귀에 관한 사업 등 각종 복지사업과 이와 관련된 자원봉사활동 및 복지시설의 운영 또는 지원을 목적으로 하는 사업"이라고 정의하고 있다(제2조, 영 제1조의2).

사회복지사업 관련 법률에는 모든 사회복지법제가 해당되는 것은 아니며, 주로 민간부문의 지원이 필요한 분야의 법률이며, **국가가 운영주체인 사회보험법은 제외된다.**

Ⅱ. 공공성의 원리

사회복지법인 및 사회복지시설은 국가나 지방자치단체가 아닌 민간단체가 관리·운영하지만, 사회복지사업법은 공공성을 가지고 사회복지사업을 시행하는 데 있어서 공공성을 확보하도록 하고 있다(제1조의2 제2항).

그리고 사회복지를 필요로 하는 사람은 누구든지 자신의 의사에 따라 서비스를 신청하고 제공받을 수 있다(제1조의2 제1항).

제 2 절
사회복지사업법

Ⅰ. 입법 현황

해방 후 대부분 국민의 생활이 궁핍하였으나 국가가 지원하는 능력과 체계를 갖추지 못하여, 주로 외국의 원조를 바탕으로 민간이 사회복지서비스를 제공하고 국가가 지원하는 수준에 머물러 왔다.

그러나 1960년대 후반에는 외국의 원조단체마저 철수하고 원조 액수도 감소함에 따라, 국가의 지원하에 민간단체가 적극 활동을 하게 되었다.

따라서 자연히 국가가 **민간단체를 관리·감독하고 지원할 필요성**이 제기되어 1970년 1월 1일 **사회복지사업법을 제정**하였다.

이 법은 사회복지사업에 관한 기본적 사항을 규정하여 사회복지를 필요로 하는 사람에 대하여 **인간의 존엄성과 인간다운 생활을 할 권리를 보장**하고 **사회복지의 전문성**을 높이며, **사회복지사업의 공정·투명·적정을 도모**하고, **지역사회복지의 체계를 구축**하고 **사회복지서비스의 질**을 높여 사회복지의 증진에 이바지함을 목적으로 한다(제1조).

국가는 국민의 사회복지에 대한 이해를 증진하고 사회복지사업

종사자의 활동을 장려하기 위하여 **매년 9월 7일을 사회복지의 날**로 하고, 사회복지의 날부터 1주간을 **사회복지주간**으로 한다(제15조의2 제1항).

사회복지사업의 내용 및 절차 등에 관하여 사회복지사업 관련 법률에 특별한 규정이 있는 경우를 제외하고는 사회복지사업법에서 정하는 바에 따른다(제3조 제1항). 따라서 사회복지사업 관련 법률을 개정하는 경우에는 **이 법에 부합**하도록 하여야 한다(제3조 제2항).

사회복지를 필요로 하는 사람은 누구든지 자신의 의사에 따라 서비스를 신청하고 제공받을 수 있다(제1조의2 제1항). 사회복지법인 및 사회복지시설은 **공공성**을 가지며 사회복지사업을 시행하는 데 있어서 **공공성**을 확보하여야 한다(제1조의2 제2항).

사회복지사업을 시행하는 데 있어서 사회복지를 제공하는 자는 사회복지를 필요로 하는 사람의 **인권을 보장**하여야 한다(제1조의2 제3항).

사회복지서비스를 제공하는 자는 필요한 정보를 제공하는 등 사회복지서비스를 이용하는 사람의 **선택권을 보장**하여야 한다(제1조의2 제4항).

아래의 규정들은 2017년 10월 24일 개정시 삭제되었다.

제6조의3(정보시스템 운영 전담기구 설립)
제7조(사회복지위원회)
제7조의2(지역사회복지협의체)
제8조(복지위원)
제14조(사회복지 전담공무원)[110]
제15조(복지사무 전담기구의 설치)

---

110) 제14조(사회복지 전담공무원) ① 사회복지사업에 관한 업무를 담당하게 하기 위하여 시·도, 시·군·구 및 읍·면·동 또는 제15조에 따른 복지사무 전담기구에 사회복지 전담공무원을 둘 수 있다.

Ⅱ. 사회복지법인

1. 설 립

사회복지법인을 설립하려는 자는 **시·도지사의 허가**를 받아야 하며 (제16조 제1항), 허가를 받은 자는 법인의 주된 사무소의 소재지에서 **설립등기**를 하여야 한다(제16조 제2항).

사회복지법인의 설립허가를 받으려는 자는 법인설립허가신청서에 정관 등 보건복지부령으로 정하는 서류를 첨부하여 사회복지법인의 주된 사무소의 소재지를 관할하는 시장·군수·구청장을 거쳐 **시·도지사에게 제출**하여야 한다(영 제8조 제1항).

법인의 **정관**에는 다음의 사항이 포함되어야 한다(제17조 제1항).

① 목적 ② 명칭 ③ 주된 사무소의 소재지 ④ 사업의 종류 ⑤ 자산 및 회계에 관한 사항 ⑥ 임원의 임면(任免) 등에 관한 사항 ⑦ 회의에 관한 사항 ⑧ 수익(收益)을 목적으로 하는 사업이 있는 경우 그에 관한 사항 ⑨ 정관의 변경에 관한 사항 ⑩ 존립시기와 해산 사유를 정한 경우에는 그 시기와 사유 및 남은 재

산의 처리방법 ⑪ 공고 및 공고방법에 관한 사항.

이 법에 따른 사회복지법인이 아닌 자는 사회복지법인이라는 명칭을 사용하지 못한다(제31조).

2. 임 원

법인은 **대표이사를 포함한 이사 7명 이상과 감사 2명 이상을** 두어야 한다(제18조 제1항). 이사 또는 감사 중에 결원이 생겼을 때에는 **2개월 이내에 보충**하여야 한다(제20조).

다음의 어느 하나에 해당하는 사람은 임원이 될 수 없다(제19조 제1항).

① 미성년자
② 피성년후견인 또는 피한정후견인
③ 파산선고를 받고 복권되지 아니한 사람
④ 법원의 판결에 따라 자격이 상실되거나 정지된 사람
⑤ 금고 이상의 실형을 선고받고 그 집행이 끝나거나(집행이 끝난 것으로 보는 경우를 포함한다) 집행이 면제된 날부터 3년이 지나지 아니한 사람
⑥ 금고 이상의 형의 집행유예를 선고받고 그 유예기간 중에 있는 사람
⑦ 위 ⑤ 및 ⑥에도 불구하고 사회복지사업 또는 그 직무와 관련하여 아동복지법 제71조, 보조금 관리에 관한 법률 제40조부터 제42조까지 또는 형법 제28장·제40장(제360조는 제외한다)의 죄를 범하거나 이 법을 위반하여 다음의 어느 하나에 해당하는 사람
  ㉮ **100만원 이상의 벌금형을 선고받고 그 형이 확정된 후 5년이 지나지 아니한 사람**
  ㉯ 형의 집행유예를 선고받고 그 형이 확정된 후 7년이 지나지 아니한 사람
  ㉰ 징역형을 선고받고 그 집행이 끝나거나(집행이 끝난 것으로 보는 경우를 포함한다) 집행이 면제된 날부터 7년이 지나지 아니한 사람
⑧ 위 ⑤부터 ⑦까지의 규정에도 불구하고 「성폭력범죄의 처벌 등에 관한 특

례법」 제2조의 성폭력범죄 또는 「아동·청소년의 성보호에 관한 법률」 제2조 제2호의 아동·청소년대상 성범죄를 저지른 사람으로서 형 또는 치료감호를 선고받고 확정된 후 그 형 또는 치료감호의 전부 또는 일부의 집행이 끝나거나(집행이 끝난 것으로 보는 경우를 포함한다) 집행이 유예·면제된 날부터 10년이 지나지 아니한 사람

⑨ **해임명령에 따라 해임된 날부터 5년이 지나지 아니한 사람**

⑩ 설립허가가 취소된 사회복지법인의 임원이었던 사람(그 허가의 취소사유 발생에 관하여 직접적인 또는 이에 상응하는 책임이 있는 자로서 대통령령으로 정하는 사람으로 한정한다)으로서 그 설립허가가 취소된 날부터 5년이 지나지 아니한 사람

⑪ **시설의 장에서 해임된 사람으로서 해임된 날부터 5년이 지나지 아니한 사람**

⑫ 폐쇄명령을 받고 3년이 지나지 아니한 사람

⑬ 사회복지분야의 6급 이상 공무원으로 재직하다 퇴직한 지 3년이 경과하지 아니한 사람 중에서 퇴직 전 5년 동안 소속하였던 기초자치단체가 관할하는 법인의 임원이 되고자 하는 사람.

이사의 임기는 3년으로 하고 **감사의 임기는 2년**으로 하며, 각각 연임할 수 있다(제18조 제4항). 외국인인 이사는 이사 현원의 **2분의 1 미만**이어야 한다(제18조 제5항).

이사는 법인이 설치한 **사회복지시설의 장을 제외한 그 시설의 직원**을 겸할 수 없고(제21조 제1항), 감사는 법인의 이사, 법인이 설치한 사회복지시설의 장 또는 그 직원을 겸할 수 없다(제21조 제2항).

법인의 정상적인 운영이 어렵다고 판단되는 경우 시·도지사는 지체 없이 이해관계인의 청구 또는 직권으로 **임시이사**를 선임하여야 한다(제22조의3 제1항).

시·도지사는 임시이사가 선임되었음에도 불구하고 해당 법인이 정당한 사유 없이 이사회 소집을 기피할 경우 **이사회 소집을 권고할** 수 있다(제22조의3 제3항).

3. 재 산

법인은 사회복지사업의 운영에 필요한 재산을 소유하여야 하며 (제23조 제1항), 법인의 재산은 보건복지부령으로 정하는 바에 따라 **기본재산과 보통재산으로 구분**하며, 기본재산은 그 목록과 가액(價額)을 정관에 적어야 한다(제23조 제2항).

법인은 목적사업의 경비에 충당하기 위하여 필요할 때에는 법인의 설립 목적 수행에 지장이 없는 범위에서 **수익사업을 할 수 있다** (제28조 제1항). 법인은 수익사업에서 생긴 수익을 **법인 또는 법인이 설치한 사회복지시설의 운영 외의 목적**에 사용할 수 없다(제28조 제2항). 수익사업에 관한 회계는 법인의 다른 회계와 구분하여 회계처리하여야 한다(제28조 제3항).

해산한 법인의 남은 재산은 정관으로 정하는 바에 따라 국가 또는 지방자치단체에 귀속된다(제27조 제1항). 이 경우 국가 또는 지방자치단체에 귀속된 재산은 사회복지사업에 사용하거나 유사한 목적을 가진 법인에 무상으로 대여하거나 무상으로 사용·수익하게 할 수 있다(제27조 제2항 본문).

4. 사회복지사

가. 사회복지사의 자격 종류

보건복지부장관은 사회복지에 관한 전문지식과 기술을 가진 사람에게 **사회복지사 자격증**을 발급할 수 있으며(제11조 제1항), 사회복지사 자격증을 발급받거나 재발급 받으려는 사람에게 보건복지부령으로 정하는 바에 따라 수수료를 내게 할 수 있다(제11조 제4항).

사회복지사의 등급은 **1급·2급**으로 하되, 정신건강·의료·학교 영역에 대해서는 영역별로 **정신건강사회복지사·의료사회복지사·학교사회복지사**의 자격을 부여할 수 있다(제11조 제2항).111)

나. 사회복지사의 자격 요건

사회복지사 **1급 자격**은 국가시험에 합격한 사람에게 부여하고, 정신건강사회복지사·의료사회복지사·학교사회복지사의 자격은 **1급 사회복지사의 자격이 있는 사람 중에서** 보건복지부령으로 정하는 수련기관에서 **수련을 받은 사람**에게 부여한다(제11조 제3항).

사회복지사의 등급별·영역별 자격기준 및 자격증의 발급절차 등은 대통령령으로 정한다(제11조 제4항).

---

111) 이는 2018년 12월 11일 개정시 도입되었으며, 2020년 12월 12일 시행한다.

<표 30>　　　　　　　　사회복지사의 등급별 자격기준

(제2조 제1항, 영 별표 1, 개정 2018.4.24)

등 급	자 격 기 준
사회복지사 1급	법 제11조제3항의 규정에 의한 국가시험에 합격한 자
사회복지사 2급	가. 「고등교육법」에 따른 대학원에서 사회복지학 또는 사회사업학을 전공하고 석사학위 또는 박사학위를 취득한 자. 다만, 대학에서 사회복지학 또는 사회사업학을 전공하지 아니하고 동 석사학위를 취득한 자는 보건복지부령이 정하는 사회복지학 전공교과목과 사회복지관련 교과목중 사회복지현장실습을 포함한 필수과목 6과목 이상(대학에서 이수한 교과목을 포함하되, 대학원에서 4과목 이상을 이수하여야 한다), 선택과목 2과목 이상을 각각 이수한 경우에 한하여 사회복지사 자격을 인정한다. 나. 「고등교육법」에 따른 대학에서 보건복지부령이 정하는 사회복지학 전공교과목과 사회복지관련 교과목을 이수하고 학사학위를 취득한 자 다. 법령에서 「고등교육법」에 따른 대학을 졸업한 자와 동등 이상의 학력이 있다고 인정하는 자로서 보건복지부령이 정하는 사회복지학 전공교과목과 사회복지관련 교과목을 이수한 자 라. 「고등교육법」에 따른 전문대학에서 보건복지부령이 정하는 사회복지학 전공교과목과 사회복지관련 교과목을 이수하고 졸업한 자 마. 법령에서 「고등교육법」에 따른 전문대학을 졸업한 자와 동등 이상의 학력이 있다고 인정하는 자로서 보건복지부령이 정하는 사회복지학 전공교과목과 사회복지관련 교과목을 이수한 자 바. 「고등교육법」에 따른 대학을 졸업(이와 동등 이상의 학력이 있는 경우를 포함한다)한 이후 보건복지부장관이 지정하는 교육훈련기관에서 12주 이상 사회복지사업에 관한 교육훈련을 이수한 자 사. 종전의 「사회복지사업법」(법률 제14923호로 개정되기 전의 것을 말한다)에 따라 사회복지사 3급 자격증을 취득한 이후 3년 이상 사회복지사업의 실무경험이 있는 자

비고: 외국의 대학 또는 대학원에서 사회복지학 또는 사회사업학을 전공하고 학사학위 이상의 학위를 취득한 자로서 등급별 자격기준과 동등한 학력이 있다고 보건복지부장관이 인정하는 경우에는 당해 등급의 사회복지사자격증을 교부할 수 있다.

다. 사회복지사 1급 자격시험

사회복지사 1급 자격증을 받으려는 사람은 국가시험에 합격하여야 하며(제11조 제3항), 시험과목은 아래와 같다.

<표 31>　　　　　사회복지사 국가시험 과목

(제3조 제4항, 영 별표 2, 개정 2018.4.24)

순번	과 목 명	내　용
1	사회복지기초	인간행동과 사회환경 및 사회복지조사론
2	사회복지실천	사회복지실천론·사회복지실천기술론 및 지역사회복지론
3	사회복지정책과 제도	사회복지정책론·사회복지행정론 및 사회복지법제론

<표 32>　　　　　사회복지사 1급 국가시험 응시자격

(제4조, 영 별표 3, 개정 2018.4.24)

1. 「고등교육법」에 따른 대학원에서 사회복지학 또는 사회사업학을 전공하고 석사학위 또는 박사학위를 취득한 자. 다만, 대학에서 사회복지학 또는 사회사업학을 전공하지 아니하고 동 석사학위를 취득한 자는 보건복지부령이 정하는 사회복지학 전공교과목과 사회복지관련 교과목중 사회복지현장실습을 포함한 필수과목 6과목 이상(대학에서 이수한 교과목을 포함하되, 대학원에서 4과목 이상을 이수하여야 한다), 선택과목 2과목 이상을 각각 이수하여야 한다.
2. 「고등교육법」에 따른 대학에서 보건복지부령이 정하는 사회복지학 전공교과목과 사회복지관련 교과목을 이수하고 학사학위를 취득한 자
3. 법령에서 「고등교육법」에 따른 대학을 졸업한 자와 동등 이상의 학력이 있다고 인정하는 자로서 보건복지부령으로 정하는 사회복지학 전공과목과 사회복지관련 교과목을 이수한 자

4. 외국의 대학 또는 대학원에서 사회복지학 또는 사회사업학을 전공하고 학사학위 이상을 취득한 자로서 제1호 및 제2호의 자격과 동등하다고 보건복지부장관이 인정하는 자
5. 별표 1의 사회복지사 2급의 자격기준란 라목부터 사목까지의 어느 하나에 해당하여 사회복지사 2급 자격증을 취득한 자 중에서 그 자격증을 취득한 날부터 시험일까지의 기간 동안 1년 이상 사회복지사업의 실무경험이 있는 자

라. 사회복지사의 결격사유

다음의 어느 하나에 해당하는 사람은 사회복지사가 될 수 없다(제11조의2 제1항).

① 피성년후견인 또는 피한정후견인
② 금고 이상의 형을 선고받고 그 집행이 끝나지 아니하였거나 그 집행을 받지 아니하기로 확정되지 아니한 사람
③ 법원의 판결에 따라 자격이 상실되거나 정지된 사람
④ 마약·대마 또는 향정신성의약품의 중독자
⑤ 「정신건강증진 및 정신질환자 복지서비스 지원에 관한 법률」 제3조 제1호에 따른 정신질환자. 다만, 전문의가 사회복지사로서 적합하다고 인정하는 사람은 그러하지 아니하다.

마. 사회복지사의 자격취소 등

보건복지부장관은 사회복지사가 다음의 어느 하나에 해당하는 경우 그 자격을 **취소**하여야 한다(제11조의3 제1항).

① 거짓이나 그 밖의 부정한 방법으로 자격을 취득한 경우
② 위 결격사유에 해당하게 된 경우
③ 자격증을 대여·양도 또는 위조·변조한 경우.

보건복지부장관은 사회복지사가 다음의 어느 하나에 해당하는

경우 그 자격을 **취소**하거나 1년의 범위에서 **정지**시킬 수 있다(제11조
의3 제1항).

① 사회복지사의 업무수행 중 그 자격과 관련하여 고의나 중대한 과실로 다른
  사람에게 손해를 입힌 경우
② 자격정지 처분을 3회 이상 받았거나, 정지 기간 종료 후 3년 이내에 다시
  자격정지 처분에 해당하는 행위를 한 경우
③ 자격정지 처분 기간에 자격증을 사용하여 자격 관련 업무를 수행한 경우.

　　자격이 취소된 사람은 취소된 날부터 **15일 내에** 자격증을 보건
복지부장관에게 반납하여야 한다(제11조의3 제2항). 보건복지부장관은
자격이 취소된 사람에게는 그 취소된 날부터 **2년 이내에** 자격증을
재교부하지 못한다(제11조의3 제3항).

바. 사회복지사의 채용

　　사회복지법인 및 사회복지시설(대통령령으로 정하는 사회복지시설은
제외)을 설치 · 운영하는 자는 대통령령으로 정하는 바에 따라 **사회복
지사를 그 종사자로 채용**하고, 보고방법 · 보고주기 등 보건복지부령
으로 정하는 바에 따라 특별시장 · 광역시장 · 특별자치시장 · 도지사 ·
특별자치도지사(이하 '시 · 도지사' 라 한다) 또는 시장 · 군수 · 구청장에게
사회복지사의 임면에 관한 사항을 보고하여야 한다(제13조 제1항).

　　사회복지법인 또는 사회복지시설을 설치 · 운영하는 자는, 법률
에서 따로 정하고 있는 경우를 제외하고, 해당 법인 또는 시설에서
다음에 해당하는 업무에 종사하는 자를 **사회복지사로 채용**하여야 한
다(영 제6조 제1항).

① 사회복지프로그램의 개발 및 운영업무
② 시설거주자의 생활지도업무

③ 사회복지를 필요로 하는 사람에 대한 상담업무

사회복지사 **의무채용 규정의 적용이 배제**되는 대통령령으로 정하는 사회복지시설은 다음과 같다(영 제6조 제2항).

① 노인복지법에 따른 노인여가복지시설(**노인복지관은 제외한다**)
② 장애인복지법에 따른 장애인 지역사회재활시설 중 수화통역센터, 점자도서관, 점자도서 및 녹음서 출판시설
③ 영유아보육법에 따른 어린이집
④ 「성매매방지 및 피해자보호 등에 관한 법률」 제9조에 따른 성매매피해자등을 위한 지원시설 및 같은 법 제17조에 따른 성매매피해상담소
⑤ 「정신건강증진 및 정신질환자 복지서비스 지원에 관한 법률」 제3조 제6호 및 제7호에 따른 정신요양시설 및 정신재활시설
⑥ 「성폭력방지 및 피해자보호 등에 관한 법률」 에 따른 성폭력피해상담소.

사. 사회복지사에 대한 교육

보건복지부장관은 사회복지사의 자질 향상을 위하여 필요하다고 인정하면 사회복지사에게 교육을 받도록 명할 수 있으며, 사회복지법인 또는 사회복지시설에 종사하는 사회복지사는 정기적으로 인권에 관한 내용이 포함된 **보수교육(補修敎育)**을 받아야 한다(제13조 제2항).

사회복지법인 또는 사회복지시설을 운영하는 자는 그 법인 또는 시설에 종사하는 사회복지사에 대하여 교육을 이유로 **불리한 처분**을 하여서는 아니 된다(제13조 제3항).

Ⅲ. 사회복지시설

1. 사회복지시설의 설치

국가나 지방자치단체는 사회복지시설을 설치·운영할 수 있다(제34조 제1항). 국가나 지방자치단체가 설치한 시설은 필요한 경우 **사회복지법 인이나 비영리법인**에 위탁하여 운영하게 할 수 있다(제34조 제5항).

국가 또는 지방자치단체 외의 자가 시설을 설치·운영하려는 경우 에는 보건복지부령으로 정하는 바에 따라 시장·군수·구청장에게 **신고** 하여야 한다(제34조 제1항).

누구든지 정당한 이유 없이 사회복지시설의 설치를 **방해**하여서는 아니 된다(제6조 제1항). 시장·군수·구청장은 정당한 이유 없이 사회 복지시설의 설치를 **지연시키거나 제한하는 조치**를 하여서는 아니 된다(제6조 제2항).

2. 사회복지관의 설치 등

사회복지관은 지역사회의 특성과 지역주민의 복지욕구를 고려하 여 서비스 제공 등 **지역복지증진을 위한 사업**을 실시할 수 있다(제 34조의5 제1항).

사회복지관은 모든 지역주민을 대상으로 사회복지서비스를 실시하되, 다음의 지역주민에게 **우선 제공**하여야 한다(제34조의5 제2항).

① 국민기초생활 보장법에 따른 수급자 및 차상위계층
② 장애인, 노인, 한부모가족 및 다문화가족
③ 직업 및 취업 알선이 필요한 사람
④ 보호와 교육이 필요한 유아 · 아동 및 청소년
⑤ 그 밖에 사회복지관의 사회복지서비스를 우선 제공할 필요가 있다고 인정되는 사람.

3. 사회복지시설의 운영방법

시설의 운영자는 손해배상책임을 이행하기 위하여 손해보험회사의 **책임보험**에 가입하거나 한국사회복지공제회의 **책임공제**에 가입하여야 한다(제34조의3 제1항).

시설의 장은 시설에 대하여 **정기 및 수시 안전점검**을 실시하여야 하고(제34조의4 제1항), 그 결과를 시장 · 군수 · 구청장에게 제출하여야 한다(제34조의4 제2항).

그리고 아무런 대가 없이 무상으로 받은 금품이나 그 밖의 자산의 **수입 · 지출 내용을 공개**하여야 하며 그 관리에 명확성이 확보되도록 하여야 한다(제45조 제1항).

4. 사회복지시설 업무의 전자화

보건복지부장관은 사회복지법인 및 사회복지시설의 종사자, 거주자 및 이용자에 관한 자료 등 운영에 필요한 정보의 효율적 처리와 기록

·관리 업무의 전자화를 위하여 **정보시스템**을 구축·운영할 수 있다 (제6조의2 제1항).

보건복지부장관은 정보시스템을 구축·운영하는 데 필요한 **자료를 수집·관리·보유**할 수 있으며, 관련 기관 및 단체에 필요한 자료의 제공을 요청할 수 있다. 이 경우 요청을 받은 기관 및 단체는 정당한 사유가 없으면 그 요청에 따라야 한다(제6조의2 제2항).

지방자치단체의 장은 사회복지사업을 수행할 때 관할 복지행정시스템과 정보시스템을 **전자적으로 연계**하여 활용하여야 한다(제6조의2 제3항).

사회복지법인의 대표이사와 사회복지시설의 장은 국가와 지방자치단체가 실시하는 사회복지업무의 **전자화 시책에 협력**하여야 한다 (제6조의2 제4항).

보건복지부장관은 정보시스템을 효율적으로 운영하기 위하여 사회보장기본법에 따른 전담기구에 그 운영에 관한 업무를 **위탁**할 수 있다(제6조의2 제5항).

5. 사회복지시설의 운영 담당자

시설의 장은 **상근(常勤)**하여야 하며(제35조 제1항), 일정한 결격요건이 있다(제35조 제2항). 사회복지시설에 종사하는 사회복지사는 정기적으로 인권에 관한 내용이 포함된 **보수교육(補修敎育)**을 받아야 한다 (제13조 제2항 단서).

6. 사회복지시설의 운영위원회

시설의 장은 시설의 운영에 관한 다음의 사항을 심의하기 위하여 시설에 운영위원회를 두어야 한다(제36조 제1항 본문). 다만, 보건복지부령으로 정하는 경우에는 복수의 시설에 공동으로 운영위원회를 둘 수 있다(제36조 제1항 단서).

① 시설운영계획의 수립·평가에 관한 사항
② 사회복지 프로그램의 개발·평가에 관한 사항
③ 시설 종사자의 근무환경 개선에 관한 사항
④ 시설 거주자의 생활환경 개선 및 고충 처리 등에 관한 사항
⑤ 시설 종사자와 거주자의 인권보호 및 권익증진에 관한 사항
⑥ 시설과 지역사회의 협력에 관한 사항
⑦ 그 밖에 시설의 장이 운영위원회의 회의에 부치는 사항

운영위원회의 위원은 다음의 어느 하나에 해당하는 사람 중에서 관할 시장·군수·구청장이 임명하거나 위촉한다(제36조 제2항).

① 시설의 장 ② 시설 거주자 대표 ③ 시설 거주자의 보호자 대표 ④ 시설 종사자의 대표 ⑤ 해당 시·군·구 소속의 사회복지업무를 담당하는 공무원 ⑥ 후원자 대표 또는 지역주민 ⑦ 공익단체에서 추천한 사람 ⑧ 그 밖에 시설의 운영 또는 사회복지에 관하여 전문적인 지식과 경험이 풍부한 사람.

7. 시설에 대한 관리 및 감독 등

각 시설의 수용인원은 대통령령으로 정하는 경우를 제외하고 **300명을 초과할 수 없다**(제41조).

시장·군수·구청장은 시설 운영이 중단되거나 시설이 폐지되는 경우에는 보건복지부령으로 정하는 바에 따라 **시설 거주자의 권익**을

보호하기 위한 조치를 하여야 한다(제38조 제3항).

보건복지부장관은 시설에서 제공하는 **서비스의 최저기준**을 마련하여야 한다(제43조 제1항). 시설 운영자는 서비스 최저기준 이상으로 서비스 수준을 유지하여야 한다(제43조 제2항).

Ⅳ. 재가복지 서비스

1. 재가복지서비스의 내용

국가나 지방자치단체는 보호대상자에게 재가복지서비스를 제공받도록 할 수 있다(제41조의2 제1항).

시장·군수·구청장은 보호대상자별 서비스 제공 계획에 따라 보호대상자에게 사회복지서비스를 제공하는 경우 시설 입소에 우선하여 재가복지서비스를 제공하도록 하여야 한다(제41조의2 제2항).

2. 보호자에 대한 지원 등

국가나 지방자치단체는 서비스 제공이 결정된 보호대상자를 자신의 가정에서 돌보는 사람에 대하여 보건복지부령으로 정하는 바에 따라 그 보호자의 부담을 줄이기 위한 상담을 실시하거나 **금전적 지원 등**을 할 수 있다(제41조의3).

V. 사회복지사법

1. 입법 현황

사회복지법인 등에 종사하는 사회복지사 등은 지역단위의 사회복지서비스 전달체계의 주요한 구성요소임에도 열악한 근로환경, 낮은 임금 수준, 과중한 업무량으로 높은 이직률을 보이고 있어 사회복지서비스 제공의 지속성과 전문성을 위협함은 물론 사회복지 역량을 극대화하는데 장애가 되어 왔다.

따라서 사회복지사 등의 처우를 개선하고 궁극적으로 국민의 복지를 증진하기 위하여 2011년 3월 30일 **사회복지사 등의 처우 및 지위 향상을 위한 법률**(다음부터 '사회복지사법' 이라 한다)을 제정(법률 제10511호)하여 2012년 1월 1일 시행하였다.

이 법은 사회복지사 등112)에 대한 처우를 개선하고 신분보장을 강화하여, 사회복지사 등의 지위를 향상함으로써 사회복지 증진에 이바지하는 것을 목적으로 한다(제1조).

---

112) 이 법에서 '사회복지사 등'이란 다음의 어느 하나에 해당하는 법인 등(다음부터 '사회복지법인 등'이라 한다)에서 사회복지사업에 종사하는 자를 말한다. ① 사회복지사업법 제16조에 따라 사회복지사업을 행할 목적으로 설립된 사회복지법인 ② 사회복지사업법 제2조에 따라 사회복지사업을 행할 목적으로 설치된 사회복지시설 ③ 그 밖에 대통령령으로 정하는 사회복지 관련 단체 또는 기관.

2. 처우개선과 신분보장

가. 국가와 지방자치단체의 책무

국가와 지방자치단체는 사회복지사 등의 처우를 개선하고 복지를 증진함과 아울러 그 지위 향상을 위하여 적극적으로 노력하여야 하고(제3 조 제1항), 사회복지사 등의 보수가 사회복지전담공무원의 보수수준에 도 달하도록 노력하여야 한다(제3조 제2항).

나. 신고로 인한 불이익 금지

사회복지사 등은 **사회복지법인 등의 운영과 관련된 위법·부당 행위 및 그 밖의 비리 사실** 등을 관계 행정기관과 수사기관에 신고 하는 행위로 인하여 징계 조치 등 신분상 불이익이나 근무조건상 차 별을 받지 아니한다(제3조 제4항).

3. 한국사회복지공제회

가. 공제회의 설립

사회복지사 등은 생활안정과 복지증진을 도모하기 위하여 보건복 지부장관의 인가를 받아 **한국사회복지공제회**(다음부터 '공제회' 라 한다) 를 설립할 수 있다(제4조 제1항). 공제회는 법인으로 하고,113) 주된 사

---

113) 공제회에 대하여는 이 법에서 규정된 것 외에는 민법 중 사단법인에 관한 규정 을 준용한다(제9조 제2항).

무소는 서울특별시에 둔다(제4조 제2항).

공제회의 회원은 사회복지사업에 종사하는 자 중 일정한 자격에 해당하는 사람114)으로 한다(제4조의3 제1항).

나. 공제회의 운영

공제회는 의결기관으로서 **대의원회와 이사회**를 두고, 집행기관으로서 이사장과 이사를 두며, 감사기관으로서 감사를 둔다(제5조 제1항).

공제회는 주된 사업(제6조 제1항) 외에도 그 목적을 달성하기 위하여 필요한 범위에서 수익사업을 할 수 있다(제6조 제2항).

다. 행정조치 등

보건복지부장관은 공제회의 운영상 발생한 문제에 대하여 기간을 정하여 **운영 및 업무의 시정, 그 밖에 필요한 조치**를 명할 수 있다(제9조 제1항).

---

114) ① 사회복지사업법에 따른 사회복지사 ② 법인 및 시설 등에 종사하는 사람 ③ 민법 또는 다른 법률에 따라 설립된 법인 등에서 사회복지 관련 업무에 종사하는 자 중 대통령령으로 정하는 사람 ④ 그 밖에 공제회 정관으로 정하는 사람.

기출 문제

1. 사회복지사업법의 개념

[2015년 제13회 기출 문제] 사회복지사업법령상 사회복지사업의 근거가 되는 법이 아닌 것은?

① 아동복지법 ② 국민연금법 ③ 장애인복지법 ④ 다문화가족지원법
⑤ 노인복지법

[해설] 정답: ②

· 사회복지사업 관련 법률에는 모든 사회복지법제가 해당되는 것은 아니며, 국가가 운영주체인 **사회보험법(국민건강보험법, 국민연금법, 산업재해보상보험법, 고용보험법, 노인장기요양보험법)은 제외된다.**

[2015년 제13회 기출 문제] 사회복지사업법령에 관한 설명으로 옳은 것은?

① 사회복지서비스의 신청은 시·군·구 복지담당공무원 외에는 할 수 없다.

② 사회복지법인 감사의 임기는 2년이며, 연임할 수 없다.

③ 사회복지시설 거주자 대표는 해당 시설의 운영위원회 위원이 될 수 없다.

④ 지역사회보장계획에는 지역사회보장에 관련한 통계 수집 및 관리 방안도 포함된다.

⑤ 대통령령으로 정하는 경우를 제외하고 각 사회복지시설의 수용인원은 500명을 초과할 수 없다.

[해설] 정답: ④

① 사회복지서비스는 신청의 불편을 해소하기 위하여 다양한 사람이 신청할

수 있도록 하고 있다. 서비스를 필요로 하는 당사자 **본인**은 물론이고, 그 **친족**, 그 밖의 **관계인**에게 까지 신청자격을 확대하고 있다.

- 그러나 사회복지서비스에 관한 규정(제2장의2)은 2017년 10월 24일 개정시 삭제되었다.

② 사회복지법인의 이사의 임기는 3년, 감사의 임기는 2년이며, 각각 **연임할 수 있다.**

③ 사회복지시설의 운영위원회는 다음과 같이 다양한 사람으로 구성하도록 하고 있다. 시설의 장, **시설 거주자 대표, 시설 거주자의 보호자 대표,** 시설 종사자의 대표, 해당 시·군·구 소속의 사회복지업무를 담당하는 공무원, 후원자 대표 또는 지역주민, 공익단체에서 추천한 사람, 그 밖에 시설의 운영 또는 사회복지에 관하여 전문적인 지식과 경험이 풍부한 사람.

④ 지역사회보장계획에는 지역사회보장 수요의 측정, 목표 및 추진전략, 지역사회보장에 필요한 재원의 규모와 조달 방안, **지역사회보장에 관련한 통계 수집 및 관리 방안** 등을 포함하여야 한다.

⑤ 각 시설의 수용인원은 대통령령으로 정하는 경우를 제외하고 **300명을 초과할 수 없다.**

[2016년 제14회 기출 문제] 사회복지사업법상 사회복지업무의 전자화를 위한 정보시스템에 관한 설명으로 옳을 것을 모두 고른 것은?

가. 보건복지부장관은 정보시스템을 구축·운영할 수 있다.

나. 지방자치단체의 장은 사회복지사업을 수행할 때 관할 복지행정시스템과 정보시스템을 전자적으로 연계하여 활용하여야 한다.

다. 사회복지시설의 장은 국가와 지방자치단체가 실시하는 사회복지업무의 전자화 시책에 협력하여야 한다.

라. 보건복지부장관은 정보시스템을 구축·운영하는데 필요한 자료를 수집·관리·보유할 수 있다.

① 가, 나, 다 ② 가, 다 ③ 나, 라 ④ 라 ⑤ 가, 나, 다, 라

[해설] 정답: ⑤

가. 보건복지부장관은 정보시스템을 **구축·운영할 수 있다.**

나. 지방자치단체의 장은 사회복지사업을 수행할 때 관할 복지행정시스템과 정보시스템을 **전자적으로 연계**하여 활용하여야 한다.

다. 사회복지시설의 장은 국가와 지방자치단체가 실시하는 사회복지업무의 **전자화 시책에 협력**하여야 한다.

라. 보건복지부장관은 정보시스템을 구축·운영하는데 **필요한 자료를 수집·관리·보유**할 수 있다.

[2016년 제14회 기출 문제] 사회복지사업법상 사회복지관이 실시하는 사회복지서비스의 우선제공대상자로 명시되지 않은 자는?

① 국민기초생활 보장법에 따른 차상위계층

② 다문화가족

③ 사회복지관의 후원자

④ 직업 및 취업 알선이 필요한 사람

⑤ 보호와 교육이 필요한 유아

[해설] 정답: ③

· 사회복지관이 실시하는 사회복지서비스는 다음의 지역주민에게 **우선 제공**하여야 한다.

① 국민기초생활 보장법에 따른 **수급자 및 차상위계층**

② **장애인, 노인, 한부모가족 및 다문화가족**

③ **직업 및 취업 알선이 필요한 사람**

④ **보호와 교육이 필요한 유아 · 아동 및 청소년**

⑤ 그 밖에 사회복지관의 사회복지서비스를 우선 제공할 필요가 있다고 인정되는 사람.

[2019년 제17회 기출 문제] 사회복지사업법의 내용으로 옳지 않은 것은?

① 사회복지서비스를 제공하는 자는 사회복지서비스를 이용하는 사람의 선택권을 보장하여야 한다.

② 사회복지서비스를 필요로 하는 사람에 대한 사회복지서비스 제공은 현금으로 제공하는 것이 원칙이다.

③ 국가는 매년 9월 7일을 사회복지의 날로 한다.

④ 보건복지부장관은 사회복지사가 법원의 판결에 따라 자격이 정지된 경우에는 그 자격을 취소하여야 한다.

⑤ 시장·군수·구청장은 정당한 이유 없이 사회복지시설의 설치를 지연시키는 조치를 하여서는 아니 된다.

[해설] 정답: ②

① 사회복지서비스를 제공하는 자는 사회복지서비스를 이용하는 사람의 **선택권**을 보장하여야 한다.

② 사회복지서비스를 필요로 하는 사람에 대한 사회복지서비스 제공은 **현물**로 제공하는 것이 원칙이다.

③ 국가는 매년 9월 7일을 **사회복지의 날**로 한다.

④ 보건복지부장관은 사회복지사가 법원의 판결에 따라 자격이 정지된 경우에는 그 자격을 **취소하여야 한다.**

⑤ 시장·군수·구청장은 정당한 이유 없이 사회복지시설의 설치를 **지연시키는 조치**를 하여서는 아니 된다.

[2018년 제16회 기출 문제] 사회복지사업법상 사회복지의 날은?

① 4월 20일   ② 6월 5일   ③ 7월 11일   ④ 9월 7일   ⑤ 10월2일

[해설] 정답: ④

· 매년 9월 7일을 **사회복지의 날**, 사회복지의 날부터 1주간을 **사회복지주간**으로 한다.

[2017년 제15회 기출 문제] 사회복지사업법상 사회복지서비스 제공에 관한 설명으로 옳지 않은 것은?

① 복지담당공무원은 보호대상자의 동의를 받아 서비스 제공을 직권으로 신청할 수 있다.

② 복지담당공무원은 보호대상자 및 부양의무자의 소득·재산·근로능력 및 취업 상태를 조사할 수 있다.

③ 시장·군수·구청장은 서비스 제공의 실시 여부와 그 유형을 결정하였을 때에는 이를 서면이나 전자문서로 신청인에게 알려야 한다.

④ 서비스는 현물로 제공하는 것을 원칙으로 한다.

⑤ 보건복지부장관은 보호대상자와 그 부양의무자의 정보를 5년 초과하여 보유할 수 없다.

[해설] 정답: ⑤

* 사회복지서비스에 관한 규정(제2장의2)은 2017년 10월 24일 개정시 삭제되었으므로, 아래 내용은 구법에 의한 설명이다.

① 사회복지서비스를 필요로 하는 사람과 그 친족, 그 밖의 관계인은 관할 시장·군수·구청장에게 보호대상자에 대한 사회복지서비스의 제공을 신청할 수 있다(구법 제33조의2 제1항). 시·군·구 복지담당공무원은 이 법에 따른 보호대상자가 누락되지 아니하도록 하기 위하여 관할지역에 거주하는 보호대상자의 서비스 제공을 **직권으로 신청할 수 있다.** 이 경우 보호대상자의 동의를 받아야 하며, 동의를 받은 경우에는 보호대상자가 신청한 것으로 본다(구법 제33조의2 제2항).

② 시장·군수·구청장은 제33조의2에 따른 서비스 제공 신청을 받으면 복지담당공무원에게 **다음 각 호의 사항을 조사하게 한다.** 다만, 상담을 신청받은 경우나 그 밖에 보건복지부령으로 정하는 사유에 해당하는 경우에는 그러하지 아니하다(구법 제33조의3 제1항).

1. 신청인의 복지 요구와 관련된 사항이나 그 밖에 신청인에게 필요하다고 인정되는 사회복지서비스 및 보건의료서비스에 관한 사항

2. **보호대상자 및 그 부양의무자의 소득 · 재산 · 근로능력 및 취업 상태에 관한 사항**

3. 보호대상자 및 그 부양의무자에 대하여 제2조제1호 각 목의 법률에 따라 실시되는 급여, 사회복지서비스 및 보건의료서비스 중 보건복지부령으로 정하는 수혜 이력에 관한 사항

4. 그 밖에 보호 실시 여부를 결정하기 위하여 필요하다고 인정하는 사항

③ 시장·군수·구청장은 서비스 제공의 실시 여부와 그 유형을 결정하였을 때에는 이를 **서면이나 전자문서로** 신청인에게 알려야 한다(구법 제33조의4 제3항).

④ 서비스는 **현물로** 제공하는 것을 원칙으로 한다(구법 제33조의7 제1항).

⑤ 보건복지부장관 및 시장 · 군수 · 구청장은 조사하거나 제공받은 정보 중 **보호대상자가 아닌 사람의 정보**는 5년을 초과하여 보유할 수 없다. 이 경우 정보의 보유기한이 지나면 지체 없이 이를 파기하여야 한다(구법 제33조의8).

2. 사회복지법인

[2015년 제13회 기출 문제] 사회복지사업법령상 사회복지법인에 관한 설명으로 옳지 않은 것은?

① 사회복지법인의 정관에는 사업의 종류가 포함되어야 한다.

② 사회복지법인을 설립하려는 자는 시·도지사에게 신고하여야 한다.

③ 사회복지법인은 대표이사를 포함한 이사 7명 이상과 감사 2명 이상을 두어야 한다.

④ 이사는 사회복지법인이 설치한 사회복지시설의 장을 제외한 그 시설의 직원을 겸할 수 없다.

⑤ 사회복지법인은 사회복지사업의 운영에 필요한 재산을 소유하여야 한다.

[해설] 정답: ②

① 사회복지법인의 정관에는 목적, 명칭, 주된 사무소의 소재지, **사업의 종류**, 자산 및 회계에 관한 사항, 임원의 임면(任免) 등에 관한 사항, 회의에 관한 사항 등이 포함되어야 한다.

② 사회복지법인을 설립하려는 자는 시·도지사의 **허가를 받아야 한다.**

③ 사회복지법인은 대표이사를 포함한 **이사 7명 이상과 감사 2명 이상**을 두어야 한다.

④ 이사는 법인이 설치한 **사회복지시설의 장을 제외한 그 시설의 직원**을 겸할 수 없고, 감사는 법인의 이사, 법인이 설치한 사회복지시설의 장 또는 그 직원을 겸할 수 없다.

⑤ 사회복지법인은 사회복지사업의 **운영에 필요한 재산**을 소유하여야 한다.

[2016년 제14회 기출 문제] 사회복지사업법상 사회복지법인(이하 '법인'이라 함)에 관한 설명으로 옳은 것은?

① 법인은 대표이사를 포함한 이사 5명 이상을 두어야 한다.

② 해산한 법인의 남은 재산은 정관으로 정하는 바에 따라 국가 또는 지방자치단체에 귀속된다.

③ 50만원의 벌금형을 선고받은 사람은 법인의 임원이 될 수 없다.

④ 이사는 법인이 설치한 사회복지시설의 장을 겸할 수 없다.

⑤ 법인 이사의 임기는 2년으로 하고 연임할 수 있다.

[해설] 정답: ②

① 법인은 대표이사를 포함한 **이사 7명 이상**을 두어야 한다.

② 해산한 법인의 남은 재산은 정관으로 정하는 바에 따라 **국가 또는 지방자치단체에 귀속**된다.

③ 아동복지법 제71조 등의 위반하여 **100만원 이상의 벌금형을 선고받고 그 형이 확정된 후 5년이 지나지 아니한 사람**은 법인의 임원이 될 수 없다.

④ 이사는 법인이 설치한 **사회복지시설의 장을 겸할 수 있다.**

⑤ 법인 **이사의 임기는 3년**으로 하고 연임할 수 있다.

[2017년 제15회 기출 문제] 사회복지사업법상 사회복지법인의 정관에 포함되어야 할 사항을 모두 고른 것은?

가. 회의에 관한 사항

나. 자산 및 회계에 관한 사항

다. 임원의 임면 등에 관한 사항

라. 공고 및 공고방법에 관한 사항

① 가, 나 ② 나, 다 ③ 가, 다, 라 ④ 나, 다, 라 ⑤ 가, 나, 다, 라

[해설] 정답: ⑤

법인의 정관에는 다음의 사항이 포함되어야 한다.

① 목적 ② 명칭 ③ 주된 사무소의 소재지 ④ 사업의 종류 ⑤ **자산 및 회계에 관한 사항** ⑥ **임원의 임면(任免) 등에 관한 사항** ⑦ **회의에 관한 사항** ⑧ 수익(收益)을 목적으로 하는 사업이 있는 경우 그에 관한 사항 ⑨ 정관의 변경에 관한 사항 ⑩ 존립시기와 해산 사유를 정한 경우에는 그 시기와 사유 및 남은 재산의 처리방법 ⑪ **공고 및 공고방법에 관한 사항.**

[2018년 제16회 기출 문제] 사회복지사업법상 사회복지법인에 관한 설명으로 옳지 않은 것은?

① 사회복지법인의 이사 중에 결원이 생겼을 때에는 3개월 이내에 보충하여야 한다.

② 사회복지법인의 이사는 해당 법인이 설치한 사회복지시설의 장을 제외한 그 시설의 직원을 겸할 수 없다.

③ 시·도지사는 임시이사가 선임되었음에도 불구하고 해당 사회복지법인이 정당한 사유 없이 이사회 소집을 기피할 경우 이사회 소집을 권고할 수 있다.

④ 해산한 사회복지법인의 남은 재산은 정관으로 정하는 바에 따라 국가 또는 지방자치단체에 귀속된다.

⑤ 사회복지법인을 설립하려는 자는 시·도지사의 허가를 받아야 한다.

[해설] 정답: ①

① 사회복지법인의 이사 중에 결원이 생겼을 때에는 **2개월 이내에 보충**하여야 한다.

② 사회복지법인의 이사는 해당 법인이 설치한 사회복지시설의 **장을 제외한 그 시설의 직원을 겸할 수 없다.**

③ 시·도지사는 임시이사가 선임되었음에도 불구하고 해당 사회복지법인이 정당한 사유 없이 이사회 소집을 기피할 경우 **이사회 소집을 권고할 수 있다.**

④ 해산한 사회복지법인의 남은 재산은 **정관**으로 정하는 바에 따라 국가 또는 지방자치단체에 귀속된다.

⑤ 사회복지법인을 설립하려는 자는 시·도지사의 **허가**를 받아야 한다.

[2018년 제16회 기출 문제] 사회복지사업법상 사회복지법인의 임원에 관한 내용이다. (   )에 들어갈 숫자를 옳게 짝 지은 것은?

· 법인은 대표이사를 포함한 이사 (ⓐ)명 이상과 감사 2명 이상을 두어야 한다.

· 이사의 임기는 3년으로 하고 감사의 임기는 (ⓑ)년으로 하며, 각각 연임할 수 있다.

· 외국인인 이사는 이사 현원의 (ⓒ)분의 1 미만이여야 한다.

① ⓐ : 5,   ⓑ : 3,   ⓒ : 2

② ⓐ : 5,   ⓑ : 3,   ⓒ : 5

③ ⓐ : 7,   ⓑ : 2,   ⓒ : 2

④ ⓐ : 7,   ⓑ : 2,   ⓒ : 3

⑤ ⓐ : 7,   ⓑ : 2,   ⓒ : 5

[해설] 정답: ③

· 법인은 대표이사를 포함한 이사 **7명 이상**과 감사 2명 이상을 두어야 한다.

· 이사의 임기는 3년으로 하고 **감사의 임기는 2년**으로 하며, 각각 연임할 수 있다.

· 외국인인 이사는 이사 현원의 **2분의 1 미만**이여야 한다.

[2019년 제17회 기출 문제] 사회복지사업법상 사회복지법인(이하 '법인'이라 한다)에 관한 설명으로 옳은 것은?

① 법인을 설립하려는 자는 시장·군수·구청장의 허가를 받아야 한다.

② 법인은 대표이사를 제외하고 이사 7명 이상을 두어야 한다.

③ 이사의 임기는 4년으로 하고 연임할 수 있다.

④ 법인은 수입사업에서 생긴 수익을 법인 또는 법인이 설치한 사회복지시설의 운영 외의 목적에 사용할 수 없다.

⑤ 이사는 법인이 설치한 사회복지시설의 장 또는 그 시설의 직원을 겸할 수 있다.

[해설] 정답: ④

① 법인을 설립하려는 자는 **시·도지사의 허가**를 받아야 한다.

② 법인은 **대표이사를 포함하여** 이사 7명 이상을 두어야 한다.

③ **이사의 임기는 3년**으로 하고 연임할 수 있다.

④ 법인은 수입사업에서 생긴 수익을 법인 또는 법인이 설치한 사회복지시설의 운영 **외의 목적에 사용할 수 없다.**

⑤ 이사는 법인이 설치한 사회복지시설의 장을 제외하고 그 **시설의 직원을 겸할 수 없다.**

3. 사회복지시설

[2018년 제16회 기출 문제] 사회복지사업법상 사회복지시설에 관한 설명으로 옳은 것은?

① 국가는 사회복지시설을 운영할 수 없다.

② 사회복지시설의 장은 상근(常勤)하여야 한다.

③ 사회복지시설의 운영자는 지진에 의한 물적 피해의 책임을 이행하기 위하여 책임보험에 가입하여야 한다.

④ 보건복지부장관은 사회복지시설에 대하여 정기 및 수시 안전점검을 실시하

여야 한다.

⑤ 지방자치단체가 설치한 사회복지시설은 비영리법인에 위탁하여 운영하여야 한다.

[해설] 정답: ②

① 국가는 사회복지시설을 **운영할 수 있다.**

② 사회복지시설의 장은 **상근(常勤)하여야 한다.**

③ 사회복지시설의 운영자는 손해배상책임을 이행하기 위하여 손해보험회사의 **책임보험**에 가입하거나 한국사회복지공제회의 **책임공제**에 가입하여야 한다.

④ **사회복지시설의 장**은 사회복지시설에 대하여 정기 및 수시 안전점검을 실시하여야 한다.

⑤ 지방자치단체가 설치한 사회복지시설은 사회복지법인이나 비영리법인에 **위탁하여 운영할 수 있다.**

[2019년 제17회 기출 문제] 사회복지사업법상 사회복지시설(이하 '시설'이라 한다)에 관한 설명으로 옳은 것은?

① 국가가 시설을 설치·운영하려는 경우에는 소재지 관할 시·도지사에게 신고하여야 한다.

② 화재로 인한 손해배상책임을 이행하기 위하여 시설의 운영자는 손해보험회사의 책임보험 및 한국사회복지공제회의 책임공제에 각각 가입하여야 한다.

③ 시·도지사의 해임명령에 따라 사회복지법인의 임원에서 해임된 자는 해임된 날부터 7년 이내에는 시설의 장이 될 수 없다.

④ 시장·군수·구청장은 시설에 대하여 정기 및 수시 안전점검을 실시한 후 그 결과를 시·도지사에게 제출하여야 한다.

⑤ 국가나 지방자치단체가 설치·운영하는 시설 중 사회복지관은 지역사회의 특성과 지역주민의 복지욕구를 고려하여 서비스 제공 등 지역복지증진을 위한 사업을 실시할 수 있다.

[해설] 정답: ⑤

① **국가 또는 지방자치단체 외의 자**가 시설을 설치·운영하려는 경우에는 보건복지부령으로 정하는 바에 따라 시장·군수·구청장에게 **신고**하여야 한다.

② 시설의 운영자는 손해배상책임을 이행하기 위하여 손해보험회사의 **책임보험** 또는 한국사회복지공제회의 **책임공제**에 가입하여야 한다.

③ 시·도지사의 해임명령에 따라 사회복지법인의 임원에서 해임된 자는 해임된 날부터 **5년 이내에는 시설의 장이 될 수 없다.**

④ **시설의 장**은 시설에 대하여 정기 및 수시 안전점검을 실시하여야 하고 (제34조의4 제1항), 그 결과를 **시장·군수·구청장에게 제출**하여야 한다(제34 조의4 제2항).

⑤ 국가나 지방자치단체가 설치·운영하는 시설 중 사회복지관은 지역사회의 특성과 지역주민의 복지욕구를 고려하여 서비스 제공 등 **지역복지증진을 위한 사업**을 실시할 수 있다.

4. 사회복지사

[2016년 제14회 기출 문제] 사회복지사업법상 사회복지사에 관한 설명으로 옳지 않은 것은?

① 보건복지부장관은 사회복지에 관한 전문지식과 기술을 가진 사람에게 사회 복지사 자격증을 발급할 수 있다.

② 사회복지시설에 종사하는 사회복지사는 정기적으로 인권에 관한 내용이 포함된 보수교육을 받아야 한다.

③ 사회복지법인을 운영하는 자는 그 법인에 종사하는 사회복지사에 대하여 법령에 따른 교육을 이유로 불리한 처분을 하여서는 아니 된다.

④ 지방자치단체의 장은 사회복지사의 자질 향상을 위하여 필요하다고 인정하 면 보건복지부장관의 승인을 받아 사회복지사에게 교육을 받도록 명할 수 있다.

⑤ 사회복지사의 복지증진을 도모하기 위하여 한국사회복지사협회를 설립한다.

[해설] 정답: ④

① 보건복지부장관은 사회복지에 관한 전문지식과 기술을 가진 사람에게 사회 복지사 **자격증**을 발급할 수 있다.

② 사회복지시설에 종사하는 사회복지사는 정기적으로 인권에 관한 내용이 포함된 **보수교육**을 받아야 한다.

③ 사회복지법인을 운영하는 자는 그 법인에 종사하는 사회복지사에 대하여 법령에 따른 교육을 이유로 **불리한 처분**을 하여서는 아니 된다.

④ **보건복지부장관**은 사회복지사의 자질 향상을 위하여 필요하다고 인정하면 사회복지사에게 교육을 받도록 명할 수 있다.

⑤ 사회복지사의 복지증진을 도모하기 위하여 **한국사회복지사협회**를 설립한다.

[2017년 제15회 기출 문제] 사회복지사업법상 사회복지사 의무채용 제외시설이 아닌 곳은?

① 영유아보육법에 따른 어린이집

② 노인복지법에 따른 노인복지관

③ 장애인복지법에 따른 점자도서관

④ 정신건강증진 및 정신질환자 복지서비스 지원에 관한 법률에 따른 정신 재활시설

⑤ 성매매방지 및 피해자보호 등에 관한 법률에 따른 성매매피해상담소

[해설] 정답: ②

사회복지사 의무채용 규정의 적용이 배제되는 시설은 다음과 같다.

① 영유아보육법에 따른 어린이집

② 노인복지법에 따른 **노인복지관을 제외**한 노인여가복지시설

③ 장애인복지법에 따른 점자도서관

④ 정신건강증진 및 정신질환자 복지서비스 지원에 관한 법률에 따른 정신 재활시설

⑤ 성매매방지 및 피해자보호 등에 관한 법률에 따른 성매매피해상담소

제 3 절
가족지원 2법

Ⅰ. 한부모가족지원법

1. 입법 현황

처음에는 일반적으로 가계생계비의 주수입원인 부가 없는 모자로 구성된 세대를 지원하기 위하여 1989년 **모자복지법**을 제정하였다.

그러나 산업화 이후 여성의 사회진출이 확대됨에 따라 부자가정을 보호할 필요성이 증대되었다. 따라서 2003년 개정시 법률의 명칭을 **모·부자복지법**으로, 2007년 10월 17일 개정시에는 **한부모가족지원법**으로 변경하였다.

한부모 가족은 가정에서 생활의 중심역할을 하는 아버지 또는 어머니가 없는 경우에 자녀의 올바른 성장을 지원하기 위하여 특별히 국가에서 보호하는 것을 말한다.

이 법은 모든 국민은 헌법에 의하여 인간다운 생활을 할 권리를 가지므로, 한부모 가족의 경우에도 건강하고 문화적인 생활을 영위할 수 있도록 함으로써 **한부모가족의 생활 안정과 복지 증진**에 이바지함을 목적으로 한다(제1조).

2. 국가의 책무 등

국가와 지방자치단체는 ① 한부모가족의 복지를 증진할 책임을 지며(제2조 제1항), ② 한부모가족의 권익과 자립을 지원하기 위한 여건을 조성하고 이를 위한 시책을 수립·시행하여야 한다(제2조 제2항).

그리고 ③ 한부모가족에 대한 사회적 편견과 차별을 예방하고, 사회구성원이 한부모가족을 이해하고 존중할 수 있도록 교육 및 홍보 등 필요한 조치를 하여야 한다(제2조 제3항). 또한 ④ 청소년 한부모가족의 자립을 위하여 노력하여야 한다(제2조 제5항).

여성가족부장관은 한부모가족 지원을 위한 정책수립에 활용하기 위하여 **3년마다** 한부모가족에 대한 **실태조사**를 실시하고 그 결과를 공표하여야 한다(제6조 제1항).

교육부장관과 **특별시·광역시·특별자치시·도·특별자치도의 교육감**은 유치원, 각급 학교에서 한부모가족에 대한 이해를 돕는 교육을 실시하기 위한 시책을 수립·시행하여야 한다(제2조 제4항).

모든 국민은 한부모가족의 복지 증진에 협력하여야 한다(제2조 제6항).

3. 보호 대상자

이 법의 보호대상자는 **한부모 가정의 구성원 즉, 세대주**115)**인 모 또는 부와 그에 의하여 양육되는 아동**이다.

---

115) 세대주가 아니더라도 세대원을 사실상 부양하는 자를 포함한다.

여기서 '모' 또는 '부'는 다음의 어느 하나에 해당하는 **자로서 아동인 자녀를 양육하는 자**를 말한다(제4조 제1호).

① 배우자와 **사별** 또는 **이혼**하거나 배우자로부터 **유기(遺棄)**된 자
② 정신이나 신체의 **장애**로 장기간 노동능력을 상실한 배우자를 가진 자
③ 교정시설·치료감호시설에 **입소**한 배우자 또는 **병역복무** 중인 배우자를 가진 사람
④ **미혼자**(사실혼 관계에 있는 자는 제외)
⑤ 위의 사항에 준하는 자로서 **여성가족부령**으로 정하는 자.

그러나 **출산 후 해당 아동을 양육하지 아니하는 미혼모**는 미혼모자가족복지시설을 이용할 때에는 이 법에 따른 보호대상자가 된다.

아래의 사유에 해당하는 **아동**과 그 아동을 양육하는 **조부 또는 조모로서 여성가족부령으로 정하는 자**는 보호대상자가 된다.

① 부모가 **사망**하거나 생사가 분명하지 아니한 아동
② 부모가 정신 또는 신체의 **장애·질병**으로 장기간 노동능력을 상실한 아동
③ 부모의 장기복역 등으로 **부양**을 받을 수 없는 아동
④ 부모가 이혼하거나 유기하여 **부양**을 받을 수 없는 아동
⑤ 위의 사항에 준하는 자로서 **여성가족부령**으로 정하는 아동.

국내에 체류하고 있는 **외국인** 중 대한민국 국민과 혼인하여 대한민국 국적의 아동을 양육하고 있는 사람으로서 대통령령으로 정하는 사람이 보호대상자 요건에 해당하면 이 법에 따른 보호대상자가 된다.

4. 복지급여의 실시

국가나 지방자치단체는 **복지급여의 신청**이 있으면 **복지급여를 실시하여야 한다**(제12조 제1항 본문).116)

2019년 **한부모가족의 자녀양육비**는 2018년 월 13만원에서 월 20만원으로 인상되고, 지원 연령도 만 14세 미만에서 만 18세 미만으로 확대되었다.

그리고 **청소년 한부모에게 지원되는 아동양육비**는 2018년 월 18만원에서 월 35만원으로 2배 가까이 늘어났다.[117]

5. 복지시설의 제공

복지시설은 다음과 같다(제19조 제1항).

① 모자가족 복지시설 ② 부자가족 복지시설 ③ 미혼모자가족 복지시설 ④ 일시지원 복지시설 ⑤ 한부모가족 복지상담소.

Ⅱ. 다문화가족지원법

1. 입법 현황

결혼이민자 및 그 자녀 등으로 구성되는 다문화가족은 날로 증가하고 있지만, 이들은 언어 및 문화적 차이로 인하여 사회부적응과 가족구성원 간 갈등 및 자녀교육에 어려움을 겪어 왔다.

---

116) 국민기초생활 보장법 등 다른 법령에 따라 보호를 받고 있는 경우에는 그 범위에서 이 법에 따른 급여를 하지 아니한다(제12조 제1항 단서).

117) 여성가족부고시, 제2018-59호, 2019.1.1.

이들 다문화가족의 구성원이 우리 사회의 구성원으로 순조롭게 통합되어 안정적인 가족생활을 영위할 수 있도록 하기 위한 가족상담·부부교육·부모교육 및 가족생활교육 등을 추진할 필요성이 제기되었다.

따라서 문화의 차이 등을 고려한 언어통역, 법률상담 및 행정지원 등의 전문적인 서비스를 제공하도록 하는 등 **다문화가족에 대한 지원정책의 제도적인 틀**을 마련하고자 다문화가족지원법을 2008년 3월 21일 제정(법률 제8937호)하여 2008년 9월 22일 시행하였다.

이 법은 **다문화가족 구성원이 안정적인 가족생활**을 영위하고 **사회구성원으로서의 역할과 책임**을 다할 수 있도록 함으로써 이들의 삶의 질 향상과 사회통합에 이바지함을 목적으로 한다(제1조).

2. 국가의 책무 등

국가와 지방자치단체는 다문화가족 구성원이 안정적인 가족생활을 영위하고 경제·사회·문화 등 각 분야에서 사회구성원으로서의 역할과 책임을 다할 수 있도록 **필요한 제도와 여건을 조성하고 이를 위한 시책**을 수립·시행하여야 한다(제3조 제1항).

특별시·광역시·특별자치시·도·특별자치도 및 시·군·구(자치구)에는 다문화가족 지원을 담당할 **기구와 공무원**을 두어야 한다(제3조 제2항).

여성가족부장관은 다문화가족 지원을 위하여 **5년마다** 다문화가족 정책에 관한 기본계획을 수립하여야 하며(제3조의2 제1항), 기본계획에는 다음의 사항을 포함하여야 한다(제3조의2 제2항).

① 다문화가족 지원 정책의 기본 방향
② 다문화가족 지원을 위한 분야별 발전시책과 평가에 관한 사항
③ 다문화가족 지원을 위한 제도 개선에 관한 사항
④ 다문화가족 구성원의 경제·사회·문화 등 각 분야에서 활동 증진에 관한 사항
⑤ 다문화가족 지원을 위한 재원 확보 및 배분에 관한 사항
⑥ 그 밖에 다문화가족 지원을 위하여 필요한 사항.

여성가족부장관은 다문화가족의 현황 및 실태를 파악하고 다문화가족 지원을 위한 정책수립에 활용하기 위하여 **3년마다 다문화가족에 대한 실태조사**를 실시하고 그 결과를 공표하여야 한다(제4조 제1항).

다문화가족의 삶의 질 향상과 사회통합에 관한 중요 사항을 심의·조정하기 위하여 국무총리 소속으로 **다문화가족 정책위원회**를 둔다(제3조의4 제1항).

국가와 지방자치단체는 다문화가족에 대한 사회적 차별 및 편견을 예방하고 사회구성원이 문화적 다양성을 인정하고 존중할 수 있도록 **다문화 이해교육을 실시하고 홍보 등 필요한 조치**를 하여야 한다(제5조 제1항).

3. 보호 대상자

'다문화가족' 이란 다음의 어느 하나에 해당하는 가족을 말한다.

① 결혼이민자와 대한민국 국적을 취득한 자로 이루어진 가족 ② 대한민국 국적을 취득한 자와 대한민국 국적을 취득한 자로 이루어진 가족.

4. 보호 내용

주요 보호내용은 다음과 같다(제5조~제12조).

① 다문화가족에 대한 이해증진
② 생활정보 제공 및 교육 지원
③ 평등한 가족관계의 유지를 위한 조치
④ 가정폭력 피해자에 대한 보호 · 지원
⑤ 의료 및 건강관리를 위한 지원
⑥ 아동 · 청소년 보육 · 교육
⑦ 다국어에 의한 서비스 제공
⑧ 다문화가족 종합정보 전화센터의 설치 · 운영 등
⑨ 다문화가족지원센터의 설치 · 운영 등.[118]

지원센터의 업무는 다음과 같다(제12조 제4항).

① 다문화가족을 위한 교육 · 상담 등 지원사업의 실시
② 결혼이민자등에 대한 한국어교육
③ 다문화가족 지원서비스 정보제공 및 홍보
④ 다문화가족 지원 관련 기관 · 단체와의 서비스 연계
⑤ 일자리에 관한 정보제공 및 일자리의 알선
⑥ 다문화가족을 위한 통역 · 번역 지원사업
⑦ 그 밖에 다문화가족 지원을 위하여 필요한 사업.

---

118) 제12조 ① 국가와 지방자치단체는 **다문화가족지원센터**를 설치 · 운영할 수 있다. ② 국가 또는 지방자치단체는 지원센터의 설치 · 운영을 대통령령으로 정하는 법인이나 단체에 **위탁**할 수 있다. ③ 국가 또는 지방자치단체 아닌 자가 지원센터를 설치 · 운영하고자 할 때에는 미리 시 · 도지사 또는 시장 · 군수 · 구청장의 **지정**을 받아야 한다.

기출 문제

1. 한부모가족지원법

[2016년 제14회 기출 문제] 한부모가족지원법상 정의규정에서 '모' 또는 '부'에 해당하는 자를 모두 고른 것은?

가. 배우자와 이혼한 자로서 아동인 자녀를 양육하는 자

나. 교정시설에 입소한 배우자를 가진 사람으로서 아동인 자녀를 양육하는 자

다. 배우자로부터 유기(遺棄)된 자로서 아동인 자녀를 양육하는 자

라. 미혼자(사실혼 관계에 있는 자 제외)로서 아동인 자녀를 양육하는 자

① 가, 나, 다 ② 가, 다 ③ 나, 라 ④ 라 ⑤ 가, 나, 다, 라

[해설] 정답: ⑤

· '모' 또는 '부'는 다음의 어느 하나에 해당하는 자로서 **아동인 자녀를 양육하는 자**를 말한다.

① 배우자와 사별 또는 이혼하거나 배우자로부터 유기(遺棄)된 자

② 정신이나 신체의 장애로 장기간 노동능력을 상실한 배우자를 가진 자

③ 교정시설 · 치료감호시설에 입소한 배우자 또는 병역복무 중인 배우자를 가진 사람

④ 미혼자(사실혼 관계에 있는 자는 제외)

⑤ 위의 사항에 준하는 자로서 여성가족부령으로 정하는 자.

[2017년 제15회 기출 문제] 한부모가족지원법상 지원대상자인 아동으로 옳은 것은 모두 몇 개인가?

가. 부모의 생사가 분명하지 아니한 아동

나. 부모가 유기하여 부양을 받을 수 없는 아동

다. 부모가 신체의 질병으로 장기간 노동능력을 상실한 아동

라. 부모가 가정의 불화로 가출하여 부모의 부양을 받을 수 없는 아동

마. 부모의 장기복역으로 부양을 받을 수 없는 아동

① 1개   ② 2개   ③ 3개   ④ 4개   ⑤ 5개

[해설] 정답: ⑤

· 아래의 사유에 해당하는 아동은 보호대상자가 된다.

① 부모가 **사망**하거나 **생사**가 분명하지 아니한 아동

② 부모가 정신 또는 신체의 장애·질병으로 **장기간 노동능력**을 상실한 아동

③ 부모의 **장기복역** 등으로 부양을 받을 수 없는 아동

④ 부모가 **이혼**하거나 **유기**하여 부양을 받을 수 없는 아동

⑤ 위의 사항에 준하는 자로서 여성가족부령으로 정하는 아동.

· 여기서 "부모가 가정의 불화로 **가출한 경우**"는 유기로 해석할 수도 있지만, 그 기간에 따라 유기에 해당하지 않을 수도 있으므로 적절한 문항이라고 볼 수 없다.

2. 다문화가족지원법

[2017년 제15회 기출 문제] 다문화가족지원법상 실태조사 등에 관한 내용이다. (   )에 들어갈 용어를 바르게 짝지은 것은?

(가)장관은 다문화가족의 현황 및 실태를 파악하고 다문화가족 지원을 위한 정책수립에 활용하기 위하여 (나)년마다 다문화가족에 대한 실태조사를 실시하고 그 결과를 공표하여야 한다.

① 가 : 고용노동부   나 : 3   ② 가 : 고용노동부   나 : 5

③ 가 : 여성가족부   나 : 3   ④ 가 : 여성가족부   나 : 5

⑤ 가 : 보건복지부   나 : 3

[해설] 정답: ③

- **여성가족부장관**은 다문화가족의 현황 및 실태를 파악하고 다문화가족 지원을 위한 정책수립에 활용하기 위하여 **3년마다** 다문화가족에 대한 실태조사를 실시하고 그 결과를 공표하여야 한다.

[2018년 제16회 기출 문제] 다문화가족지원법의 내용으로 옳은 것은?

① 여성가족부장관은 다문화가족 지원을 위하여 3년마다 다문화가족정책에 관한 기본계획을 수립하여야 한다.

② 다문화가족의 삶의 질 향상과 사회통합에 관한 중요 사항을 심의·조정하기 위하여 여성가족부장관 소속으로 다문화가족 정책위원회를 둔다.

③ 지방자치단체는 다문화가족의 현황 및 실태를 파악하고 다문화가족 지원을 위한 정책수립에 활용하기 위하여 5년마다 다문화가족에 대한 실태조사를 실시하고 그 결과를 공표하여야 한다.

④ 시·도에는 다문화가족 지원을 담당할 기구와 공무원을 두어야 한다.

⑤ 기업은 다문화가족에 대한 사회적 차별 및 편견을 예방하고 사회 구성원이 문화적 다양성을 인정하고 존중할 수 있도록 홍보와 교육 및 재정상 필요한 조치를 하여야 한다.

[해설] 정답: ④

① **여성가족부장관**은 다문화가족 지원을 위하여 **5년마다** 다문화가족정책에 관한 기본계획을 수립하여야 한다.

② 다문화가족의 삶의 질 향상과 사회통합에 관한 중요 사항을 심의·조정하기 위하여 **국무총리 소속**으로 **다문화가족 정책위원회**를 둔다.

③ **여성가족부장관**은 다문화가족의 현황 및 실태를 파악하고 다문화가족 지원을 위한 정책수립에 활용하기 위하여 **3년마다** 다문화가족에 대한 실태조사를 실시하고 그 결과를 공표하여야 한다.

④ 시·도에는 다문화가족 지원을 담당할 **기구와 공무원**을 두어야 한다.

⑤ **국가와 지방자치단체**는 다문화가족에 대한 사회적 차별 및 편견을 예방하고 사회구성원이 문화적 다양성을 인정하고 존중할 수 있도록 **다문화 이해교육을 실시하고 홍보 등 필요한 조치**를 하여야 한다

제 4 절
폭력 방지 3법

Ⅰ. 가정폭력방지법

1. 입법 현황

가정내의 폭력으로 인하여 가정이 파산되고 가정구성원이 신체적·정신적 피해를 당하고 있어 가정폭력을 예방하고 가정폭력으로 인한 피해자를 보호함으로써 건전한 가정을 육성하기 위하여 1997년 12월 31일 **가정폭력방지 및 피해자보호 등에 관한 법률**(다음부터 '가정폭력방지법' 이라 한다)을 제정(법률 제5487호)하여 1998년 7월 1일 시행하였다.

이 법은 **가정폭력을 예방하고 가정폭력의 피해자를 보호·지원**함을 목적으로 한다(제1조).

2. 국가의 책무 등

국가와 지방자치단체는 가정폭력의 예방·방지와 피해자의 보호·지원을 위하여 다음의 조치를 취하여야 한다(제4조 제1항).

① 가정폭력 신고체계의 구축 및 운영
② 가정폭력의 예방과 방지를 위한 조사·연구·교육 및 홍보
③ 피해자를 보호·지원하기 위한 시설의 설치·운영
④ 임대주택의 우선 입주권 부여, 직업훈련 등 자립·자활을 위한 지원서비스 제공
⑤ 법률구조 및 그 밖에 피해자에 대한 지원서비스 제공
⑥ 피해자의 보호와 지원을 원활히 하기 위한 관련 기관 간의 협력 체계 구축 및 운영
⑦ 가정폭력의 예방·방지와 피해자의 보호·지원을 위한 관계 법령의 정비와 각종 정책의 수립·시행 및 평가
⑧ 피해자와 긴급전화센터, 가정폭력 관련 상담소, 가정폭력피해자 보호시설의 상담원 등 종사자의 신변보호를 위한 안전대책 마련
⑨ 가정폭력 피해의 특성을 고려한 피해자 신변노출 방지 및 보호·지원체계 구축.

여성가족부장관은 **3년마다 가정폭력에 대한 실태조사를 실시**하여 그 결과를 발표하고, 이를 가정폭력을 예방하기 위한 정책수립의 기초자료로 활용하여야 한다(제4조의2 제1항).

국가나 지방자치단체는 가정폭력 관련 상담소나 보호시설의 설치·운영에 드는 **경비의 일부를 보조할 수 있다**(제13조 제1항). 국가나 지방자치단체는 **장애인보호시설**이 여성가족부장관이 정하는 기준에 맞는 시설과 설비를 설치할 수 있도록 **그 비용을 지원하여야 한다**(제13조 제2항).

3. 상담소

국가나 지방자치단체는 **가정폭력 관련 상담소**를 설치·운영할 수 있다(제5조 제1항).

국가나 지방자치단체 외의 자가 상담소를 설치·운영하려면 특별자치시장·특별자치도지사·시장·군수·구청장에게 신고하여야 한다(제5조 제2항).

상담소의 업무는 다음과 같다(제6조).

① 가정폭력을 신고받거나 이에 관한 **상담**에 응하는 일
② 가정폭력을 신고하거나 이에 관한 상담을 요청한 사람과 그 가족에 대한 **상담**
③ 가정폭력으로 정상적인 가정생활과 사회생활이 어렵거나 그 밖에 긴급히 보
   호를 필요로 하는 피해자등을 임시로 보호하거나 의료기관 또는 가정폭력피
   해자 보호시설로 **인도**(引渡)하는 일
④ 행위자에 대한 고발 등 법률적 사항에 관하여 자문하기 위한 대한변호사협회
   또는 지방변호사회 및 법률구조법에 따른 법률 구조법인 등에 대한 필요한
   협조와 지원의 요청
⑤ 경찰관서 등으로부터 인도받은 피해자등의 **임시 보호**
⑥ 가정폭력의 예방과 방지에 관한 **교육 및 홍보**
⑦ 그 밖에 가정폭력과 그 피해에 관한 **조사 · 연구.**

4. 보호시설

국가나 지방자치단체는 **가정폭력피해자 보호시설**을 설치 · 운영
할 수 있다(제7조 제1항). 사회복지사업법에 따른 사회복지법인과 그
밖의 비영리법인은 시장 · 군수 · 구청장의 **인가**(認可)를 받아 보호시
설을 설치 · 운영할 수 있다(제7조 제2항).

보호시설에는 **상담원**을 두어야 하고, 보호시설의 규모에 따라
생활지도원, 취사원, 관리원 등의 종사자를 둘 수 있다(제7조 제3항).

보호시설의 종류는 다음과 같다(제7조의2 제1항).

① **단기**보호시설: 피해자등을 **6개월**의 범위에서 보호하는 시설
② **장기**보호시설: 피해자등에 대하여 **2년**의 범위에서 자립을 위한 주거편의
   (住居便宜) 등을 제공하는 시설
③ **외국인**보호시설: 배우자가 대한민국 국민인 외국인 피해자등을 **2년**의 범위
   에서 보호하는 시설

④ **장애인**보호시설: 장애인복지법의 적용을 받는 장애인인 피해자등을 **2년**의 범위에서 보호하는 시설.

단기보호시설의 장은 그 단기보호시설에 입소한 피해자등에 대한 보호기간을 여성가족부령으로 정하는 바에 따라 **각 3개월의 범위에서 두 차례 연장**할 수 있다(제7조의2 제1항).

보호시설에 입소한 자는 본인의 의사 또는 입소 동의를 한 보호자의 **요청**에 따라 보호시설을 **스스로 퇴소**할 수 있으며, 보호시설의 장은 입소한 자가 다음의 어느 하나에 해당하는 경우에는 **강제적으로 퇴소**를 명할 수 있다(제7조의4 제1항).

① 보호의 목적이 달성된 경우
② 보호기간이 끝난 경우
③ 입소자가 거짓이나 그 밖의 부정한 방법으로 입소한 경우
④ 보호시설 안에서 현저한 질서문란 행위를 한 경우.

5. 긴급전화센터

여성가족부장관 또는 시·도지사는 다음의 업무 등을 수행하기 위하여 **긴급전화센터**를 설치·운영하여야 하며,119) 외국어 서비스를 제공하는 긴급전화센터를 따로 설치·운영할 수 있다(제4조의6 제1항).

① 피해자의 신고접수 및 상담
② 관련 기관·시설과의 연계
③ 피해자에 대한 긴급한 구조의 지원
④ 경찰관서 등으로부터 인도받은 피해자 및 피해자가 동반한 가정구성원의 임시 보호.

---

119) 여성가족부장관 또는 시·도지사는 긴급전화센터를 직접 설치·운영하지 않고 대통령령으로 정하는 기관 또는 단체에 **위탁할 수 있다**(제4조의6 제2항).

II. 성폭력피해자보호법

1. 입법 현황

① 각종 성폭력범죄가 점차 흉폭화·집단화·지능화·저연령화되고 있을 뿐만 아니라 전화·컴퓨터를 이용한 음란행위 등 새로운 유형의 성폭력범죄가 빈발하여 기존의 법체계로는 적절히 대처하기 어려우므로 **성폭력범죄에 대한 처벌규정**을 신설 또는 강화하고 **성폭력범죄에 대하여는 수사·재판등 사법처리절차에 있어서 특례**를 인정하도록 하며 성폭력피해상담소 및 성폭력피해자보호시설을 설치·운영하도록 함으로써 특히 여성과 미성년자를 성폭력범죄의 위협으로부터 보호하고 건전한 사회질서를 확립하기 위하여 **성폭력범죄의 처벌 및 피해자보호 등에 관한 법률**(다음부터 '**성폭력처벌 및 피해자보호법**' 이라 한다)을 1994년 1월 5일 제정(법률 제4702호)하여 1994년 4월 1일 시행하였다.

② 이 법은 **성폭력범죄의 처벌** 등에 관한 특례와 **성폭력범죄의 피해자 보호** 등에 관한 사항을 함께 규정하고 있어 각 사항에 대한 효율적 대처에 한계가 있었다.

③ 따라서 **성폭력범죄의 처벌**에 관한 사항과 **성폭력피해자 보호·지원**에 관한 사항을 분리하기로 하여 **성폭력방지 및 피해자보호 등에 관한 법률**(다음부터 '**성폭력피해자보호법**' 이라 한다)을 2010년 4월 15일 제정(법률 제10261호)하여 2011년 1월 1일 시행하였다.

<표 33>　　　　성폭력처벌 및 피해자보호법의 분리

통합 입법(1994년)	분리 입법(2010년)
성폭력처벌 및 피해자보호법	성폭력처벌법
	성폭력피해자보호법

이 법은 성폭력을 예방하고 **성폭력피해자를 보호·지원**함으로써 인권증진에 이바지함을 목적으로 한다(제1조).

2. 국가의 책무 등

국가와 지방자치단체는 성폭력을 방지하고 성폭력피해자를 보호 ·지원하기 위하여 다음의 조치를 하여야 하고(제3조 제1항), 이를 다 하기 위하여 이에 따른 예산상의 조치를 하여야 한다(제3조 제2항).

① 성폭력 신고체계의 구축·운영
② 성폭력 예방을 위한 조사·연구, 교육 및 홍보
③ 피해자를 보호·지원하기 위한 시설의 설치·운영
④ 피해자에 대한 주거지원, 직업훈련 및 법률구조 등 사회복귀 지원
⑤ 피해자에 대한 보호·지원을 원활히 하기 위한 관련 기관 간 협력체계의 구 축·운영
⑥ 성폭력 예방을 위한 유해환경 개선
⑦ 피해자 보호·지원을 위한 관계 법령의 정비와 각종 정책의 수립·시행 및 평가.

국가와 지방자치단체는 피해자나 피해자의 가족구성원이 초·중 등교육법에 따른 각급학교의 학생인 경우 주소지 외의 지역에서 취학 (입학, 재입학, 전학 및 편입학 포함)할 필요가 있을 때에는 그 **취학**이 원 활히 이루어지도록 지원하여야 하며, 취학을 지원하는 관계자는 피해 자등의 **사생활**이 침해되지 아니하도록 유의하여야 한다(제7조 제1항).

국가와 지방자치단체는 피해자를 보호하는 자에 대한 **직업훈련 및 취업**을 알선할 수 있다(제7조 제3항).

국가는 피해자에 대하여 **법률상담과 소송대리**(訴訟代理) 등의 지원을 할 수 있다(제7조의2 제1항).

국가는 「성폭력범죄의 처벌 등에 관한 특례법」에 따른 촬영물이 정보통신망에 유포되어 피해를 입은 사람에 대하여 **촬영물의 삭제**를 위한 지원을 할 수 있다(제7조의3 제1항).

국가 또는 지방자치단체는 피해자등에 대한 의료 지원에 필요한 경비의 **전부 또는 일부를 지원**할 수 있다(제28조 제1항).

여성가족부장관은 성폭력의 실태를 파악하고 성폭력 방지에 관한 정책을 수립하기 위하여 **3년마다 성폭력 실태조사**를 하고 그 결과를 발표하여야 한다(제4조 제1항).

누구든지 피해자를 **고용하고 있는 자**는 성폭력과 관련하여 피해자를 **해고하거나 그 밖의 불이익**을 주어서는 아니 된다(제8조).

3. 상담소

국가 또는 지방자치단체는 **성폭력피해상담소**를 설치·운영할 수 있다(제10조 제1항).

국가 또는 지방자치단체 외의 자가 **상담소**를 설치·운영하려면 특별자치시장·특별자치도지사 또는 시장·군수·구청장에게 **신고**하여야 한다(제10조 제2항).

상담소는 다음의 업무를 한다(제11조 제1항).

① 성폭력피해의 신고접수와 이에 관한 상담
② 성폭력피해로 인하여 정상적인 가정생활 또는 사회생활이 곤란하거나 그 밖의 사정으로 긴급히 보호할 필요가 있는 사람과 제12조에 따른 성폭력피해자보호시설 등의 연계
③ 피해자등의 질병치료와 건강관리를 위하여 의료기관에 인도하는 등 의료 지원
④ 피해자에 대한 수사기관의 조사와 법원의 증인신문(證人訊問) 등에의 동행
⑤ 성폭력행위자에 대한 고소와 피해배상청구 등 사법처리 절차에 관하여 법률구조법에 따른 대한법률구조공단 등 관계 기관에 필요한 협조 및 지원 요청
⑥ 성폭력 예방을 위한 홍보 및 교육
⑦ 그 밖에 성폭력 및 성폭력피해에 관한 조사 · 연구.

4. 보호시설

국가 또는 지방자치단체는 **성폭력피해자보호시설** 설치 · 운영할 수 있다(제12조 제1항).

사회복지사업법에 따른 사회복지법인이나 그 밖의 비영리법인은 특별자치시장 · 특별자치도지사 또는 시장 · 군수 · 구청장의 **인가**를 받아 **보호시설**을 설치 · 운영할 수 있다(제12조 제2항).

보호시설은 다음의 **업무**를 한다(제13조 제1항).

① 피해자등의 보호 및 숙식 제공
② 피해자등의 심리적 안정과 사회 적응을 위한 상담 및 치료
③ 자립 · 자활 교육의 실시와 취업정보의 제공
④ 위 상담소의 업무 중 ③ ~ ⑤의 업무

⑤ 다른 법률에 따라 보호시설에 위탁된 업무
⑥ 그 밖에 피해자등을 보호하기 위하여 필요한 업무.

보호시설의 **종류**는 다음과 같다(제12조 제3항).

① 일반보호시설: 피해자에게 위 보호시설의 업무에 관한 사항을 제공하는 시설
② 장애인보호시설: 장애인인 피해자에게 위 보호시설의 업무에 관한 사항을 제공하는 시설
③ 특별지원 보호시설: 성폭력범죄의 처벌 등에 관한 특례법에 따른 피해자로서 19세 미만의 피해자에게 위 보호시설의 업무에 관한 사항을 제공하는 시설
④ 외국인보호시설: 외국인 피해자에게 위 보호시설의 업무에 관한 사항을 제공하는 시설. 다만, 가정폭력방지 및 피해자보호 등에 관한 법률에 따른 외국인보호시설과 통합하여 운영할 수 있다.
⑤ 자립지원 공동생활시설: 위 ① ~ ④까지의 보호시설을 퇴소한 사람에게 제13조제1항제3호 및 그 밖에 필요한 사항을 제공하는 시설
⑥ 장애인 자립지원 공동생활시설: 제2호의 보호시설을 퇴소한 사람에게 위 보호시설의 업무 중 ③ 및 그 밖에 필요한 사항을 제공하는 시설

피해자등이 다음의 어느 하나에 해당하는 경우에는 보호시설에 입소할 수 있다(제15조 제1항).

① **본인**이 입소를 희망하거나 입소에 동의하는 경우
② 미성년자 또는 지적장애인 등 의사능력이 불완전한 사람으로서 **성폭력행위자가 아닌 보호자**가 입소에 동의하는 경우.

보호시설의 종류별 **입소기간**은 다음과 같다(제16조 제1항).

① **일반**보호시설: **1년 이내.** 다만, 여성가족부령으로 정하는 바에 따라 1년 6개월의 범위에서 한 차례 연장할 수 있다.
② **장애인**보호시설: **2년 이내.** 다만, 여성가족부령으로 정하는 바에 따라 피해회복에 소요되는 기간까지 연장할 수 있다.
③ **특별**지원 보호시설: **19세가 될 때까지.** 다만, 여성가족부령으로 정하는 바에 따라 2년의 범위에서 한 차례 연장할 수 있다.
④ **외국인**보호시설: **1년 이내.** 다만, 여성가족부령으로 정하는 바에 따라 피해회복에 소요되는 기간까지 연장할 수 있다.

⑤ **자립**지원 공동생활시설: **2년 이내.** 다만, 여성가족부령으로 정하는 바에 따라 2년의 범위에서 한 차례 연장할 수 있다.

⑥ **장애인 자립**지원 공동생활시설: **2년 이내.** 다만, 여성가족부령으로 정하는 바에 따라 2년의 범위에서 한 차례 연장할 수 있다.

위 규정에도 불구하고 **일반**보호시설에 입소한 피해자가 대통령령으로 정하는 특별한 사유에 해당하는 경우에는 입소기간을 초과하여 연장할 수 있다.

5. 통합지원센터

국가와 지방자치단체는 성폭력 피해상담, 치료, 법률상담등 연계, 수사지원, 그 밖에 피해구제를 위한 지원업무를 종합적으로 수행하기 위하여 **성폭력피해자통합지원센터**를 설치·운영할 수 있으며(제18조 제1항), 대통령령으로 정하는 기관 또는 단체로 하여금 통합지원센터를 설치·운영하게 할 수 있다(제18조 제2항).

Ⅲ. 성폭력처벌법

1. 입법 현황

앞에서 본 바와 같이, 1994년 1월 5일 제정된 **성폭력처벌 및 피해자보호법**은 성폭력범죄의 처벌 등에 관한 특례와 성폭력범죄의 피해자 보호 등에 관한 사항을 함께 규정하고 있어 효율적으로 대처하지 못하는 문제가 발생하였다.

따라서 **성폭력범죄의 처벌 등에 관한 특례법**(다음부터 '**성폭력처벌
법**'이라 한다)을 2010년 4월 15일 제정(법률 제10258호)하여 같은 날 시
행하였다.

이 법은 **성폭력범죄의 처벌 및 그 절차**에 관한 특례를 규정함
으로써 성폭력범죄 피해자의 생명과 신체의 안전을 보장하고 건강한
사회질서의 확립에 이바지함을 목적으로 한다(제1조).

2. 2018년 개정내용

이 법은 2018년 12월 18일 개정시, **자의에 의해 스스로 자신
의 신체를 촬영한 촬영물**을 촬영대상자의 의사에 반하여 유포한 경우
에도 처벌하도록 하였다.

입법 배경은 다음과 같다. 그 동안 성적 욕망 또는 수치심을 유발
할 수 있는 다른 사람의 신체를 그 의사에 반하여 촬영하거나 그 촬영
물을 유포한 경우 이 법(제14조 카메라 등을 이용한 촬영)으로 처벌하였다.

그러나 **자의에 의해 스스로 자신의 신체를 촬영한 촬영물이 촬
영당사자의 의사에 반하여 유포된 경우**에는 다른 사람의 신체를 촬영
한 촬영물이 아니라는 이유로 이 법(제14조)으로 처벌할 수 없고, 그보
다 형이 낮은 형법상 음화반포죄(제243조) 등으로만 처벌이 가능하
여[120] 죄질이나 불법의 중대성 등에 비하여 적절한 처벌이 이루어지

---

120) 제243조(음화반포등) 음란한 문서, 도화, 필름 기타 물건을 반포, 판매 또는 임대

지 않고 있다는 문제가 제기되었다.

따라서 **자의에 의해 스스로 자신의 신체를 촬영한 촬영물을 촬영대상자의 의사에 반하여 유포한 경우**에도 이 법(제14조)으로 처벌하도록 명확히 규정하였다.[121]

그리고 카메라 등을 이용한 촬영죄의 벌금형을 현행 1천만원 이하에서 3천만원 이하로 상향하고, 유포의 객체에 **사람의 신체를 촬영한 촬영물 외에 복제물(복제물의 복제물을 포함한다)을 추가**하며, 촬영대상자의 의사에 반하여 유포된 이상 촬영에 대한 동의 유무가 그 피해에 본질적인 차이를 가져온다고 볼 수 없으므로, 촬영 당시에는 촬영대상자의 의사에 반하지 아니하여도 사후에 그 의사에 반하여 유포되는 경우 촬영 당시 촬영대상자의 의사에 반하여 촬영된 촬영물을 유포하는 경우와 동일하게 처벌하도록 하였다.

한편, **영리를 목적으로** 촬영대상자의 의사에 반하여 정보통신망을 이용하여 촬영물 또는 복제물을 유포한 경우에는 법정형에서 벌금형을 삭제함으로써 처벌을 강화하였다.

하거나 공연히 전시 또는 상영한 자는 1년 이하의 징역 또는 500만원 이하의 벌금에 처한다.

121) 제14조(카메라 등을 이용한 촬영) ① 카메라나 그 밖에 이와 유사한 기능을 갖춘 기계장치를 이용하여 성적 욕망 또는 수치심을 유발할 수 있는 사람의 신체를 **촬영대상자의 의사에 반하여 촬영한 자**는 5년 이하의 징역 또는 3천만원 이하의 벌금에 처한다. ② 제1항에 따른 촬영물 또는 복제물(복제물의 복제물을 포함한다.)을 반포·판매·임대·제공 또는 공공연하게 전시·상영(다음부터 '반포등'이라 한다)한 자 또는 제1항의 촬영이 **촬영 당시에는 촬영대상자의 의사에 반하지 아니한 경우**에도 사후에 그 촬영물 또는 복제물을 촬영대상자의 의사에 반하여 반포등을 한 자는 5년 이하의 징역 또는 3천만원 이하의 벌금에 처한다. ③ **영리를 목적으로** 촬영대상자의 의사에 반하여「정보통신망 이용촉진 및 정보보호 등에 관한 법률」제2조 제1항 제1호의 정보통신망(다음부터 '정보통신망'이라 한다)을 이용하여 제2항의 죄를 범한 자는 7년 이하의 징역에 처한다.

기출 문제

1. 가정폭력방지법

[2015년 제13회 기출 문제] 가정폭력방지 및 피해자보호 등에 관한 법령상 가정폭력피해자 보호시설에 관한 설명으로 옳은 것은?

① 단기보호시설은 가정폭력피해자를 2년의 범위에서 보호하는 시설을 말한다.

② 보호시설에는 상담원, 생활지도원, 취사원, 관리인을 두어야 한다.

③ 국가나 지방자치단체는 보호시설을 설치·운영하여야 한다.

④ 보호시설의 장은 입소자가 거짓이나 그 밖의 부정한 방법으로 입소한 경우에는 퇴소를 명하여야 한다.

⑤ 국가나 지방자치단체는 보호시설에 입소한 피해자나 피해자가 동반한 가정구성원의 보호를 위하여 필요한 경우 보호비용을 보호시설의 장 또는 피해자에게 지원할 수 있다.

[해설] 정답: ⑤

① **단기**보호시설은 가정폭력피해자를 **6개월**의 범위에서 보호하는 시설을 말한다.

② 보호시설에는 상담원, 생활지도원, 취사원, 관리인을 **둘 수 있다.**

③ 국가나 지방자치단체는 보호시설을 **설치·운영할 수 있다.**

④ 보호시설의 장은 입소자가 거짓이나 그 밖의 부정한 방법으로 입소한 경우에는 **퇴소를 명할 수 있다.**

⑤ 국가나 지방자치단체는 보호시설에 입소한 피해자나 피해자가 동반한 가정구성원의 보호를 위하여 필요한 경우 보호비용을 보호시설의 장 또는 피해자에게 **지원할 수 있다.**

[2017년 제15회 기출 문제] 가정폭력방지 및 피해자보호 등에 관한 법률상 가정폭력피해자 보호시설의 종류에 해당하지 않는 것은?

① 단기보호시설   ② 장기보호시설   ③ 외국인보호시설

④ 장애인보호시설   ⑤ 노인보호시설

[해설] 정답: ⑤

가정폭력피해자 보호시설에는 ① **단기**보호시설, ② **장기**보호시설, ③ **외국인**보호시설, ④ **장애인**보호시설 등이 있다.

[2018년 제16회 기출 문제] 가정폭력방지 및 피해자보호 등에 관한 법률상 긴급전화센터의 업무에 해당하지 않는 것은?

① 가정폭력상담

② 관련 기관·시설과의 연계

③ 가정폭력관련 법률자문 및 가해자조사

④ 경찰관서 등으로부터 인도받은 피해자의 임시 보호

⑤ 피해자에 대한 긴급한 구조의 지원

[해설] 정답: ③

· 긴급전화센터는 ① 피해자의 신고접수 및 **상담** ② 관련 기관·시설과의 **연계** ③ 피해자에 대한 **긴급한 구조의 지원** ④ 경찰관서 등으로부터 인도받은 피해자 및 피해자가 동반한 가정구성원의 **임시 보호** 등의 업무를 행한다.

[2019년 제17회 기출 문제] 가정폭력방지 및 피해자보호 등에 관한 법률의 내용으로 옳지 않은 것은?

① 단기보호시설은 피해자 등을 6개월의 범위에서 보호하는 시설이다.

② 국가는 가정폭력 관련 상담소의 설치·운영에 드는 경비의 전부를 보조하여야 한다.

③ 여성가족부장관 또는 시·도지사는 긴급전화센터를 설치·운영하여야 한다.

④ 가정폭력의 예방과 방지에 관한 교육 및 홍보는 가정폭력 관련 상담소의 업무에 해당한다.

⑤ 사회복지법인은 시장·군수·구청장의 인가를 받아 가정폭력피해자 보호시설을 설치·운영할 수 있다.

[해설] 정답: ②

① **단기**보호시설은 피해자 등을 **6개월**의 범위에서 보호하는 시설이다.

② 국가는 가정폭력 관련 상담소의 설치·운영에 드는 **경비의 일부를 보조할 수 있다.**

③ 여성가족부장관 또는 시·도지사는 긴급전화센터를 설치·운영하여야 한다. 이를 직접 설치·운영하지 않고 대통령령으로 정하는 기관 또는 단체에 **위탁할 수 있다.**

④ 가정폭력의 예방과 방지에 관한 **교육 및 홍보**는 가정폭력 관련 상담소의 업무에 해당한다.

⑤ 사회복지법인은 시장·군수·구청장의 **인가**를 받아 가정폭력피해자 보호시설을 설치·운영할 수 있다.

2. 성폭력피해자보호법

[2017년 제15회 기출 문제] 성폭력방지 및 피해자보호 등에 관한 법률상 피해자보호에 관한 설명으로 옳지 않은 것은?

① 일반보호시설에의 입소기간은 1년 이내이나 예외적으로 연장할 수 있다.

② 누구든지 피해자를 고용하고 있는 자는 성폭력과 관련하여 피해자를 해고하여서는 아니 된다.

③ 지방자치단체는 성폭력 전담의료기관의 의료 지원에 필요한 경비의 전부를 지원할 수 없다.

④ 국가는 피해자에 대하여 법률상담과 소송대리 등의 지원을 할 수 있다.

⑤ 미성년자가 피해자인 경우 성폭력행위자가 아닌 보호자가 입소에 동의하는 때에는 그 미성년자는 보호시설에 입소할 수 있다.

[해설] 정답: ③

① **일반**보호시설에의 입소기간은 **1년 이내**이나 예외적으로 연장할 수 있다.

② 누구든지 피해자를 고용하고 있는 자는 성폭력과 관련하여 피해자를 **해고하거나 그 밖의 불이익**을 주어서는 아니 된다.

③ 지방자치단체는 성폭력 전담의료기관의 의료 지원에 필요한 경비의 **전부 또는 일부를 지원**할 수 있다.

④ 국가는 피해자에 대하여 법률상담과 소송대리 등의 **지원을 할 수 있다.**

⑤ 미성년자가 피해자인 경우 성폭력행위자가 아닌 보호자가 입소에 동의하는 때에는 그 미성년자는 보호시설에 **입소할 수 있다.**

[2019년 제17회 기출 문제] 성폭력방지 및 피해자보호 등에 관한 법률상 국가와 지방자치단체의 책무에 해당하는 것을 모두 고른 것은?

가. 성폭력 신고체계의 구축·운영

나. 성폭력 예방을 위한 유해환경 개선

다. 성폭력 예방을 위한 조사·연구, 교육 및 홍보

라. 피해자에 대한 직업훈련 및 법률구조 등 사회복귀 지원

① 가, 나 ② 나, 다 ③ 가, 다, 라 ④ 나, 다, 라 ⑤ 가, 나, 다, 라

[해설] 정답: ⑤

국가와 지방자치단체는 다음의 조치를 취하여야 한다.

① 성폭력 **신고**체계의 구축·운영
② 성폭력 **예방**을 위한 조사·연구, 교육 및 홍보
③ 피해자를 보호·지원하기 위한 **시설**의 설치·운영
④ 피해자에 대한 주거지원, 직업훈련 및 법률구조 등 **사회복귀** 지원
⑤ 피해자에 대한 보호·지원을 원활히 하기 위한 관련 기관 간 **협력체계**의 구축·운영
⑥ 성폭력 **예방**을 위한 유해환경 개선
⑦ 피해자 보호·지원을 위한 **관계 법령**의 정비와 **각종 정책**의 수립·시행 및 평가.

제 5 절

봉사 기부 2법

Ⅰ. 자원봉사활동 기본법

1. 입법 현황

시민사회의 성숙에 따라 자원봉사활동122)이 사회 각 분야에 널리 확대되고 있으나 이에 대한 국가적 차원에서의 체계적인 지원이 미흡하여 2005년 8월 4일 **자원봉사활동 기본법**을 제정(법률 제7669호)하여 2006년 2월 5일부터 시행하였다.

이 법은 자원봉사활동에 관한 기본적인 사항을 규정함으로써 **자원봉사활동을 진흥하고 행복한 공동체 건설에 이바지**함을 목적으로 한다(제1조).

2. 정책의 기본 방향

자원봉사활동은 **무보수성, 자발성, 공익성, 비영리성, 비정파성**

---

122) '자원봉사활동'이란 개인 또는 단체가 지역사회·국가 및 인류사회를 위하여 대가 없이 자발적으로 시간과 노력을 제공하는 행위를 말한다.

(非政派性), **비종파성**(非宗派性)**의 원칙** 아래 수행될 수 있도록 하여야 한다(제2조 제2호).

모든 국민은 **나이, 성별, 장애, 지역, 학력 등 사회적 배경에 관계없이 누구든지** 자원봉사활동에 참여할 수 있도록 하여야 한다(제2조 제3호).

3. 자원봉사센터의 설치 및 운영

국가기관 및 지방자치단체는 자원봉사센터를 설치할 수 있으며, 자원봉사센터를 **법인**으로 하여 운영하거나 **비영리 법인**에 위탁하여 운영하여야 한다(제19조 제1항).

자원봉사활동을 효율적으로 추진하기 위하여 필요하다고 인정할 경우에는 **국가기관 및 지방자치단체**가 운영할 수 있다(제19조 제2항).

국가는 자원봉사센터의 설치·운영이 **활성화**될 수 있도록 적극 노력하여야 하며, 지방자치단체는 자원봉사센터의 운영에 필요한 **경비**를 지원할 수 있다(제19조 제3항).

자원봉사단체 및 자원봉사센터는 그 명의 또는 그 대표의 명의로 특정 정당이나 특정인의 **선거운동**을 하여서는 아니 된다(제5조 제1항).

Ⅱ. 사회복지공동모금회법

1. 입법 현황

정부 주도의 성금모금 및 관리·운영을 지양하고 **민간단체가 이웃돕기성금을 직접 모금·배분 및 관리**하도록 함으로써 이웃돕기운동의 자율성을 보장하며 민간의 참여를 활성화하기 위하여 1997년 3월 27일 **사회복지공동모금회법을 제정**(법률 제5317호)하여 1998년 7월 1일 시행하였다.

이 법은 사회복지공동모금회의 **공동모금**을 통하여 국민이 사회복지를 이해하고 참여하도록 함과 아울러 국민의 **자발적인 성금**으로 조성된 재원(財源)을 효율적이고 공정하게 관리·운용함으로써 사회복지증진에 이바지함을 목적으로 한다(제1조).

2. 기본 원칙

기부하는 자의 의사에 반하여 기부금품을 모집하여서는 아니 된다(제3조 제1항). 기부금품의 기부자는 배분지역, 배분대상자 또는 **사용용도를 지정**할 수 있다(제27조).

3. 사회복지공동모금회

사회복지공동모금사업을 관장하도록 하기 위하여 사회복지공동모금회를 두며(제4조 제1항), 이는 **사회복지법인**으로 한다(제4조 제2항). 모금회는 정관을 작성하여 **보건복지부장관의 인가**를 받아 **등기**함으로써 설립된다(제4조 제3항).

모금회는 다음의 사업을 수행하며(제5조), 회계연도는 **1월 1일부터 12월 31일까지**로 한다(제28조).

① 사회복지공동모금사업
② 공동모금재원의 배분
③ 공동모금재원의 운용 및 관리
④ 사회복지공동모금에 관한 조사 · 연구 · 홍보 및 교육 · 훈련
⑤ 사회복지공동모금지회의 운영
⑥ 사회복지공동모금과 관련된 국제교류 및 협력증진사업
⑦ 다른 기부금품 모집자와의 협력사업
⑧ 그 밖에 모금회의 목적 달성에 필요한 사업.

모금회는 사회복지사업이나 그 밖의 사회복지활동 등을 지원하기 위한 재원을 조성하기 위하여 **복권을 발행**할 수 있으며(제18조의2 제1항), 복권을 발행하려면 그 종류 · 조건 · 금액 및 방법 등에 관하여 미리 **보건복지부장관의 승인**을 받아야 한다(제18조의2 제2항).

복권의 당첨금을 받을 권리는 그 지급일부터 **3개월간 행사하지 아니하면 소멸시효가 완성**되며, 소멸시효가 완성된 당첨금은 공동모금재원에 귀속된다(제18조의2 제3항).

모금회는 기부금품의 접수를 효율적이고 공정하게 하기 위하여 **언론기관을 모금창구로 지정**하고, 지정된 언론기관의 명의로 모금계

좌를 개설할 수 있다(제19조).

모금회에는 다음의 임원을 두며(제4조 제1항), 임원의 **임기는 3년**으로 하며, 한 차례만 연임할 수 있다(제4조 제2항). 부득이한 사유로 후임임원이 선임(選任)되지 못하여 모금회의 업무수행에 지장이 있는 경우에는 후임임원이 선임될 때까지 임기가 만료된 임원이 그 업무를 수행한다(제4조 제3항).

① 회장 1명
② 부회장 3명
③ 이사(회장·부회장 및 사무총장을 포함한다) 15명 이상 20명 이하
④ 감사 2명.

기출 문제

1. 자원봉사활동 기본법

[2016년 제14회 기출 문제] 자원봉사활동 기본법상 자원봉사센터에 관한 설명으로 옳지 않은 것은?

① 국가는 자원봉사센터의 설치·운영이 활성화될 수 있도록 적극 노력하여야 한다.

② 지방자치단체는 자원봉사센터의 운영에 필요한 경비를 지원할 수 있다.

③ 국가기관 및 지방자치단체는 자원봉사센터를 설치할 수 있다.

④ 지방자치단체는 설치한 자원봉사센터를 비영리 법인에 위탁하여 운영할 수 없다.

⑤ 지방자치단체로부터 운영경비를 지원받는 자원봉사센터는 그 명의로 특정인의 선거운동을 하여서는 아니 된다.

[해설] 정답: ④

① 국가는 자원봉사센터의 설치·운영이 **활성화**될 수 있도록 적극 노력하여야 한다.

② 지방자치단체는 자원봉사센터의 운영에 필요한 **경비**를 지원할 수 있다.

③ 국가기관 및 지방자치단체는 자원봉사센터를 **설치할 수 있다.**

④ 지방자치단체는 설치한 자원봉사센터를 비영리 법인에 위탁하여 **운영할 수 있다.**

⑤ 지방자치단체로부터 운영경비를 지원받는 자원봉사센터는 그 명의로 특정인의 **선거운동**을 하여서는 아니 된다.

[2018년 제16회 기출 문제] 자원봉사활동 기본법상 자원봉사활동의 원칙에 해당하지 않는 것은?

① 무보수성   ② 비집단성   ③ 비영리성   ④ 비정파성(非政派性)

⑤ 비종파성(非宗派性)

[해설] 정답: ②
- 자원봉사활동은 **무보수성, 자발성, 공익성, 비영리성, 비정파성**(非政派性), **비종파성**(非宗派性)의 원칙 아래 수행될 수 있도록 하여야 한다.

2. 사회복지공동모금회법

[2019년 제17회 기출 문제] 사회복지공동모금회법의 내용으로 옳은 것은?
① 사회복지공동모금회에는 20명 이상 25명 이하의 이사를 둔다.
② 사회복지공동모금회는 보건복지부장관의 승인 없이 복권을 발행할 수 있다.
③ 사회복지공동모금회는 모금창구로 지정된 언론기관의 명의로 모금계좌를 개설할 수 없다.
④ 사회복지공동모금회의 회계연도는 1월 1일부터 12월 31일까지로 한다.
⑤ 기구금품의 기부자는 사용 용도를 지정할 수 없다.

[해설] 정답: ④
① 사회복지공동모금회에는 **15명 이상 20명 이하**의 이사를 둔다.
② 사회복지공동모금회가 복권을 발행하려면 **보건복지부장관의 승인**을 받아야 한다.
③ 사회복지공동모금회는 모금창구로 지정된 언론기관의 명의로 모금계좌를 **개설할 수 있다.**
④ 사회복지공동모금회의 회계연도는 **1월 1일부터 12월 31일까지로** 한다.
⑤ 기구금품의 기부자는 사용 용도를 **지정할 수 있다.**

종합 기출 문제

1. 사회복지법의 체계

[2015년 제13회 기출 문제] 사회복지법의 체계와 적용에 관한 설명으로 옳은 것은?

① 사회보장기본법과 사회복지사업법의 규정이 상충하는 경우에는 사회보장기본법이 우선 적용된다.

② 사회서비스의 영역의 법제는 실체법적 규정만 두고 있고 절차법적 규정은 두고 있지 않다.

③ 국민연금법은 공공부조법 영역에 속한다.

④ 구법인 특별법과 신법인 일반법 간에 충돌이 있는 경우에는 구법인 특별법이 우선 적용된다.

⑤ 헌법은 법률에 의해 구체화되기 이전에는 사회복지법의 법원(法源)이 될 수 없다.

[해설] 정답: ④

① 사회보장기본법(일반법)과 사회복지사업법(특별법)의 규정이 상충하는 경우에는 "특별법 우선의 원칙"에 따라 **사회복지사업법이 우선 적용된다.**

② 사회서비스의 영역의 법제에는 실체법적 규정(권리의 부여)과 **절차법적 규정(권리의 실현)을 모두 두고 있다.**

③ 국민연금법은 5대 **사회보험법 중의 하나이다.**

④ 구법인 특별법과 신법인 일반법 간에 충돌이 있는 경우에는 "특별법 우선의 원칙"에 따라 구법인 특별법이 우선 적용된다.

⑤ 헌법은 법률에 의해 구체화되기 이전에도 **사회복지법의 법원(法源)이 될 수 있다.**

[2015년 제13회 기출 문제] 사회복지법에 관한 설명으로 옳은 것은?

① 헌법에서는 사회복지 관련 조항이 없다.

② 시민법은 사회복지법의 한계를 극복하기 위하여 출현하였다.

③ 생존권 보장은 사회복지법의 이념 중 하나이다.

④ 헌법에 의하여 체결·공포된 사회복지 관련조약은 사회복지법의 법원(法源)에 포함되지 않는다.

⑤ 사회복지조례는 보건복지부장관의 승인를 받아야 한다.

[해설] 정답: ③

① 헌법 제34조 제2항에는 국가에 대하여 **사회복지 증진의무를 부과하고 있다.**

② 반대로 사회복지법을 포함한 사회법은 **시민법의 한계를 극복하기 위하여 출현하였다.**

③ 사회복지법은 **인간다운 생활권, 생존권의 보장을 이념으로 한다.**

④ 국가간에 체결된 조약(條約)도 국내법과 같은 효력을 가지므로, 사회복지법의 **법원(法源)에 포함된다.**

⑤ 조례 및 규칙은 지방자치단체의 **자치입법권에 속한다.**

[2015년 제13회 기출 문제] 사회복지법의 법률관계에 관한 설명으로 옳지 않은 것은?

① 사회복지사업법에 따른 사회복지법인이 아닌 자는 사회복지법인이라는 명칭을 사용하지 못한다.

② 사회보장기본법에서 사회보험은 국가의 책임으로 시행하는 것을 원칙으로 하고 있다.

③ 사회복지법인은 수익을 목적으로 하는 사업을 할 수 있다.

④ 의료급여법상 주거가 일정하지 아니한 수급권자에 대한 의료급여 업무는 그가 실제 거주하는 지역을 관할하는 시장·군수·구청장이 한다.

⑤ 국민건강보험법상 국내에 거주하지 않는 재외국민도 국민건강보험의 가입자가 된다.

[해설] 정답: ⑤

① 사회복지사업법에 따른 사회복지법인이 아닌 자는 사회복지법인이라는 **명칭을 사용하지 못한다.**

② 사회보장기본법에서 **사회보험은 국가의 책임으로,** 공공부조와 사회서비스는 국가와 지방자치단체의 책임으로 시행하는 것을 원칙으로 한다.

③ 사회복지법인은 설립 목적 수행에 지장이 없는 범위에서 **수익사업을 할 수 있다.**

④ 의료급여법상 의료급여업무는 수급권자의 **거주지를 관할하는** 특별시장·광역시장·도지사와 시장·군수·구청장이 하며, 주거가 일정하지 아니한 수급권자에 대하여는 **그가 실제 거주하는 지역을 관할하는** 시장·군수·구청장이 한다.

⑤ 국민건강보험법상 국내에 거주하지 않더라도 **국내에 체류하는 재외국민 또는 외국인도** 일정요건을 갖추면 국민건강보험의 예외적으로 가입자가 될 수 있다. 그러나 반드시 가입자가 되는 것은 아니므로 틀린 문항으로 볼 수 있다. 이 문항은 예외가 있으므로 좋은 문항으로 볼 수 없다.

2. 실태조사

[2019년 제17회 기출 문제] 실태조사의 주체와 조사주기를 올바르게 짝지은 것은?

① 장애인복지법상 장애실태조사: 보건복지부장관, 5년

② 아동복지법상 아동종합실태조사: 보건복지부장관, 3년

③ 한부모가족지원법상 한부모가족 실태조사: 여성가족부장관, 3년

④ 노인복지법상 노인실태조사: 여성가족부장관, 3년

⑤ 다문화가족지원법상 다문화가족 실태조사: 보건복지부장관, 5년

[해설] 정답: ③

① 장애인복지법: **보건복지부장관**은 장애인 복지정책의 수립에 필요한 기초자료로 활용하기 위하여 **3년**마다 장애실태조사를 실시하여야 한다.

② 아동복지법: **보건복지부장관**은 **5년**마다 아동의 양육 및 생활환경, 언어 및 인지 발달, 정서적·신체적 건강, 아동안전, 아동학대 등 아동의 종합실태를

조사하여야 한다.

③ 한부모가족지원법: **여성가족부장관**은 한부모가족 지원을 위한 정책수립에 활용하기 위하여 **3년**마다 한부모가족에 대한 실태조사를 실시하여야 한다.

④ 노인복지법: **보건복지부장관**은 노인의 보건 및 복지에 관한 실태조사를 **3년**마다 실시하여야 한다.

⑤ 다문화가족지원법: **여성가족부장관**은 다문화가족의 현황 및 실태를 파악하고 다문화가족 지원을 위한 정책수립에 활용하기 위하여 **3년**마다 다문화가족에 대한 실태조사를 실시하여야 한다.

3. 판례

[2019년 제17회 기출 문제] 사회보장과 관련한 헌법재판소의 결정의 내용으로 옳은 것은?

① 국민연금법상 연금보험료의 강제징수는 헌법상 재산권보장에 위배된다.

② 국민건강보험료 체납으로 인하여 보험급여가 제한되는 기간 중에 발생한 보험료에 대한 강제징수는 건강보험가입자의 재산권을 침해한다.

③ 국민기초생활 보장법령상 수급자 등의 금융자산을 확인할 수 있는 자료의 제출요구는 급여신청자의 평등권을 침해한다.

④ 60세 이상의 국민에 대한 국민연금제도 가입을 제한하는 것은 헌법상의 인간다운 생활을 할 권리를 침해하는 것이라고 볼 수 없다.

⑤ 사회복지사업법의 규정 내용 중 사회복지법인의 재산을 기본재산과 보통재산으로 구분하도록 한 것은 명확성의 원칙에 위반된다.

[해설] 정답: ④

① 국민연금법상 연금보험료의 강제징수는 헌법상 재산권보장에 **위배되지 않는다.**

② 국민건강보험료 체납으로 인하여 보험급여가 제한되는 기간 중에 발생한 보험료에 대한 강제징수는 건강보험가입자의 재산권을 **침해하지 않는다.**

③ 국민기초생활 보장법령상 수급자 등의 금융자산을 확인할 수 있는 자료의 제출요구는 급여신청자의 평등권을 **침해하지 않는다.**

④ 60세 이상의 국민에 대한 국민연금제도 가입을 제한하는 것은 헌법상의 인간다운 생활을 할 권리를 **침해하는 것이라고 볼 수 없다.**

⑤ 사회복지사업법의 규정 내용 중 사회복지법인의 재산을 기본재산과 보통재산으로 구분하도록 한 것은 명확성의 원칙에 **위반되지 않는다.**

[2015년 제13회 기출 문제] 사회복지에 관한 헌법재판소나 대법원의 결정 또는 판결 내용인 것은?

① 국민연금가입 연령을 18세 이상 60세 미만으로 제한한 것은 헌법상의 행복추구권, 평등권, 인간다운 생활을 할 권리를 박탈한 것이다.

② 사회복지법인의 대표자가 이사회의 의결없이 법인의 재산을 처분한 경우에 그 처분행위는 이사회의 의결 여부를 알지 못한 선의의 제3자에게도 효력이 있다.

③ 국민건강보험법에서 보험료 체납의 경우에 보험료를 완납할 때까지 보험급여를 실시하지 아니할 수 있도록 한 것은 헌법상 행복추구권 등 기본권의 직접적 침해이다.

④ 헌법 제34조 제5항의 신체장애자 등에 대한 국가의 보호 의무에서 장애인을 위한 저상버스를 도입하여야 한다는 구체적인 내용의 의무가 발생하는 것은 아니다.

⑤ 국민연금 보험료의 강제징수는 헌법상 재산권의 침해이다.

[해설] 정답: ④

① 국민연금가입 연령 제한은 헌법상의 행복추구권, 평등권, 인간다운 생활을 할 권리를 **박탈한 것이 아니다.**

② 사회복지법인의 대표자가 이사회의 의결없이 법인의 재산을 처분한 경우에 그 처분행위는 이사회의 의결 여부를 알지 못한 **선의의 제3자에게는 효력이 없다.**

③ 국민건강보험법에서 보험료 체납의 경우에 보험료를 완납할 때까지 보험급

여를 실시하지 아니할 수 있도록 한 것은 헌법상 행복추구권 등 **기본권의 직접적 침해가 아니다.**

④ 헌법 제34조 제5항의 신체장애자 등에 대한 국가의 보호 의무에서 장애인을 위한 저상버스를 도입하여야 한다는 **구체적인 내용의 의무가 발생하는 것은 아니다.**

- 이는 우리나라 판례가 사회복지청구권에 대하여 아직 구체적 권리성을 인정하지 않고 **추상적 권리성**만 인정하고 있는 결과이다(P.13 <판례 3> 참조).

⑤ 국민연금 보험료의 강제징수는 **헌법상 재산권의 침해가 아니다.**

참 고 문 헌

1. 한국 문헌

고용노동부, 「고용보험 20년사」, 2016.

국민연금공단, 「국민연금 30년사」, 2017.

권영성, 「헌법학원론」, 법문사, 2001.

김경우, 「사회복지법제론」, 미디어, 2016.

김기원, 「최근 사회복지 입법의 분석」, 정민사, 2015.

김대순, 「국제법론」, 삼영사, 2019.

김성수, 「일반행정법」, 홍문사, 2018.

김유성, 「한국사회보장법론」, 법문사, 2002.

김영석, 「국제법」, 박영사, 2017.

김향기, 「법학개론」, 대명출판사, 2018.

박덕영, 「국제법 기본조약집」, 박영사, 2017.

박승두, 「사회보장법」, 중앙경제사, 1996.

_____, 「노동법개론」, 노동경제신문사, 1995.

_____, 「사회보장법강의」, 법률SOS, 2014.

_____, 「사회보장법 첫강의」, 신세림, 2016.

_____, 「사회복지법 첫강의」, 신세림, 2017.

_____, 「대법원판례 평석집: 대법원의 오늘과 내일」, 신세림, 2018.

_____, 「사회복지법제론」, 신세림, 2019.

_____, "지방자치단체의 사회보장행정의 전개방향", 한국지방자치연구소,
「자치연구」, 제4권 제2호, 1994.

_____, "일본 개호보험법의 기본구조에 관한 연구", 대한변호사협회, 「인권과 정의」,
제315호, 2002.11.

_____, "일본 개호보험제도의 시행상의 문제점과 개선과제에 관한 연구", 한국사회법
학회, 「사회법연구」, 제1호, 2003.12.31.

_____, "고용보험법상 양성평등의 실현과제", 한국사회법학회, 「사회법연구」, 제16·17호,

2011.12.31.

_____, "한·일 비교연구: 고용보험제도의 현황과 전망", 한국사회법학회, 「사회법연구」, 제15호, 2010.12.31.

_____, "사회보장법의 권리론적 해석체계 정립방안", 한국외국어대학교, 「외법논집」, 제37권 제1호, 2013.2.28.

_____, "출퇴근 재해에 관한 판례 분석", 한국사회법학회, 「사회법연구」, 제23호, 2014.8.31.

_____, "출퇴근 재해의 인정기준", 한국노동법학회, 「노동법학」, 제53호, 2015.3.15.

서울시립대학교 산학협력단, 「사회복지사업법 전면개정안 마련 연구」, 2015.3.

신섭중譯, 「국제사회복지」, 대학출판사, 1999(원저: James Midgley, *Social Welfare in Global Context*, Sage Publications, Inc, 1987).

양형우, 「민법의 세계」, 피앤씨미디어, 2018.

양정하外, 「사회복지정책론」, 양서원, 2016.

오세영, 「사회보장론」, 신정, 2018.

유병화·정영환, 「법학입문」, 법문사, 2018.

이상광, 「사회법의 발전과 과제」, ㈜중앙경제, 2018.

이흥재·전광석·박지순, 「사회보장법」, 신조사, 2015.

전광석, 「국제사회보장법론」, 법문사, 2002.

_____, 「한국사회보장법론」, 법문사, 2016.

_____·박지순·김복기, 「사회보장법」, 신조사, 2018.

정인섭, 「신국제법강의」, 박영사, 2019.

조성혜, "개인기부 활성화를 위한 기부금품모집법의 개선과제", 「사회법연구」, 제22호, 한국사회법학회, 2014.4.30.

_____, "유엔의 장애권리협약의 의의 및 주요 내용", 「덕유 이광택 교수 정년기념논문집: 복지사회를 위한 노동사회법과 노사관계」, ㈜중앙경제, 2014.

허 영, 「한국헌법론」, 박영사, 2018.

_____, 「헌법이론과 헌법」, 박영사, 2017.

황인옥外, 「사회복지법제론」, 정민사, 2016.

홍봉수外, 「사회복지법제론」, 공동체, 2015.

홍완식외, 「법학개론」, 피앤씨미디어, 2018.

홍정선, 「행정법원론(상)(하)」, 박영사, 2018.

2. 외국 문헌

加藤智章外, 「社會保障法」, 有裵閣, 2015.

菊池正治外, 「日本社會福祉の歷史」, ミネルヴァ書房, 2003.

菊池馨實, 「社會保障の法理念」, 2000.

本澤巳代子·新田秀樹, 「トピック社會保障法」, 不磨書房, 2016.

副田義也, 「生活保護制度の社會史」, 東京大學出版會, 2014.

桑田嘉彦, 「現代の社會保障論」, 1996.

永山泰彦, "社會保障の歷史", 1999.

小島晴洋, 「社會保障法」, 信山社, 2014.

小西國友, 「社會保障法」, 有裵閣, 2001.

小野寺百合子, "社會保障の歷史", 社會保障硏究會 編, 「スウェデソの社會保障」, 東京大
學出版會, 1990.

五島貞次, 「社會保障の原理」, 文化書房博文社, 2002.

吾妻光俊, 「社會保障法」, 1990.

窪田準人·佐蘭進·河野正輝 編, 「新現代社會保障法入門」, 法律文化社, 2002.

遠藤昇三, 「社會保障の權利論」, 法律文化社, 1995.

林迪廣·古賀昭典 編, 「社會保障法 講義」, 法律文化社, 1980.

紫田嘉彦, 「世界の社會保障」, 新日本出版社, 1996.

紫田 滋, 「社會法總論」, 大學敎育出版, 2015.

田端博邦, "社會保障の歷史", 「先進諸國の社會保障(6): フランス」, 東京大學出版會, 2000.

足立正樹, "社會保障制度の歷史的發展", 「先進諸國の社會保障(4): ドイツ」, 東京大學出判會, 1999.

川口美貴, 「國際社會法の硏究」, 信山社, 1999.

淸正 寬外 編, 「社會保障法」, 2000.

坂本重雄, 「社會保障の立法政策」, 專修大學出版局, 2001.

荒木誠之 編, 「社會保障法」, 靑林書院, 1998.

ILO, *Approaches to Social Security, An International Survey, Studies and Reports*, Series M,
No. 18, Geneva: ILO, 1942.

Pennings, F., *Introduction to European Social Security Law*, Kluwer Law and Taxation
Publishers, 1994.

Pieters, D., *Social Security: An Introduction to the Basic Principles*, Kluwer Law International,
2006.

사회복지사

만점 필독 사회복지법제론

초판인쇄   2019년 9월 1일   초판발행   2019년 9월 1일

지은이   박승두
펴낸이   이혜숙   펴낸곳   신세림출판사
등록일   1991년 12월 24일 제2-1298호

04559 서울특별시 중구 창경궁로 6, 702호(충무로5가, 부성빌딩)
전화 02-2264-1972   팩스 02-2264-1973
E-mail : shinselim72@hanmail.net

정가 28,000원

ISBN 978-89-5800-213-0, 03330